Kurt Pfötsch

Die Hölle von Kursk

SS-Grenadiere 1943 im Kampf

Pour le Mérite

Rückseitengestaltung unter Verwendung zweier Zeichnungen des Verfassers.

Alle Abbildungen im Buch wurden von Dr. Kurt Pfötsch gezeichnet.

Bibliographische Information der Deutschen Bibliothek
Die Deutsche Bibliothek verzeichnet diese Publikation in der Deutschen
Nationalbibliographie; detaillierte bibliographische Daten sind im Internet
über http://dnb.ddb.de abrufbar.

*Dem Rat meines Freundes Ernst folgend, habe ich mein
Tagebuch und die Aufzeichnungen im Lazarett ergänzt und
vervollständigt. Es ist eine Schilderung der kurzen, langen
Tage der Schlacht um Kursk aus der Sicht, besser aus der
Bodenperspektive, eines Landsers.*

ISBN 978-3-932381-43-0

© 2008 Pour le Mérite. Alle Rechte vorbehalten

Pour le Mérite – Verlag für Militärgeschichte
Postfach 52, D-24236 Selent

Gedruckt in Österreich

Einführung

Die Schlacht von Kursk im Juli 1943

Nach der Niederlage von Stalingrad und der Stabilisierung der Ostfront im März 1943 stellte sich deutscherseits die Frage nach der künftigen Strategie. Daß die Wehrmacht grundsätzlich zur Defensive übergehen mußte, war angesichts der sowjetischen Überlegenheit und der drohenden Invasion in Südeuropa durch die Westalliierten klar. Man wollte aber der Roten Armee im Rahmen der strategischen Defensive eine empfindliche Niederlage bereiten, um das Kräfteverhältnis zu verbessern und letztlich ein „Remis" zu erzielen. Da die Räumung von zwei weiten Frontbögen die Einsparung von 30 Divisionen erbracht hatte, konnte man eine begrenzte Operation planen. Erst dann, wenn ein großer Erfolg errungen wäre, böte sich auch die Möglichkeit, zu einem Sonderfrieden mit Stalin zu kommen. Diese Chance schien realistisch, da sich dessen Verhältnis zu den Westmächten nach der Entdeckung der Massengräber in Katyn im April 1943 merklich verschlechtert hatte.

Die maßgeblichen Militärs plädierten für eine „Zangenoperation" gegen die Massierung sowjetischer Kräfte an der Grenze zwischen den Heeresgruppen Süd und Mitte im Großraum Kursk, wo der Gegner einen weit vorspringenden Frontbogen hielt. Die Idee für diesen Zangenangriff ging nicht von Hitler, sondern von Feldmarschall Erich von Manstein aus, der die Heeresgruppe Süd führte; auch der Generalstabschef, General Kurt Zeitzler, und Feldmarschall Günther von Kluge, der die Heeresgruppe Mitte befehligte, setzten sich für dieses Unternehmen ein, das den Decknamen „Zitadelle" erhielt.

Der Operationsbefehl vom 15. April legte als Ziel die Abschnürung des Kursker Bogens fest, die, wenn alles nach Plan verlief, die Gefangennahme von rund 600.000 bis 700.000 Mann und eine Frontverkürzung um 200 km erbringen würde. Außerdem würden zahlreiche Reserven für andere

Verwendungen frei. Der Generalstab wußte aber um die wachsende Kraft des Gegners: Man rechnete Ende März 1943 mit 5,7 Millionen Mann, 62 Armeen, 3 Panzerarmeen sowie 28 Panzer- und mechanisierten Korps an der europäischen Front, wobei die monatliche Panzerproduktion auf monatlich 1.500 Stück geschätzt wurde. Tatsächlich waren im Juli 6,6 Millionen Mann mit 10.200 Kampfpanzern vorhanden, wogegen das deutsche Ostheer nur 3,14 Millionen mit 3.700 Panzern und Sturmgeschützen umfaßte.

Der von von Manstein erwogene Alternativvorschlag bestand darin, freiwillig das Industriegebiet des Donez-Beckens zu räumen, dem nachdrängenden Gegner von Norden her in seine Flanke zu fallen und ihn in einer Kesselschlacht am Asowschen Meer aufzureiben. Diese Alternative, das „Schlagen aus der Nachhand", bot zwar die genialere Lösung, doch hätte man vorübergehend den Verlust des Donez-Beckens hinnehmen und sich auf Ablenkungsangriffe einstellen müssen.[1]

Aus militärstrategischer Sicht hätte die Offensive an der Ostfront möglichst rasch beginnen müssen, um sie erfolgreich zu beenden, ehe der Kampf um Sizilien und Italien entbrannte. Es hätte dann einer beweglichen, „ökonomischen" Kampfführung bedurft, die dem Gegner möglichst hohe Verluste zugefügt hätte, ohne selber solche zu erleiden. Außerdem bot sich die Räumung exponierter Frontvorsprünge – zum Beispiel des „Orel-Bogens" oder des Kuban-Brückenkopfes – an, während der Wehrmachtführungsstab generell für einen Verzicht auf „Zitadelle" eintrat, bis sich die Gesamtlage geklärt hätte.

Im Laufe der Vorbereitung traten Umstände ein, die gegen das Unternehmen „Zitadelle" sprachen. Das sowjetische Oberkommando hatte den Vorteil, abwarten zu können, bis die Westalliierten angriffen. Am 12. April fiel die sowjetische Führung den Beschluß, zunächst in der Defensive zu bleiben, den Gegner zu zermürben und erst dann wuchtige Gegenschläge zu führen.[2] Man hatte frühzeitig die deutschen Vorbereitungen gegen den Kursker Bogen erkannt und legte dort ein sehr tiefes Stellungssystem an. An taktisch wichtigen Stellen wurden Artillerie- und Panzerabwehrfronten errichtet. Des weiteren hielt man zahlreiche Panzer- und mechanisierte Korps für Gegenangriffe bereit und bildete auch eine „strategische Reserve". Bei der Zentral- und Woronesch-Front, die im Mittelpunkt des Geschehens stehen sollten, wurden besonders viele Kräfte konzentriert, nämlich zehn Armeen und zwei Panzerarmeen mit 3.500 Panzern.

Auf deutscher Seite war als frühester Angriffstermin der 3. Mai vorgesehen. Aber Hitler zögerte und trat aus triftigen Gründen für eine Verschiebung ein, da die beiden Angriffsarmeen nicht ausreichende Kräfte zu besitzen schienen, um die Abwehr zu überwinden. Mitte Mai trat zutage, daß der Aufmarsch erst mangelhaft umgesetzt worden war. Im Hinterland operierten außerdem

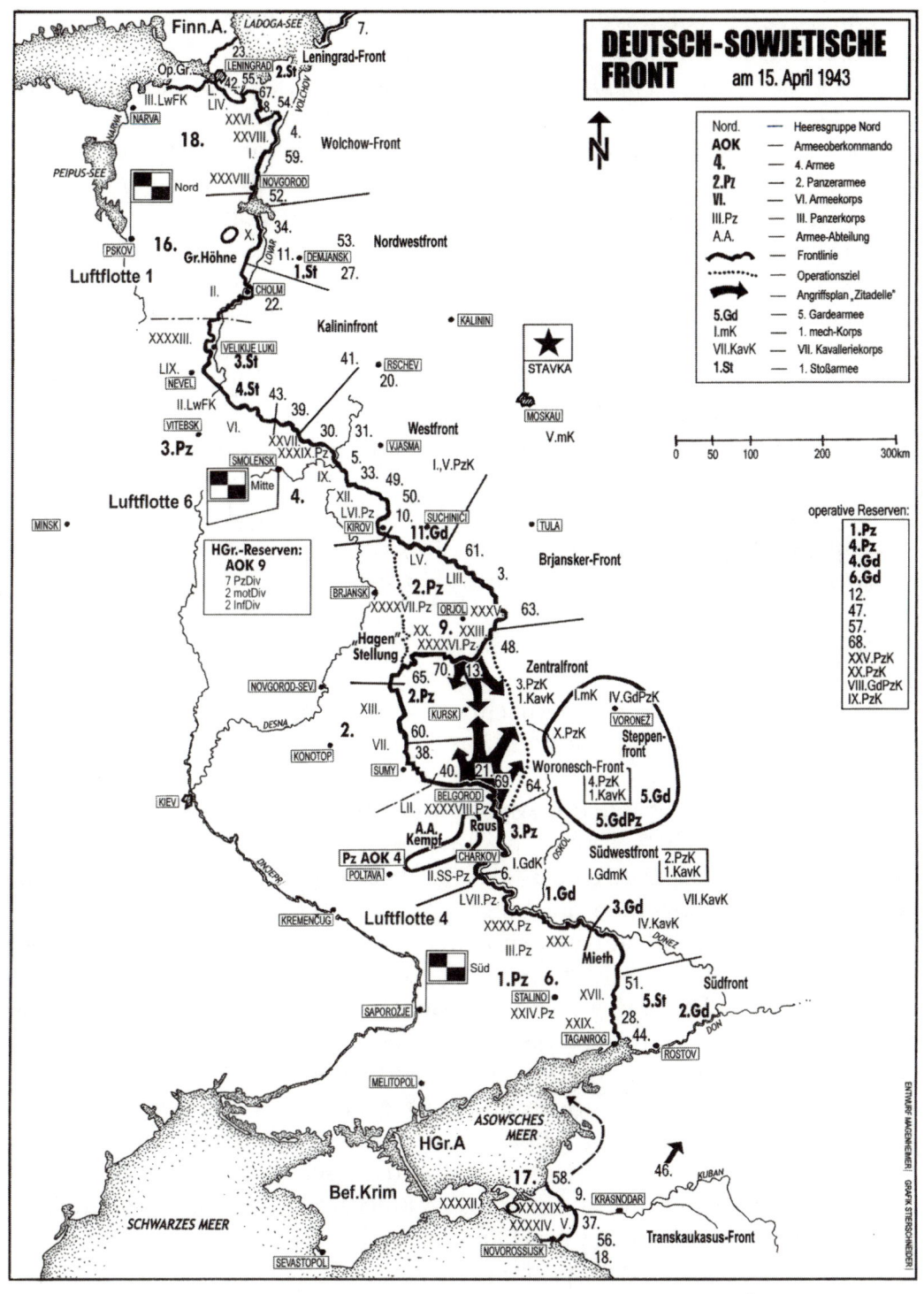

Partisanenverbände, die zu Gegenaktionen veranlaßten. Wenn man also an der Offensive festhalten wollte, blieb nur die Wahl, sie möglichst bald zu wagen trotz offenkundiger Schwächen oder zu verschieben. Während Generaloberst Heinz Guderian als Inspekteur der Panzertruppen für einen Verzicht auf „Zitadelle" eintrat, da er die neuesten Panzertypen „Tiger" und „Panther" schonen wollte, drängten Zeitzler, von Kluge und von Manstein auf die Durchführung. Sie hatten offenbar nicht erkannt, daß der beiderseitige Zuwachs an Kampfkraft überwiegend die Rote Armee begünstigte.

Die Deutschen, die in diesem Abschnitt fast 2.600 Panzer und Sturmgeschütze aufboten, die von mehr als 1.800 Frontflugzeugen unterstützt wurden, vertrauten ihrer Erfahrung und Führungskunst. Noch nie hatten sie sich auf eine begrenzte Operation so gründlich vorbereitet. Ihr Hauptnachteil lag aber weniger im Fehlen des Überraschungsfaktors, sondern darin, daß sich der Angriff gegen die allerstärkste Stelle des Gegners richtete. Damit verletzte man den Grundsatz, wonach ein Angriff dann Erfolg verspricht, wenn er gegen die *Schwäche* des Verteidigers gerichtet wird.

Nachdem die Offensive endlich am 5. Juli begonnen hatte, kamen sehr bald die Vorteile des Verteidigers zum Tragen. Die 9. Armee, die den nördlichen Zangenarm bildete, kam trotz härtesten Einsatzes an der 4. Stellungslinie der Verteidiger zum Stehen. Hingegen drang der südliche Zangenarm, nämlich die 4. Panzerarmee, in schweren Kämpfen bis zum 11. Juli immerhin 35 km vor und stand dicht vor dem Durchbruch auf Kursk. Doch der Gegner warf den deutschen Panzertruppen aus seiner strategischen Reserve die sowjetische 5. Gardepanzerarmee und die 5. Gardearmee entgegen, um den Vorstoß des II. SS-Panzerkorps unter allen Umständen abzufangen, das die Spitze des Angriffskeils bildete mit folgenden drei Divisionen: „Das Reich", „Totenkopf" und der Leibstandarte-SS „Adolf Hitler", von der die Kriegserlebnisse einiger ihrer SS-Grenadiere dem Leser in Form des hier vorliegenden Erinnerungsberichtes überliefert sind.

Die „Panzerschlacht von Prochorowka" vom 11. bis 13. Juli – die Geschehnisse des 11. Juli bilden den Höhepunkt in der vorliegenden Schilderung – erbrachte aufgrund von sowjetischen Führungsfehlern eine schwere Niederlage für die Rote Armee. Die deutschen Panzerdivisionen erlitten keineswegs, wie von der Moskauer Propaganda behauptet wurde, unersetzliche Verluste, sondern nur ganz geringe. Und sowjetischerseits war das Gegenteil der Fall: Drei Panzerkorps der Roten Armee wurden zum größten Teil vernichtet, mehrere andere schwer mitgenommen. In manchen Phasen erinnerte das Panzergefecht an ein Manöverschießen. Insgesamt lagen 500 sowjetische Panzer und Selbstfahrlafetten zerschossen oder bewegungsunfähig vor den Stellungen.

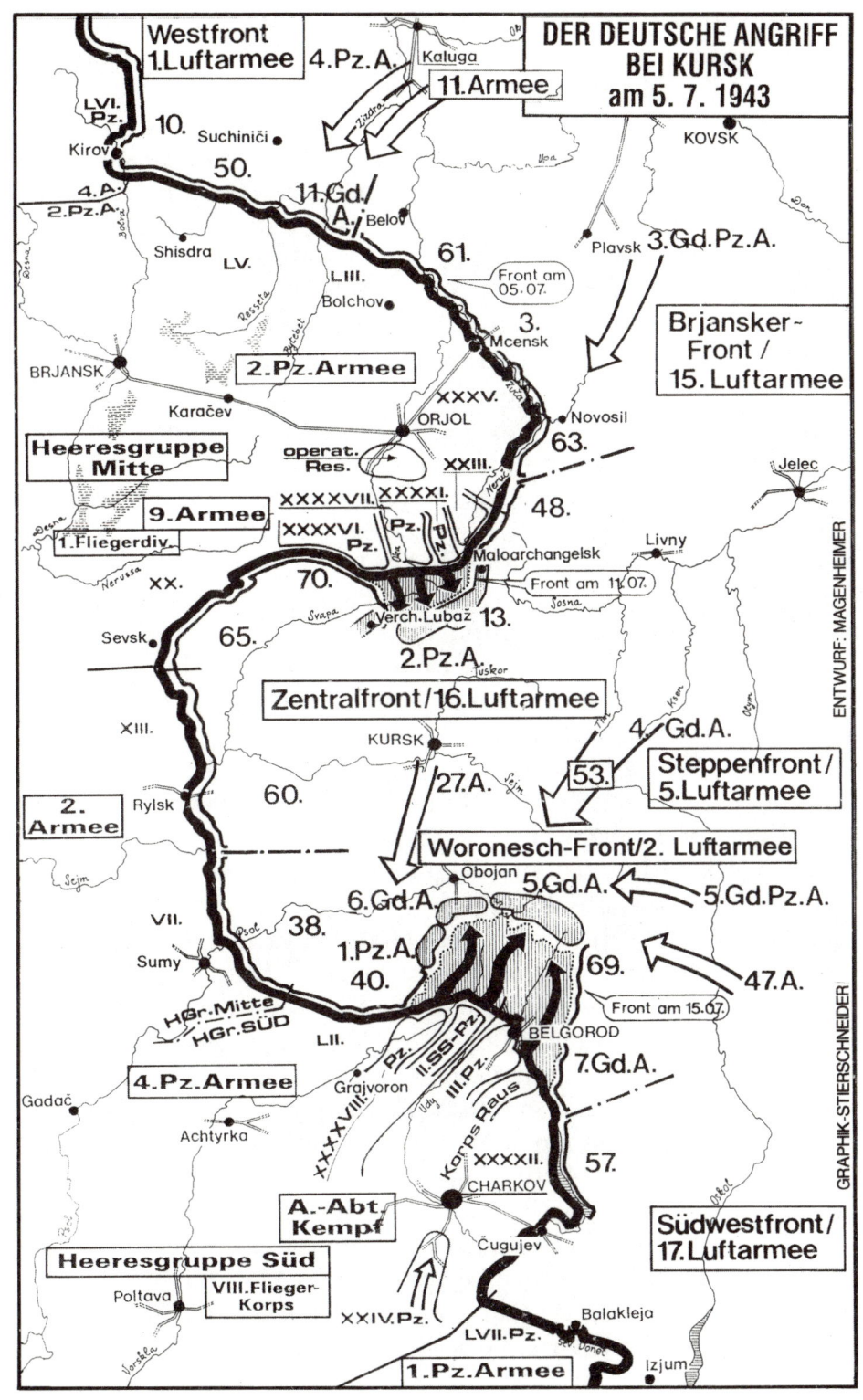

Die Panzerverluste wogen so schwer, daß die sowjetische 5. Gardepanzerarmee zur Verteidigung übergehen mußte. Die Schlacht von Prochorowka, angeblich die „größte Panzerschlacht der Weltgeschichte", wurde somit zu einer bitteren Niederlage der sowjetischen Panzertruppe. Unter Einbeziehung der Nebenabschnitte lautete das Verlustverhältnis rund 1 : 6 zugunsten der Deutschen.[3] Betrachtet man den Kampf im gesamten Kursker Bogen bis Mitte Juli, so erreichten die sowjetischen Panzerverluste sogar das Siebenfache der deutschen. Die Schlacht endete taktisch-operativ gesehen mit einem „Remis", da weder die deutsche 4. Panzerarmee noch der Gegner imstande waren, Vorteile zu erringen. Noch hielt von Manstein ein Panzerkorps als Reserve zurück.

Die Entscheidung fiel jedoch an anderer Stelle. Nachdem am 11. Juli heftige sowjetische Angriffe gegen die deutsche 2. Panzerarmee, die den Nord- und Ostteil des „Orel-Bogens" verteidigte, begonnen hatten, mußte die 9. Armee ihren Angriff abbrechen, vier wertvolle Divisionen herausziehen und zur Bereinigung der tiefen sowjetischen Einbrüche einsetzen. Es gelang zwar, die Einbrüche abzuriegeln, doch eine Fortsetzung des Angriffs der 9. Armee gegen den Kursker Bogen war nicht mehr möglich.

Trotz des Einspruchs von Mansteins, der sein zurückgehaltenes Panzerkorps noch in die Schlacht werfen wollte, um die Entscheidung zu erzwingen, entschloß sich Hitler am 13. Juli, das Unternehmen „Zitadelle" abzubrechen. Dafür waren mehrere Gründe ausschlaggebend: Eine Offensive von fünf sowjetischen Armeen gegen den Nordteil des „Orel-Bogens" würde die 9. Armee im Rücken fassen und sie schleunigst zum Rückzug zwingen können. Falls man dennoch am Angriff in Richtung Kursk festhielte, drohte daraus eine Abnutzungsschlacht ungeahnten Ausmaßes zu werden, die nur dem Gegner zugute käme. Obendrein mußte man jederzeit mit sowjetischen Angriffen gegen das Donez-Becken rechnen, die tatsächlich auch wenige Tage später begannen und zu deren Abwehr dringend Reserven gebraucht wurden.

Aber noch schwerer wog, daß die Briten und Amerikaner am 10. Juli mit massiver Luftunterstützung auf Sizilien gelandet waren und daß die mit Deutschland verbündeten italienischen Truppen nur sehr geringen Widerstand leisteten. Eine Verstärkung der Verteidiger in Sizilien erschien naheliegend, um einen Zusammenbruch der italienischen Front zu verhindern. Dazu sollten Truppen aus dem Osten herangezogen werden. Jetzt rächte sich bitter, daß das Unternehmen „Zitadelle" so spät begonnen worden war. Aber auch die Krisenherde an der Ostfront erforderten eine Neuverteilung der Verbände, die zu Lasten der Angriffstruppen ging. Mit anderen Worten: Die deutschen Kräfte reichten nicht aus, um den Angriff gegen den Kursker Bogen zu nähren und gleichzeitig die bedrohten Nachbarfronten zu stützen.

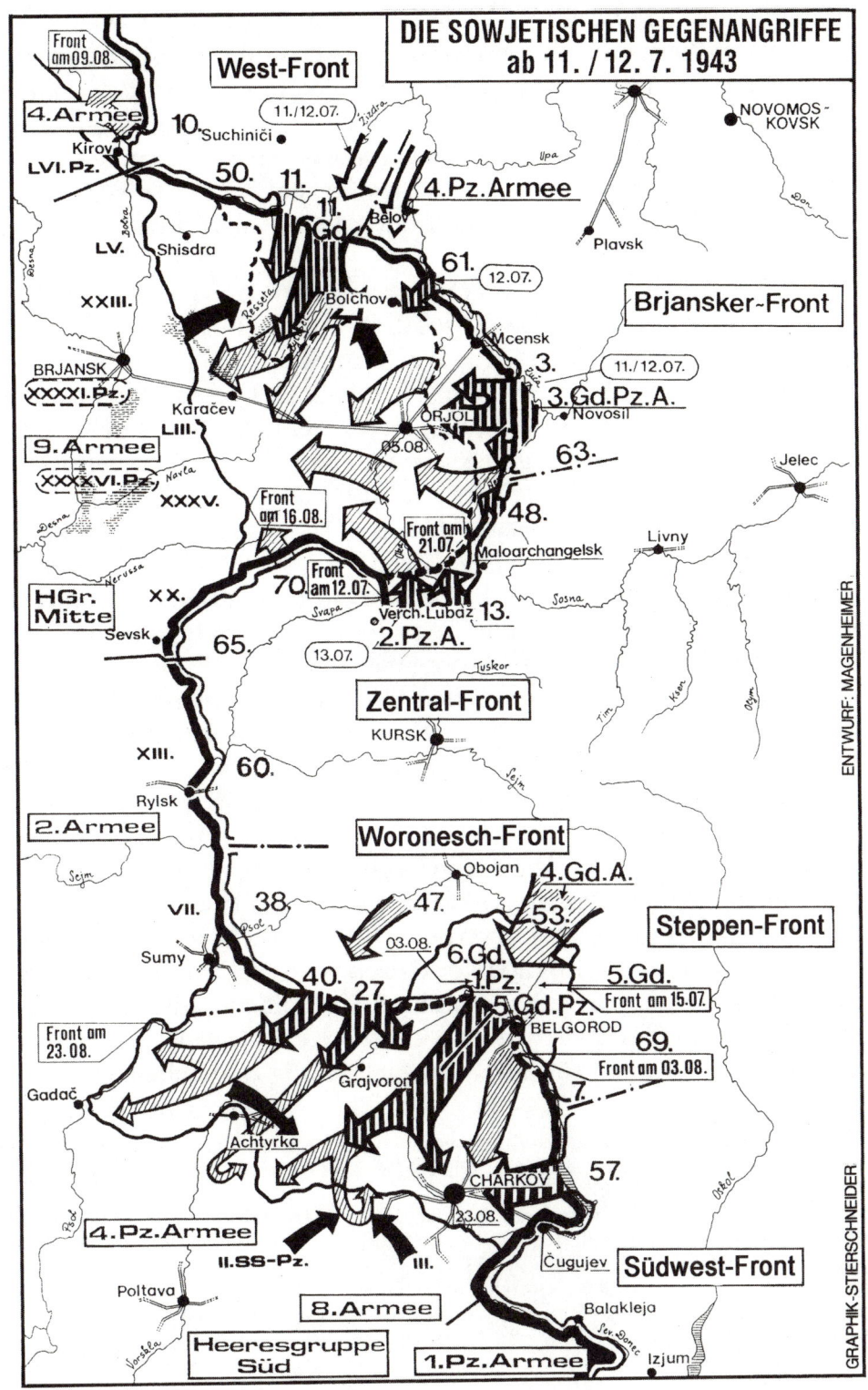

DIE SOWJETISCHEN GEGENANGRIFFE
ab 11. / 12. 7. 1943

Die Operation scheiterte also nicht am Widerstand bei Prochorowka, sondern sie wurde aus triftigen Gründen eingestellt. Dies bedingten deutscherseits nicht die materiellen Verluste; entscheidend war vielmehr der *Verlust der Initiative*. Aus heutiger Sicht gab es nur die Wahl zwischen einem frühzeitigen Beginn von „Zitadelle" bis Mitte Mai oder einem Verzicht auf das gesamte Unternehmen. Ob bei erfolgreichem Verlauf der Operation ein deutscher Sieg bei Kursk den Weg zu einem „Remis" an der Ostfront gebahnt hätte, muß offenbleiben.

Der Erlebnisbericht von Dr. Kurt Pfötsch schildert den Weg und den Kampf einer Gruppe der 2. Kompanie des 2. SS-Panzergrenadierregimentes der Leibstandarte-SS „Adolf Hitler". Die Aufzeichnungen umfassen die Zeit der Nacht vom 1. auf den 2. Juli bis zum 15. Juli 1943. Die zunächst aus zwölf Mann bestehende Gruppe wird binnen dieser wenigen Tage stark dezimiert.

Die Gruppe, die kleinste infanteristische Kampfeinheit des Zweiten Weltkrieges, war für ihre herausragende Kampfkraft berühmt-berüchtigt; sie basierte darauf, daß der Gruppenführer seine Männer – MG-Schützen, Gewehrschützen und fallweise Scharfschützen – eigenständig anleitete, er selber ihnen den Kampfauftrag bekanntgab und während des Kampfes durch Zuruf und Handzeichen führte. Dieses Kontakthalten auch der Gruppenmitglieder untereinander, das gegenseitige Informieren, Warnen und Unterstützen war das typische Kampfverhalten einer kriegserfahrenen Gruppe. Der amerikanische Oberst S.L.A. Marshall würdigt diese genuin deutsche Kampfeinheit mit den Worten: „In Europa waren wir Amerikaner oft erstaunt über das unaufhörliche Sprechen und Rufen in den deutschen Reihen während des Kampfes. Wir hielten das für Primitivität. Daß aber zwischen dieser Methode und der phänomenalen Energie, mit der unsere Feinde örtliche Gegenstöße organisierten und vortrugen, ein direkter Zusammenhang bestand, das ist uns nicht eingefallen."[4]

Dr. Pfötschs Erinnerungen kommen heute besonderes Gewicht zu, denn er ist das einzige noch lebende Mitglied der Gruppe dieses 2. SS-Panzergrenadierregiments. Indem er seine lebendigen und aussagekräftigen Aufzeichnungen der Öffentlichkeit zugänglich macht, trägt er dazu bei, die für viele Soldaten schicksalhafte „Hölle von Kursk" für die Nachwelt lebendig zu erhalten.

Dr. Heinz Magenheimer

---

[1] Zu den Vor- und Nachteilen der beiden operativen Konzepte siehe: Roman Töppel. „Legendenbildung in der Geschichtsschreibung: Die Schlacht bei Kursk." In: *Militärgeschichtliche Zeitschrift*. Heft 2/2002. S. 369–401.

[2] Valentin A. Pronko. „Die sowjetische Strategie im Jahre 1943." In: Jürgen Förster (Hrsg.). *Stalingrad: Erlebnis, Wirkung, Symbol*. [Im Auftrag des Militärgeschichtlichen Forschungsamtes.] 2. Aufl. München: Piper, 1993. S. 313–326 (317).

[3] Dieter Brand. „Vor 60 Jahren: Prochorowka, Teil II." In: ÖMZ. Heft 6/2003. S. 733–746 (742), unter Verwendung des Beitrages von: Karl-Heinz Frieser. „Die Schlacht um den Kursker Bogen." In: *Das Deutsche Reich und der Zweite Weltkrieg*, Bd. 8 (Entwurf), S. 58 u. 75.

[4] S.L.A. Marshall. *Men against Fire: The Problem of Battle Command in Future War*. New York: Morrow, 1947. S. 83.

Sie marschierten
im Marschtritt der Kolonne,
in Wind und Regen,
in sengender Sonne.
Im Dreck der Rollbahn,
in Schnee und Eis,
in gutem Glauben –
sie kannten den Preis.
Sie kämpften
in Siegen und Niederlagen,
ohne viel Worte,
ohne zu klagen.
Sie starben
gehorsam und treu ihrem Eid.
Kein Denkmal kündet
von ihrem Leid.
Verteufelt, verurteilt,
geächtet, verdammt –
das war der
Dank vom Vaterland!

K. Pfötsch 1952

Die Gruppe

Hans   Gruppenführer

Paul   Schütze 1 der 1. MG-Bedienung
Jong   Schütze 2 der 1. MG-Bedienung
Sepp   Schütze 3 der 1. MG-Bedienung

Walter   Schütze 1 der 2. MG-Bedienung
Peter   Schütze 2 der 2. MG-Bedienung
Kuno   Schütze 3 der 2. MG-Bedienung

Kücken   Gewehrschütze Kurt Pfötsch, der „Flachsblonde"
Ernst   Gewehrschütze
Flunder   Gewehrschütze
Hannes   Gewehrschütze
Uni   Gewehrschütze

Dori   Fahrer und Kradmelder

Prolog
1. Juli 1943

Sie sind zwölf. Hans, der Gruppenführer, ellenlang, zwei Drittel Beine, der Rest Tarnjacke und Stahlhelm. Die erste MG-Bedienung: Paul und Jong, unzertrennlich wie Zwillinge, gleich groß, gleich stur, aus Thüringen der eine, Hamburger der andere. Für Scho-Ka-Kola sterben sie. Ihr Schütze drei ist Sepp, ruhig, zuverlässig, unauffällig. Woher er stammt, ist eine Streitfrage. Keiner kennt das Nest. Die einen meinen, es liege in Bayern, die anderen tippen auf Böhmen. Einig sind sie sich nur in der Feststellung, daß für die Bewohner erst kürzlich der aufrechte Gang eingeführt worden war.

Die zweite MG-Bedienung: Walter, Peter und Kuno.

Walter ist Nummer eins an der Spritze, Nummer eins im Aussehen, in Sprache, Erziehung und Eleganz. Peter, sein Schütze zwei, wie Walter Napola-Schüler, ist nicht ganz so der Typ für die Langhaarigen, mehr älter gewordener Pimpf. Und Kuno? Hager, etwas langsam und bedächtig, weit aus dem Süden, Gebirgler, bodenständig und gottesfürchtig, durch und durch weiß-blau!

Die Gewehrschützen: Sie werden noch so genannt, obwohl sie Maschinenpistolen den alten 98er-Knarren vorziehen; in der Reihenfolge ihrer Dienstzeit: die Flunder, der besondere Freund von Kuno, sehr helle, sehr neugierig und sehr jung, was das Bettenbauen angeht. Ein Straßenjunge vom Wedding und, wie könnte es anders sein, ein unübertroffener, treffsicherer Schnellredner, dem meist nur die Zuhörer fehlen. Hannes, der nächste, rotblond, sommersprossig, ein stets sonnenbrandgefährdeter Hannoveraner, versteht sich gut mit Uni. Der Spitzname ist eigentlich gar keiner, sondern nur eine Kurzform. Der steyrische Kleinbauernsohn ist das Urviech der Gruppe, wie der Münchner Ernst das unerreichte Organisationsgenie. Und wo Ernst ist, da ist auch sein Freund nicht weit, der Flachsblonde, der Residenzstädter aus Franken, Spitzname Kücken.

Zwölf – eine runde Zahl.

Der Dreizehnte – Glücks- oder Unglückszahl, wie auch immer man seine Stellung in der oder zur Gruppe sehen will – ist Dori. Fahrer und Kradmelder, zählt sich selbst zur Gruppe, wenn es dort etwas zu schlauchen gibt, lehnt jede Zugehörigkeit ab, wenn es ans Kriegsspielen geht.

Zwölf oder dreizehn?

Der Spieß sagt zwölf – und der Spieß muß es schließlich wissen!

Ein langgestrecktes Zeilendorf…

Geduckte, bucklige Bauernkaten mit kleinen, halbblinden Fenstern. Die Gartenzäune krumm und windschief, mehr Löcher als Holzlatten. Die breite, rissig-gesprungene Dorfstraße ist leer und verglimmt irgendwo weit hinten in der flimmernden Sommerhitze.

Armselig – trostlos – heiß…

Vor einem torlosen Hauseingang liegt ein Hund im Schatten, bewegungslos, die Schnauze auf einem graustaubigen Stiefel. Ab und zu blinzelt er, wenn sich in dem Knobelbecher etwas bewegt, zu den ruhig gefalteten Händen zwischen der grauen Panzerhose hoch, dem weißen, nackten Oberkörper und dem braunrot verbrannten Gesicht mit der kurzen Stummelpfeife zwischen den Zähnen.

„'s is guat, Kommissar."

Der Hund schlägt einmal müde mit dem Schwanz, grunzt zufrieden, schiebt die Schnauze noch tiefer in die Stiefelfalte, streckt die Vorderläufe und schlägt sie übereinander.

Das zweite Paar Knobelbecher steht etwas höher auf der letzten Treppenstufe. Die Knie steil wie Pyramiden. Die grauen Tuchhosen sind hochgerutscht, und zwei Streifen dünner Jungenbeine bilden einen seltsamen Kontrast zu den plumpen Stiefeln und der allzu weiten Hose. Der Zweite liegt mit dem Rücken flach auf dem Katenboden, die Arme hinter dem Kopf verschränkt und blinzelt am Holzdach vorbei in den wolkenlosen Himmel.

„Warum nennst du ihn eigentlich Kommissar?"

„Warum?" Der mit der Pfeife drückt den Tabak mit dem Daumen fest, grinst feixend und sieht auf den Hund. „Schwarz von der Schnauz'n bis zum Schwanz un am Hals zwoa rote Spiegel!"

„Vom Äußeren her stimmt's, aber innen – nee…"

„Wieso innen?"

„Na, seine innere Auffassung, Ernst, seine ideologische Überzeugung, die stimmt einfach nicht."

Der Verfasser als Junker 1944

„Beim Hund?"

„Beim Kommissar! – Guck dir den Kerl doch an. Erstens pennt er. Zwo-
tens liegt er einem deutschen Landser friedlich zu Füßen, und drittens wedelt er mit dem Schwanz, wenn du etwas zu ihm sagst. Hast du schon einmal einen Kommissar so erlebt, hm?"

„Woaßt an bessern?"

„Ja – Überläufer!"

Der Oberkörper sinkt wieder zurück.

Der Pfeifenraucher schüttelt den Kopf, beugt sich etwas vor und streicht
mit der Hand fast zärtlich über das struppige Fell.

Ein müder, schlurfender Schritt kommt näher.

„Hee – Ernst!"

Der Pfeifenraucher vergißt das Streicheln und stößt die Knobelbecher neben sich an: „Komm hoch, Kück'n, der Dori is da", und zu dem Neu-
ankömmling sagt er: „Hast Feldpost mitbracht, Dori?"

Dori schüttelt den Kopf, zuckt entschuldigend die Schultern und kratzt
mit Daumen und Zeigefinger inbrünstig seine Nase.

„Hock di her, Dori – bringst neue Scheißhausparol'n, oder willst
was?" Dori setzt sich in Bewegung, steigt vorsichtig über den Hund
und hockt sich auf einen Hackstock. Den Rücken lehnt er an den auf-
geschichteten Holzstoß, rückt die ölfleckige Tarnmütze aus dem Gesicht und fingert in den Hosentaschen. „Tja", meint er, „beides etwas
Neues, und außerdem…"

„Und außerdem?"

„Habt ihr etwas zu rauchen?"

Ernst lacht und stößt den Flachsblonden in die Seite: „Was hab i g'sagt,
Kück'n? Z'ärscht will der was." Er reicht Dori eine Juno-Schachtel. Der
nimmt mit spitzen Fingern einen Glimmstengel, schiebt ihn hinters Ohr
und langt nach dem nächsten. „Eine reicht nicht, Ernst, dauert länger." –
Als seine Zigarette endlich brennt, nickt er anerkennend und deklamiert:
„Meine Ruh' ist hin, mein Herz ist…"

„Schnauz'n, Dori!" Ernst greift nach Doris Zigarette: „Wir wiss'n, daß du
auf am stinkvornehm'n Gymnasium g'wen bist, also los jetzt!"

„Tja – wie gesagt, unsere Ruhe ist hin, fürchte ich, und was kommt – ich
war wieder einmal bei der Division, Spezialauftrag und so –" Ernst und
der Flachsblonde grinsen, unterbrechen aber nicht. Sie kennen Dori und
wissen, daß der es immer spannend macht. Was dann aber kommt – wenn
überhaupt etwas kommt –, hat Hand und Fuß, denn dieser Schmieröl-
individualist hat weitreichende Beziehungen. Was er erfährt, ist brand-
aktuell! Dori ist, was seine Informationen betrifft, seiner Zeit stets um Ta-

„Dori"
Sommer 1943

ge voraus. – „Wie gesagt, ich war also zur Division unterwegs, tja – und da hatte ich eine Panne."

„Sauber", lacht Ernst und stößt den Flachsblonden wieder in die Seite, „wär a Wunder, wannst ka Panne net hätt'st. Die sin dei Spezialität, stimmt's?"

„Knallkopf!" Dori ist beleidigt. „Dann eben nicht, meine Herren!"

„Na, na", Ernst hebt beschwichtigend die Hände hoch. „Mag'st no oane?"

Als Dori die Juno-Packung sieht, glättet sich sofort sein Gesicht, „wo war ich stehengeblieben?"

„Bei der Panne!"

„Richtig – nun, die Panne hatte ich ausgerechnet bei den Fernsprechern, und da ich dort einen alten Kumpel habe, war die Panne fast eingeplant. Mein Strippenheini weiß nämlich manchmal mehr als unser Kommandeur, zumindest weiß er es früher. Na ja – und da habe ich eben ein wenig gebohrt."

„Un was is bei deiner Bohrerei rauskemma, ha?" Ernst und der Flachsblonde sind hellwach.

Dori beobachtet eine Stechmücke, die zielstrebig den Ölflecken auf seiner Hose ausweicht. Dabei übersieht sie aber die Tarnmütze, die blitzschnell niederklatscht.

„Volltreffer", grinst Dori zufrieden und stülpt sich die Mütze wieder über den Kopf. „Tja – und wißt ihr, was mein Strippenfreund erzählt hat, hm?"

Der Flachsblonde wird ungeduldig. „Haben wir mit ihm gequatscht oder du?"

„Ich natürlich – na ja, also – unsere wunderschöne Ruhe hier in diesem Kurort ist im Eimer!"

„Verlegen wir? Nach Frankreich? Oder in die Hei…?"

Dori verzieht das Gesicht, als müsse er niesen, haut sich mit beiden Handflächen auf die Schenkel und lacht – lacht. Der Kommissar steht plötzlich auf allen Vieren, fletscht die Zähne und knurrt.

Das Lachen stirbt abrupt!

„Eure Phantasie – nee – so etwas von Spinnerei – in die Scheiße geht es, Freunde, in eine ganz dicke sogar!"

„'s is guat, Kommissar." Ernst ist ruhig wie immer. Er klopft mit dem ausgestreckten Zeigefinger kurz auf den aufgerichteten Hundeschwanz, und der Kommissar klappt zusammen. Er legt den Kopf wieder auf den Fuß seines Herrn, äugt dabei aber unausgesetzt zu Dori und behält prophylaktisch die Lefzen hochgezogen.

„Geht also wieder los, Dori?"

Der nickt. „Muß 'ne große Sache sein. Einsatz mit Decknamen." Er überlegt. „Burg – oder Festung – nee, verflixt, liegt mir auf der Zunge – Zu – Zi – Zitadelle! Das ist es!"

„Aha", grunzt Ernst.

„Aha, Ernst, sonst nichts? Das ‚Reich' und die ‚Totenköpfe' rollen schon. Von der Wehrmacht die ‚Großdeutschland'. Unmengen von Panzern und Ari, vor allem Nebelwerfer – hast du noch etwas zu rauchen?"

Ernst nickt, fingert in einem Wäschebeutel herum und gibt Dori endlich ein Päckchen Feinschnitt und Zigarettenpapier.

„Vorhin hattest du noch aktive Zigaretten, Ernst."

„Vorhin war a noch koa Zitadelle! Jetz hast no Zeit zum Dreh'n. Wann's losgeht, san ma froh, wann's aktive gibt, kapischko?"

Auch der Flachsblonde dreht sich fluchend eine Zigarette, grinst aber, als er Doris Bemühungen sieht, das überdicke Zigarrenformat durch viel Spucke zusammenzuhalten.

„Und wann geht es los, Dori?"

„In den nächsten zwölf Stunden."

„Und wohin?"

„Richtung Kursk."

„Is des die Zitadelle?"

„Nee, Ernst, die ist viel größer." Dori nimmt einen Holzscheit und bohrt zwei weit auseinander liegende Löcher in den trockenen Boden.

„Das ist Charkow." Er deutet auf den untersten Punkt. „Da sind wir irgendwo, und der Punkt hier oben, das ist Orel. Klar soweit?"

Ernst und der Flachsblonde starren auf die Löcher und nicken.

„Die russische Front verläuft ungefähr so", die Spur im Boden beschreibt einen Halbkreis, „ein Schlauch, ein Sack, der nördlich von Charkow und südlich von Orel weit nach Westen vorstößt und in dem einige Armeen Iwanesier stecken. Wenn wir nach Norden stoßen und die von Orel nach Süden, dann treffen wir uns hier!" Er bohrt ein drittes Loch als Mittelpunkt des Halbkreises. „Und das ist Kursk!"

„Der Frontbogen ist begradigt, und gleichzeitig…"

Ernst

„…is die Katz' im Sack", beendet Ernst den Satz des Flachsblonden.

Eine Weile rauchen sie schweigend. –

„Und des alles hast von dei'm Stripp'nzieher?"

„Sicher – und außerdem habe ich noch meine Glotzer, um zu sehen, und Ohren, um zu hören, und was…"

„Seit wann siehst und hörst du denn etwas?"

Dori überhört die Pflaume. „Bei der Division ging es zu wie in einem Ameisenhaufen. Alles ist streng geheim – und außerdem ist die Marketenderei unterwegs."

„Jetzt glaub' ich's."

Dori lacht und winkt mit der Hand ab. „Großkampfverpflegung gibt es erst heute abend – Dosenbier, Rindfleischbüchsen und Zigaretten."

Ernst drückt seine Kippe aus. „Und i wollt' in Urlaub fahr'n." Er zieht das Bein an, und die Hundeschnauze rutscht vom Stiefel. „Essig." – Und als er den Hund bemerkt: „Essig, Kommissar, auch für dich. Mußt dir an ander'n Herrn such'n, der alte rollt für Führer, Volk und Vaterland. Haßt mi?"

„Auf zum Endsieg!"

Keiner lacht. –

Auf der Dorfstraße ist das Brummen eines Krads zu hören. Der Flachsblonde dreht horchend den Kopf: „Ob der schon das Dosenbier bringt?"

„Noch zu früh."

„Und außerdem z'weng – was der mit'm Krad bringen kann, des langt höchstens für uns drei!"

In der Nacht rollen sie. – Als sie an den letzten Bauernkaten vorbeifahren, holt Ernst aus einem Wäschebeutel einen dicken Kanten Kommißbrot. Er schneidet den Brotkeil ein paarmal ein und wirft ihn aus dem Wagen. Ein kurzes Hundebellen! „Pfüet di, Kommissar! Schlag dir noamol den Wanst voll, wer woaß, wanst wieder was kriegst."

Der Flachsblonde versucht eine Zigarette zu drehen. Dori hängt über dem Lenkrad und starrt auf das Heck seines Vordermannes. Er orientiert sich an dem weiß aufgemalten taktischen Zeichen des vor ihm fahrenden Wagens. Ist der schrägliegende Dietrich klar zu sehen, Gas weg – verschwindet er, dann Karbid, und wenn er gerade noch auszumachen ist, dann stimmt der Abstand!

Keiner spricht. –

Es ist die Nacht vom 1. auf den 2. Juli 1943.

Der erste Tag

2. Juli 1943

Sie rollen. – Sie kennen das. – Es ist nicht das erste Mal. Sie sind es gewohnt, und trotzdem – sie rollen, und das flaue Gefühl rollt mit, dieser dumpfe Druck im Magen zwischen Hunger und Übelkeit. Dazu das trockene Würgen im Hals, das nicht einmal die Zigarette schmecken läßt. Doch sie rauchen und blicken dabei auf die Hände der anderen, ob die auch zittern wie die eigenen? – Nichts – auch meine sind ruhig, äußerlich zumindest, denn dieses leichte Vibrieren, diese nervöse Unruhe ist innerlich, ist unbeantwortetes Fragen, unbestimmtes Warten und zweifelndes Hoffen.

Sie rollen und schweigen – und all das, was den kommenden Einsatz ausmacht, das, was auch alle bisherigen ausgemacht hatte, rollt mit: Wann geht es los? Wen trifft es? Wie viele? Komme ich durch, oder Verwundung? Krüppel? Tod? – Wie lange und wie oft noch?

Der Flachsblonde sitzt hinten im Wagen, das heißt, er liegt halb, den Oberkörper an den Tornister gestützt, das linke Bein abgewinkelt auf den mit vollgestopften Wäschebeuteln belegten freien Nebenplatz, das rechte ausgestreckt bis hinter den Fahrersitz, den Kopf an die hintere Wagenverstrebung gelehnt, und horcht im Rütteln und Stoßen auf das Grimmen im Magen, auf das laute Pochen in der Brust. Er versucht zu analysieren – Aufregung? Nervosität oder Angst? *Magensausen und Frackflattern – nichts anderes als ganz gemeiner, billiger Schiß! Tief durchatmen – tief und langsam. –* Die Luft ist warm und trocken und staubig, und sie bessert nichts. Das Grimmen bleibt und das Pochen und die kribbelnde Unruhe bis in die Fußspitzen. – *War doch schon öfter so, ging auch bisher immer gut – sei kein Frosch, Mann, fehlt nur noch, daß du dir wie ein Säugling die Hosen vollmachst oder zu kotzen anfängst. Kotzeluja! Das ist es! So bezeichnet Ernst diesen Zu-*

stand. Kotzeluja! Das große Kotzeluja! – Er räkelt sich, und seine Gedanken bleiben beim Säugling und Kotzeluja hängen. Er schüttelt unmerklich den Kopf. *Nein, ganz so weit kann ich mich nicht zurückerinnern, aber wann hatte ich eigentlich zum erstenmal dieses verdammte Gefühl? Im Kindergarten? In der Schule? In … klar, ein schnauzbärtiges, braungebranntes Gesicht mit buschigen, über der Nase zusammengewachsenen Augenbrauen, ein behaarter Körper und die laut hallende Stimme – der Schwimmeister.* Damals, als er schwimmen lernte, das war das erstemal, und vor jeder Schwimmstunde das gleiche Kotzeluja. Es wurde so schlimm, daß er sich übergeben mußte – ohne Erleichterung! Das flaue Magenbohren war geblieben und das aufgeregte Pochen in der Brust, auch die Verständnislosigkeit zu Hause. ‚Feigling! Angsthase!‘ Er hört es noch wie damals, dieses abwertende: ‚Feigling! Angsthase!‘ Und er konnte nichts dagegen tun, höchstens ersaufen. Bis sein Großvater dahinterkam! Der Flachsblonde zieht die Oberlippe an die Nase, er sieht wieder die Schwimmhalle mit den beiden großen Löchern an der Stirnseite, den getrennten Duschräumen für Damen und Herren, und die sechs aneinandergereihten, porzellanenen Fußwaschbecken. In einem davon hatte er im warmen Wasser gehockt, zitternd, bibbernd, ein schlacksiges Häuflein Angst, und auf den Gorillaschwimmeister gewartet. Und dann war das Wunder geschehen! Anstelle des Schnauzbartes war eine junge Frau erschienen, in Weiß, und hatte ihn angelächelt. Eine Schwimmeisterin! Schlagartig war die Angst wie weggeblasen, und er war geschwommen wie ein Delphin – fast. Er sieht wieder das gutmütige Gesicht des Großvaters und hört die lobende, ruhige Stimme: ‚Siehst du, es ging doch prima!‘

Der Flachsblonde will dem linken Bein eine andere Stellung geben, stößt mit dem Knie gegen eine Gasmaskenbüchse und mit dem Fuß an etwas Weiches oberhalb des Fahrersitzes. Dori flucht „Au!“ und massiert sich den Hals. Ernst knurrt: „Geb a Ruh, Dori, und glotz lieber auf dei Straß’n.“

Der Flachsblonde schließt wieder die Augen und sinnt im Schaukeln und Schütteln des Wagens weiter: Feldwebeltyp, der Bademeister, und Opa hatten herausbekommen, woher und wovor der Enkel Muffe hatte. Seitdem waren Wasser und Schwimmen ein Vergnügen gewesen. Ja – und dann kam die Aufnahmeprüfung, später kamen die Mathearbeiten und der Zahnarzt. Das ging während der gesamten Schulzeit so. Besonders schlimm aber waren die Tage vor der Einberufung zum Barras gewesen. *Meine Fresse! Was liegt da alles dazwischen? Wie lange ist das schon her?*

Das letzte Jahr auf der Penne war das schönste gewesen. Gelernt hatten sie nicht mehr allzuviel. Die Schule war nur Alibi, war der Deckmantel innerer Befriedigung, die Arbeitsumschreibung für Mädchen und Wehrbezirkskommando. Erstere waren handgreifliche Gegenwart, letzteres war banges Warten auf die endliche Erfüllung der Freiwilligenmeldung, der Einberufung. Beides eigentlich nichts anderes als männliche Selbstbestätigung. Man war gelaufen, und es war egal, ob man hinter den Röcken hergetrabt war oder hinter Preußens Gloria. *Herrliche Zeit* – der Flachsblonde zieht wieder die Oberlippe an die Nase – *nee, eine dumme Zeit, eine saudumme sogar!* Das eckig-ausdruckslose Gesicht des Feldwebels, der bei der täglichen Nachfrage, natürlich während der Schulzeit, nichts anderes von sich zu geben wußte als seine eingedrillte Philosophie: ,Geduld, meine Herren, zu Preußen ist noch keiner zu spät gekommen!' Idiotisches Geschwätz eines senilen Achtzehnenders! Keinen Schimmer von der Pennälerproblematik, die klar und einfach lautete: Einberufung möglichst vor dem Abitur, dann erspart man sich und den Paukern nicht nur die Prüfungsangst, sondern vor allem die Prüfungsergebnisse! Und was sollte in dieser großen Zeit das sinnlose Büffeln gesetzlich geschützter Pflanzen oder der Funktionen des Verdauungsschlauches? War das Gerundium vorrangig oder richtiges Kartenlesen? 'ne englische Nacherzählung oder ein Spähtrupp? Sinnlos, wie die Energien vergeudet wurden. Den Panzern war es schließlich piepegal, ob die Besatzungen das Latinum hatten oder nicht. Fahren mußten sie können! Schießen und treffen! Na ja, Penne und Kommiß waren schon immer zwei verschiedene Paar Stiefel gewesen, auch wenn der äußerliche Vergleich zwischen Schulgebäude und Kaserne auf den ersten Blick andere Schlüsse zulassen konnte. Und dann war endlich der entscheidende Tag doch noch gekommen! Der Feldwebel hatte wieder seinen Spruch heruntergerasselt und dabei gegrinst – das war neu gewesen –, und dann hatte er noch gesagt: ,Geh man nach Hause, Junge, wer weiß, wie lange du das noch kannst!' Blödmann – wohin sollte man schon gehen, wenn Mittagszeit war und man Kohldampf hatte.

Der Flachsblonde erinnert sich jeder Einzelheit. Es war ein Mittwoch. Zum Mittagessen hatte er Kartoffelpuffer mit Apfelmus bestellt, sein Wochenmitte-Leibgericht, und geregnet hatte es, ein windiger, kalter Herbsttag. Er hatte die Schulmappe auf den Kopf gelegt und war von Pfütze zu Pfütze gesprungen. Dabei hatte er gepfiffen: „Vorwärts, vorwärts, schmettern die hellen Fanfaren." Ja, und dann stand Mutter in der Wohnungstür. Sie stand seltsam ratlos, blaß und alt zwischen dem Türrahmen, und er wußte nicht, wieso und warum. Als er das graue Briefkuvert sah, das ein bißchen verloren auf dem großen Tisch lag, hatte er begriffen. Der Einberufungsbefehl!

Mann, war das eine Freude! Ganz zappelig hatte er den Brief geöffnet. Das gefaltete Papier, falsch eingelegt war es auch noch, es stand sozusagen auf dem Kopf, enthielt nur wenige Zeilen: seinen Namen, die Adresse, das Datum und den Truppenteil, „Leibstandarte SS Adolf Hitler". Geklappt! – Endlich geklappt, und noch dazu bei der Truppe, die für ihn der Inbegriff seiner Jungenträume war. Leibstandarte! Das war das Höchste! Nur Freiwillige, ausgesuchte Soldaten, Mindestgröße, Eliteregiment, die Garde des Dritten Reiches! Mein lieber Mann, das war etwas – aber – was war mit den Eltern los? Begriffen die nichts von seiner Freude? Begriffen sie nicht seine Begeisterung?

Der Großvater hatte ‚Berlin-Lichterfelde, Finckenstein-Allee' gemurmelt und gesagt: ‚Dorthin mußt du, Junge? Ausgerechnet zur Leibstandarte – und in acht Tagen?' – Während er seinen Altvorderen ausgelacht hatte, fing es ganz plötzlich an, dieses ziehende Bohren in der Magengegend, das bekannte kotzerige Gefühl, für das es keinen Namen gab, jedenfalls nicht im Vokabularium eines deutschen Jungen, und dann geschah noch etwas, das ihn zuerst überraschte und, je mehr es sich verstärkte, ihn um so nachdenklicher hatte werden lassen: So wie sich seine Begeisterung von Tag zu Tag verminderte, nahm der flaue Zustand zu. Zuletzt war es fast unerträglich geworden, und er hatte dem Vormittag entgegengefiebert, an dem es endlich losgehen sollte. Abfahrt 11.09 Uhr – Lichtenfels umsteigen!

Dieser katzenjammervolle Abschied in der dreckig-grauen Bahnhofshalle. Die gedrückte Stimmung. Die Fronturlauber. Ihre Familien. Die piepsig-weinerlichen Kinderstimmen. Das unterdrückte Heulen. Das Warten und nicht Wissen, wie überbrücken. Endlich der Bahnsteig. Die gutgemeinten Ratschläge: Paß auf dich auf, sei vorsichtig. Das gezwungene Lächeln, die ernsten Gesichter und die zu einem Lächeln krampfhaft verzogenen Mundwinkel. Tränen! Schreie! Winken – immer kleiner werden – und das Karussell der eigenen Gedanken: Wann werden wir uns wiedersehen? Werden wir uns wiedersehen?

In diesen Augenblicken hatte er begriffen, warum er tagelang wie ein Magenkranker herumgelaufen war. Vorbei – etwas war vorbei, unwiderruflich und unwiederbringlich aus und vorbei, und etwas Neues kam auf ihn zu, von dem er sich nur die Anfangsphase vorstellen konnte, wovon er gelesen und gehört hatte, und, zog er die Münchhausiaden ab und nahm den Schnitt, dann war das, was den Begriff Rekrutenzeit ausmachte, immer noch schlimm genug.

Als die Veste, das Wahrzeichen seiner Heimatstadt, aus seinem Blickfeld verschwunden war, hatte er sich eine Zigarette angezündet und den Einberufungsbescheid aus dem Umschlag geholt. Immer wieder hatte er den Regimentsnamen angestarrt, und seine Gedanken waren im Kreis um die Buchstaben getanzt. *Dorthin wollte ich – Begeisterung! Jetzt habe ich es ge-*

schafft – großes Kotzeluja! Reiß dich zusammen, alter Weichmann, geht dir ja nicht alleine so. Alleine? Bin ich der einzige, der mit diesem undefinierbaren Gefühl zu den Preußen gondelt, oder müssen auch andere mit der Flaute im Magen und dem Kloß im Hals fertigwerden? Von der Penne oder vom Zahnarzt wußte er es, da war selbst der Stärkste seiner Freunde blaß geworden, aber zur Einberufung? Er konnte sich nicht daran erinnern, je etwas darüber gelesen oder gehört zu haben. Über die Rekrutenzeit ja, über den Schliff, den sinnlos-sturen Kasernenhofdrill, über das Phänomen der nie versagenden Stimmengewalt der Ausbilder, über deren Erfindungsgeist im Hereinlegen der Rekruten, über deren unerschöpfliches Reservoir an Kraftausdrücken – aber über Magensausen, über Schiß, über Angst? –

In Lichtenfels hatte sich das Abteil gefüllt. Er hatte sich in die Ecke gedrückt und eine Mantelhälfte über das Gesicht gezogen. Die Gedanken waren spazierengegangen. – In seinem Zimmer war das mannshohe Bücherregal in der oberen Reihe mit Kriegsliteratur gefüllt, meist schlichtgraue Leinenbände mit schwarzbeschrifteten Titeln, und er war sie in Gedanken durchgegangen, hatte nachgesucht beim nochmaligen Durchblättern, die *Gruppe Bosemüller*, *Sieben vor Verdun*, *In Stahlgewittern*, *Gespenster am Toten Mann* und wie sie alle hießen, und eigentlich waren es nur zwei Bände aus dem Schrank seines Großvaters, in denen etwas von dem anklang, was er jetzt empfand: *Im Westen nichts Neues* und *Stahlbad anno 17*. In diesen Buchseiten hockte die Angst, die Angst im Vorrollen zur Front, die Angst vor der Feuertaufe, die Angst vor dem Grauen des Krieges. Er aber – er hatte diese Angst schon auf der Fahrt zur Kaserne! – In einem Abteil dritter Klasse des Schnellzuges München–Berlin wurde ihm klar, daß sein Magenbohren nicht ausschließlich der Einberufung galt, sondern dem, was nach der Rekrutenzeit unausweichlich folgen mußte: der Front! –

Der Flachsblonde schreckt hoch und zieht die Oberlippe an die Nase. Das macht er immer, wenn er nachdenkt, wenn er, wie er selbst diese Angewohnheit definiert, einer Problemfindung nachsinnt. Ernst sieht es anders, sieht es weniger kompliziert, dafür um so realistischer, wenn er dazu sagt: ‚Spinnst wieder, Kück'n?' – Der Flachsblonde zieht die Beine an, beugt sich nach vorn und legt die Arme auf die Rückenlehne des Beifahrersitzes.

„Wie lange fahren wir denn schon?"

Ernst dreht Zigaretten, verstaut den Tabakbeutel wieder sorgfältig unter seiner Tarnjacke. „Lang, Kück'n, aber no net lang g'nug. Da, rauch oane, dann kommst auf andere Gedank'n."

„Andere Gedanken? Wieso?" Der Flachsblonde zieht den Rauch tief in die Lunge.

„Woaß i eben – is doch allweil so, ma gurkst durch die Nacht, denn immer in der Nacht geht's los. Jeder verkneift sich, was zu sag'n, hockt im Karr'n, glotzt ohne was zu seh'n vor sich hin und spinnt sich was z'recht. Doch es hilft nix. Die Nacht wird davon net heller, die Jockelei net kürzer un der eigene Zustand net besser – und ändern kannst sowieso nix."

„Es sei denn", grinst Dori, „du steigst aus, haust deinen Blechkoks in den Dreck und die Knarre dazu und sagst: Schluß! Mir reicht's, ich mache den Scheißkrieg nicht mehr mit! Ich kann nicht anders, Gott helfe mir, Amen!"

„Blödhamm'l! Wär dei Luther bei der LAH g'wen, dann gäb's a Zitat weniger."

„Komische Vorstellung, das."

„Was, Kück'n?" Ernst rutscht mit dem Rücken zur Wagentür, damit er den Kopf nicht so stark drehen muß. „Was meinst mit komischer Vorstellung?"

„Na, Luther bei der LAH."

„Schmarr'n! Des war dem Dori sei Blödsinn. Mei Vorstellung is anders. Da zock'lt ma mit zwei Armleuchter wie euch stund'lang durch die Saunacht und koaner macht sei Maul auf. Du, Kück'n, sitzt hint'n und spinnst, und der Dori qualmt meine ganz'n Aktiv'n. Ich mach' mir Sorgen, wie Adolf mit solchenen Dünnmännern die Zitadelle gewinnen will – des wird a Ruine!"

Der Flachsblonde will grinsen, zieht aber wieder die Oberlippe an die Nase. „Ich will euch sagen, was mir durch den Kopf gegangen ist. Ich habe über die Angst nachgedacht."

„Sauber – hab ich's net g'sagt, Dori? Sitzt stund'nlang im Wagen, läßt sich durch die Gegend schauk'ln, tut nix, sagt nix, aber denkt. Hast g'hört, Dori, unser Kück'n denkt! Und damit's ja recht schwer wird", und jetzt wechselt er ins Hochdeutsche, „versucht er das Problem der menschlichen Angst zu lösen!"

„Schafft er nie, Ernst, ist noch kein alter Hase. Nur altgediente Landser haben die nötige Erfahrung im Hosenscheißen."

„Hast du sie schon voll, Dori?"

„Ist gleich soweit, Kücken. Ich warte nur, bis wir etwas schneller fahren, dann stinkt es nicht so."

Sie lachen.

Der Flachsblonde legt die Hand auf Doris Schulter. „Mal ehrlich, Dori, ist dein Magen auch am Flattern?"

„Flattern? – Mensch, glaubst du denn, nur du hättest das Muffensausen gepachtet? Ernst hat recht, Kücken, es ist immer dasselbe. Vorher machst du dir fast in die Hosen, und hinterher, wenn der ganze Quatsch vorbei ist, fühlst du dich als Held, kriegst vielleicht einen Orden und glaubst es dann selbst und…"

„Und im Heimaturlaub spielst den eis'nhart'n Frontsoldat'n und stemmst die Weiber", grinst Ernst und schlägt müde mit der Hand durch die Luft. „Meist'ns bleibt's beim Wunsch."

„Hättest du jetzt keine Lust dazu, ich meine, von wegen stemmen?"

„Naa", meint Ernst, „brächt nix zamm und wannst mir die La Jana auf'm Bauch bind'n tät'st."

Sie lachen wieder.

„Wird schon besser."

„Natürlich, Dori, bei dir wird's immer besser, wenn's um Weiber geht."

„Irrtum, Ernst", winkt der lässig mit der Hand ab, „ich meine es anders, ich meine, mit uns wird es besser. Wir reden miteinander, reißen blöde Witze, sauigeln und so, versteht ihr, was ich meine? Ablenken – sich selbst bescheißen, damit das Grübeln aufhört. Nachdenken", spinnt Dori seinen Faden weiter, „ist das Verkehrteste. Denken und Kommiß vertragen sich nicht. Wer denken kann oder sogar muß, ist ein armes Schwein. Beim Kommiß denken immer andere für dich, und du hast nur das zu tun, was die sich ausgedacht haben. Dreh mir noch eine, Ernst, ich will euch mal 'ne Geschichte erzählen, 'ne Art Kommißphilosophie! Mein Ausbilder in Lichterfelde war der Inbegriff eines Leibgardisten, so mit der Tour: ‚Privat bin ich ein Gemütsmensch, nur im Dienst bin ich ein Schwein – und ich bin immer im Dienst!' Dieser Drillexperte erzählte mir dann später, als ich ihn von Bjelgorod nach Charkow zum Fronturlauberzug fuhr, wie er die Kasernenhofakrobatik sah. Im Mittelpunkt seiner Betrachtung stand seltsamerweise das Individuum. Man stelle sich vor: LAH und Persönlichkeit! Ihr lacht? Ich habe mich damals fast verschluckt – aber hört zu, er meinte: ‚Sieh mal, eines Tages bist du dran und machst die Bekanntschaft mit dem Kasernenhof. Deine Schnauze liegt im Dreck, und du hechelst wie ein von der Sonne gestochener Hund. Ausgepumpt, leer, fix und fertig mit Gott und der Welt. Und dann siehst du durch Schweiß und Dreck zwei geputzte Stiefel und hörst die verdammte Stimme, und diese Stimme trifft dich härter als ein Arschtritt. »Na, Sie Heldenklau, Sie Stolz der Nation, habe ich etwas von Ausruhen gesagt?« Du möchtest dem in den geputzten Stiefeln an die Gurgel, möchtest ihm die Fresse polieren, und mit dir deine Kameraden, die wie du die Stiefel nur von unten sehen. Und siehst du, das ist die Nummer eins! Du und deine Kameraden sind eins, zusammengeschweißt durch die ohnmächtige Wut auf die Stiefel und die Stimme. Ihr armen Kasernenhofschweine seid eine Einheit, im Schwitzen, im Fluchen, im Hassen, im Beten. Alles, was früher war, ist ausgelöscht. Erziehung, Bildung, reich oder arm, dick oder dünn, klug oder doof.'" Dori grinst und verbessert sich: „Dick stimmt wohl nicht, habe ich jedenfalls bei der LAH noch nicht gesehen. – ‚Die Stiefel und die Stimme, was die wollen, das macht ihr, ohne darüber nachzudenken, ohne Begründung, ohne Einsicht. Euer Handeln ist automatisch, geschieht, ohne daß ihr es wollt, gegen euren Willen – so ihr noch einen Hauch davon habt. Ihr denkt nicht, ihr gehorcht! Das Früher fällt von euch ab. Je weniger ihr vom Früher behaltet, von der Zivilisation, von der humanistischen Idealvorstellung, je mehr ihr zurückgebildet werdet zum automatischen Handeln, zum instinktiven Reflex, zur unerschütterlichen Sturheit, desto größer ist eure Chance zu überleben!'"

Der Flachsblonde schüttelt unwillig den Kopf und zieht die Oberlippe zur Nase: „Zurück zum Neandertaler!"

Dori hebt bestätigend den Zeigefinger und deutet nach vorn, wo der Dietrich plötzlich hellweiß aufleuchtet. „Dem fahre ich seit Stunden hinterher. Das ist nur mit Sturheit zu schaffen, mit totaler geistiger Verblödung!"

„Und was hat dein Kasernenpädagoge noch g'sagt, Dori?"

„Ach so – ja, als ich ihm vorhielt, daß trotz all der psychologischen Tiefsinnigkeit einer von den Kasernenhofartisten einmal einen unerwarteten hellen Moment hätte und, draußen zum Beispiel, den mit den geputzten Stiefeln eins über die Rübe knallen würde, aus Versehen natürlich und in der Hitze des Gefechtes, oder weil er die Schußrichtung verändert hätte, da hat er mich nur angegrinst und gesagt: ‚Hast du das bei mir versucht?' Ich verneinte. Er daraufhin: ‚Siehst du, wir sind zusammen raus – übrigens eine gute Einrichtung, daß der Ausbilder mit seinen lieben Schäflein auch an die Front geht –, und was war da? Ihr habt euch wie eine Hammelherde an mich geklammert. Wo ich mich hingerotzt habe, wenn es knallte, da wolltet ihr in schöner Gemeinschaft auch hin. Wenn ihr beim Vormarsch auf den Kniekehlen gekrochen seid, habe ich über diesen Spaziergang gegrinst. Wenn die Ari rummste und ihr den Hintern zugekniffen habt, mußte ich 'nen Witz erzählen und euch moralisch aufrichten. Ich habe euch alle Tricks gelehrt, nur dem Zufall hatte auch ich nichts entgegenzusetzen, außer Gleichgültigkeit. So nach und nach war dann nichts mehr vom Haß der Rekruten auf ihren Ausbilder übrig. Es gab nur noch Frontschweine, 'nen alten Keiler und junge – aber Schweine. Der Dreck machte alle gleich, und vielleicht hat manch einer eingesehen, warum ich ihm in Lichterfelde den Arsch aufreißen mußte.'"

„Rührend – fast zum Heulen – a Philosoph bei der LAH."

„Du kennst ihn auch, Ernst."

„I – den kennen?"

„Sicher, ich meine Hans, unseren Gruppenführer."

„Sakra! Jetz haut's mi – hab immer denkt, der wär no fast normal."

„Normal? Du sprichst im Rätsel. Normal und Krieg? – Aber sag mal, Ernst, du warst doch auch einmal Ausbilder, oder?"

„Net beim Wachbataillon. – Wannst die Schleiferei moanst, Dori, ja, des hab i aa g'macht, nur, die sogenannte Exerzierausbildung, Griffklopfen, Achtungsmarsch, Vorbeigehen in gerader Haltung, der nächste folgt, wenn der erste vorbei is, und all den andern Mist, des is sinnlos! Wann Schliff an Sinn hab'n soll, dann in der Kampfausbildung, und grad des is bei uns oft vergess'n wor'n. Adolfs Wachparade, wie früher die Potsdamer, Lange Kerls gleichmäßig wie a Kompanie von Robotern, so dumm wie lang, und die an die Front! Des nennt ma verheiz'n. Sinnlos verheiz'n. Außerdem kann ma an Mann im Gelände genauso fertigmach'n wie auf'm Kasernenhof, nur beim Schützenwechsel am MG lernt er was, beim Achtungsmarsch nix! Um zum Anfang z'ruckzukomm'n, Dori, Intelligenz, hast g'sagt, denken können oder müss'n und Kommiß vertrag'n sich net, stimmt's? Jetz sag mir oans, was mach'n mir nachher jetzt, hm? Mir denken! Denken! Hat ma uns des Denk'n ganz austreib'n können, ha? Nix hams g'schafft, sonst war unser G'spräch gar net möglich gwen."

Ernst kramt unter seinem Sitz, grunzt zufrieden und legt einen prallgefüllten Wäschesack vor sich auf die Oberschenkel.

„Und was wird das?"

„Nix b'sondersch – möcht oaner Brot mit Büchs'nfleisch?"

Die Kolonne hält. Dori reckt sich und stößt Ernst an: „Geh mal nachsehen, was los ist."

„Bin i der Fahrer oder du?", aber er steigt doch aus und verschwindet in der Dunkelheit.

„Hat der etwas von Büchsenfleisch gesagt, Kücken?"

Der nickt.

„Dann gib mal her!"

„Also – deswegen hast du den Ernst rausgeschickt? Dori, wenn wir jetzt 'ne Büchse aufmachen, gibt er uns acht Tage lang nichts zu beißen."

„Hast recht, Kücken – bleib sitzen, ich nehme auch mal 'ne Brise frische Luft."

Es ist warm und schwül. Die Luft riecht nach Staub und Sprit. Links blitzt es auf! Unterdrücktes Stimmengewirr. Motoren heulen, dazwischen das kettenquietschende Gebrumm von Panzern.

Ernst kommt zurück. Er schwitzt und knallt die Feldmütze auf den Sitz.

„A Sauhitz is des!"

Hans und Ernst
Juli 1943

Auch der Flachsblonde spürt jetzt die drückende Wärme und öffnet das Hemd unter der Tarnjacke. Dabei berührt er den Talisman, den er an einem dünnen Kettchen um den Hals trägt. Den Glückspfennig gab ihm eine grünäugige, blondköpfige Sie und das daraufgelötete orthodoxe Kreuz ein alter Kosak. Dazwischen lagen Verwundung und Genesungsurlaub. – Er zieht wieder seinen Flunsch – der Bahnsteig – sie hatte nicht gewinkt – und er hatte krampfhaft das alte Pfennigstück mit der Rechten umschlossen. – 11.09 – Lichtenfels umsteigen. Erinnerungen und wieder das verdammte Magengrimmen.

„Träumst?" Ernst gibt dem Flachsblonden ein dickbelegtes Brot.

„Vorn hängt a Achtacht quer. A Panzer schleppt's ab. Geht gleich weiter."

Das Blitzen wird heller. Der Flachsblonde zählt einundzwanzig – zweiundzwanzig – drei – vier – das Gewitter ist noch fern und der Donner mehr ein unterdrücktes Grollen.

„Wenn jetzt ein mittelschwerer Wolkenbruch herunterkommt, dann könnt ihr schieben." Dori schwingt sich auf den Fahrersitz und startet durch. Wieder zuckt ein Blitz! Die Fahrzeugkolonne ist für Augenblicke fast taghell erleuchtet. Das Panzerquietschen wird lauter und vermischt sich mit dumpfgrollendem Donner. An der Windschutzscheibe zerplatzen die ersten Regentropfen.

„Was sind denn das für komische Panzer, Ernst?"

„Kenn i net, jed'nfalls kona Russen." Dori flucht und beugt sich nach vorn. „Scheißscheibenwischer! Einer von euch hätte ruhig einmal die Scheibe putzen können. War doch genug Zeit. Aber nein, dicke Stullen fressen und ich…"

Wieder blitzt es auf! Der Flachsblonde starrt auf die Panzer.

„Hast du sie jetzt gesehen, Ernst? – Dori! Was sind denn das für Kästen?"

„Panther! Die neue Geheimwaffe! Soll so gut sein, daß Grenadiere überflüssig sind!"

„Und warum fahr'n wir dann mit?"

Dori lacht: „Als Statisten, Ernst – als Jubler!"

„Jubler?" schüttelt Ernst erstaunt den Kopf, und seine Zunge schnalzt: „Ts! Ts! Ts!"

„Die Panther machen alles allein. Wir jubeln nur dazu, und du, Ernst, wirst zum Oberjubler befördert."

Sie halten wieder.

„Die Panzer müssen erst vorbei."

„Wie g'habt", brummt Ernst, „wann nix los is, dann knüpp'lns wie verruckt, und wanns rummst, dann bleib'ns mit Kett'nschad'n lieg'n."

Von der Windschutzscheibe rinnen Sturzbäche.

„Des schütt' wie zu Noahs Zeit'n. Nur, der hat an Schwimmwag'n g'habt un mir net." Ernst schmiert die zweite Lage Stullen. Dori schmänzt leicht. Seine Wangen sind aufgebläht wie die eines Tubabläsers.

Der Flachsblonde kämpft mit sich. Er möchte schon, glaubt aber, es richtig zu machen, wenn er ablehnt.

„Willst nimmer, Kück'n?"

„Wollen schon, Ernst, aber – wir fressen in einer Nacht die ganze Groß-kampfverpflegung auf, und morgen gibt es Karo einfach mit aufgelegtem Daumen."

Ernst ist so erstaunt, daß das auf seinem bayerischen Nicker aufge-spießte Fleischstück wenige Zentimeter vor dem weit aufgesperrten Mund verhält. „Was – was hast g'sagt? Großkampfverpflegung auffressen und morg'n nur Horst-Wessel-Brot? Spinnst, oder machst an Witz?!" Das Fleisch verschwindet zwischen seinen Zähnen, die dialektgefärbte Spra-che weicht einem belehrend-akzentuierten Hochdeutsch: „Eeeerstens sind in dem Wäschebeutel noch fünf Büchsen! Zweiiitens eine Flasche Wodka für werktags und zwei Flaschen Hennesy für die Siegesfeier in Kursk. Drittens habe ich noch einen Wäschebeutel, und der ist auch voll, und viertens: Nimm jetzt dein Brot, oder du kannst mi fünft'ns am…"

Der Flachsblonde lacht, und Dori fährt fast auf seinen Vordermann auf. Das ist Ernst – ein Organisationstalent, ein Genie, einmalig, ungeschlagen und im ganzen Bataillon bekannt. So konnte wohl ein durchschnittlich be-gabter Organisierer in irgendeinem gottverlassenen Bajaukendorf einen Sack voll Kartoffeln auftreiben, vielleicht sogar noch Fett, Ernst brachte auch das Salz mit und die für echte Bratkartoffeln unersetzliche Voraus-setzung, eine Bratpfanne! Der Flachsblonde lacht innerlich weiter. – Man sieht es Ernst nicht an, etwas gedrungen, das macht der zu kurz geratene Hals, ziemlich volles Gesicht und ein Wulst ungebändigter Haare, die ihm während der Rekrutzeit viel Ärger eingebracht haben. Münchner, ge-nauer, von Sendling, ganz in der Nähe des zuschlagenden Schmiedes. Be-ruf? Schüler, denn Abiturient war für die LAH berufslos. Ein wenig brum-mig und gesprächsfaul, unerhört schlafbedürftig, dafür einmalig reak-tionsschnell und erfindungsreich, wenn es irgendwo etwas zu organisie-ren gab. Sein Steckenpferd – er nennt es Tick – ist klassische Philosophie. Alles in allem eine Mischung von nachdenklich, wurschtig, verfressen und vorausahnend.

Im Charkow-Einsatz fuhr er eines nachts Panzermunition. Ein typischer Auftrag für ihn, denn niemand wußte genau, wo die Panzer festsaßen. Der Flachsblonde war mitgegondelt, damit die Nacht nicht so langweilig wur-de, wie Ernst meinte. Es klappte, und die Panzermänner spendierten einen

Wodka und Zigaretten. Der Schnaps hatte Ernst angeregt, denn auf der Rückfahrt bog er plötzlich ohne ersichtlichen Grund ab, grinste auf die Frage des Flachsblonden und sagte: ‚I riach noch mehr Wodka!' Tatsächlich – nach einer blödsinnigen Kurverei fanden sie eine alte Wodkafabrik. Drinnen war es fast angenehm warm. Der eisige Ostwind war nicht zu spüren, und Schnaps fanden sie auch. Nach dem ersten inneren Aufwärmen wurde der Wodka sorgfältig im Wagen verstaut, und die Zockelei ging weiter. Sie passierten einige Panjebuden. Ernst hielt und stieg aus: ‚Laß den Motor lauf'n, Kück'n, un gib ab un zu a Gas!' Nach einer Weile, die dem Flachsblonden wie eine Ewigkeit vorgekommen war, kam Ernst zurück, mit einem Korb auf dem Arm: ‚Stell ihn weich, Kück'n, damit nix kaputtgeht.' Auf die verwunderte Frage des Flachsblonden, was er denn mit dem blödsinnigen Korb vorhabe, hatte Ernst gefeixt und endlich gebrummt: ‚Eier, Kück'n. I mag den Wodka net gern blank, is a Saufus'l, aber als Eierlikör?!'

Schließlich hatten sie sich doch noch verfranzt. Bei jeder neuen Fahrzeugspur schnippte Ernst ein Markstück hoch. Kopf war links, und Zahl hieß rechts. Es wollte und wollte nicht hell werden. Und dann kam das dicke Ende, das heißt, das Ende war es eigentlich noch gar nicht. Sie sahen ein Dorf und abgestellte Fahrzeuge. Einige, wie sie selber weißgetarnte Figuren standen in der Gegend herum. Ernst fuhr eine Kurve, und ihr Wagen stand danach fast in der Gegenrichtung. Er, der Flachsblonde, hatte aus unerklärbarer Vorsicht die MPi zurechtgelegt, das Fenster geöffnet und einen von den Weihnachtsmännern nach deren Einheit gefragt. Die Antwort konnte er nicht verstehen, sie war auf Russisch! Erschrocken war er in den Sitz zurückgeknallt und hätte um ein Haar seine MPi fallen lassen. Nicht wegen des Russen, sondern weil Ernst mit Vollgas angefahren war! Gleich darauf krachte es, und Ernst hatte wieder gefeixt: ‚Hab denen a paar Eier rausg'schmiss'n – Eierhandgranat'n!' – Sie waren durch die Schneenacht geprescht, und Ernst hatte dabei sogar seine Münzkunststückchen vergessen: ‚Hätt' gleich meiner Nas'n nachfahr'n soll'n!' – Als es anfing, heller zu werden, waren sie zu Hause angekommen, und auf die Frage vom Chef hatte der Münchner nur gebrummt: ‚Gut is ganga!'

Das war im Winter gewesen. –

Jetzt ist es schwülwarm, und es schüttet wie aus einem riesigen Feuerwehrschlauch. Die Rollbahn gleicht einer klitschnassen, dampfenden Waschküche.

„Und wo hast du die Fressalien aufgetrieben, Ernst?"

Der schluckt und grunzt und kann wieder einmal den Mund nicht aufmachen, wenigstens nicht, um zu reden.

„Verschlucke dich nicht, Ernst", Dori fingert nach der Juno-Schachtel, „unser Kücken will nur wissen, wo du das Zeug organisiert hast."

„Wo schon – in der Marketenderei."

„Aber – wo war denn eine Marketenderei? Hast du eine gesehen, Dori?"

„Nee."

„Aber i!"

Sie lachen. Ernst winkt ab und schmiert weiter Stullen. Das Gewitter ist in einen gleichmäßigen Landregen übergegangen. Die Rollbahn ist glitschig wie Schmierseife, und Dori muß mächtig aufpassen. Trotzdem fährt er nur mit einer Hand, denn die andere hat mit dem Brot zu tun. Der Flachsblonde sieht sein Profil, lang, schmal und leicht hakennasig-nordisch, aristokratisch. Schwach erkennt der Flachsblonde die feinfingrige, schmale Hand und wie der Zeigefinger die Fleischscheibe festhält. Der Flachsblonde zündet sich eine Zigarette an, grinst, als er den Kragenspeck an Doris Hemd sieht, lehnt sich zurück und versucht die Beine auszustrecken.

Dori ist Hamburger, hager, blond und wasserblauäugig, aus gutem, hanseatischen Hause, aber schmuddelig und stets ölverschmiert. Er ist so etwas wie der Schmierfink der Kompanie. Ernst meint, Dori wäre in seinem stinkvornehmen Elternhaus immer von einem Hausmädchen gewaschen worden und könne daher nicht wissen, wie er es selbst anzustellen habe, und außerdem wäre er von Natur aus faul, stinkfaul sogar! Während der Rekrutenzeit war Dori natürlich ständig aufgefallen und mit ihm die ganze Stube. So war des öfteren der Heilige Geist über ihn gekommen, allerdings nicht in Form von harten Schlägen, sondern mit Wurzelbürsten und viel Wasser. Dori war also weiter gewaschen worden, nicht mehr ganz so zart, dafür aber um so gründlicher. Draußen bei der Division war es dann ganz aus. Er überzog sich mit einer dicken Schicht aus Schmieröl, Stauferfett und Dreck, und der Heilige Geist hatte resigniert aufgegeben. Urlaub wurde allerdings ein Fremdwort für Dori. Kamen sie zurück in Ruhestellung oder wurden gar aus der Front gezogen, dann landete er zwecks Generalreinigung für einige Tage im Bau – und kam genauso dreckig wieder heraus, wie er hineingegangen war. So blieb er nicht nur jahrelang auf seinen beiden Rottenführerlitzen sitzen, sondern auch auf seinem Fahrersitz. Und fahren konnte er alles, vom Krad bis zum Panzer – wenn er wollte. Wenn er nicht wollte, gab es irgendwo eine Panne, und das hatte bisher stets bedeutet, daß er leider einen besonders dicken Schlamassel verpaßt hatte. Lag irgendwo eine Karre im Dreck und Fahrer und Schirrmeister waren der Verzweiflung nahe, stolzierte Dori wie von ungefähr daher, beide Dreckflossen tief in den zu weiten, dafür um so bequemeren Panzerhosen vergraben, die ölfleckige Tarnmütze schief auf dem Aristokratenschädel, im Mundwinkel die geschlauchte Zigarette, grinste unschuldig und gab ungebeten seinen Kommentar. Selbstverständlich erhielt er sofort einen Anschiß mit der Aufforderung, zu verschwinden und die Fresse zu halten oder es besser zu machen. Und dann machte er es besser und erhielt die obligatorische Belobigung von wegen dümmster Bauer mit den dicksten Kartoffeln. Der Schirrmeister war Doris persönlicher Freund, und es war schon eigenartig, obwohl der Dienstvorgesetzte immer das letzte Wort und vor allem stets Recht haben sollte, bei den beiden war es stets umgekehrt: Der Schirrmeister reagierte allergisch, Dori gelassen.

Das Schneefeld, damals, das war typisch. Dori war Spitze gefahren, in eine Schneewehe kanoniert und steckengeblieben. Natürlich hatte der Schirrmeister gewußt, daß die von Dori eingeschlagene Richtung die einzig mögliche falsche gewesen war. Ein Kasernenhofgewitter wie zu Lichterfeldes besten Zeiten entlud sich! Abschleppen und einen besseren Weg suchen! Was tat Dori? Er grinste, steckte sich eine neue Zigarette an, stieg in den Wagen und fuhr los – genau in das Schneefeld hinein – und kam durch! Der Schirrmeister hatte einen Hustenanfall bekommen und drohte zu ersticken bei Doris Feststellung: ‚Wußte doch, daß es ging, hatte nur falsch angesetzt.' –

Als der Schirrmeister endlich die Sprache wiedergefunden hatte und anfing zu brüllen: ‚Putzen Sie Fliege, Mann! Ich versetze Sie als Bodenplattenträger zu den Granatwerfern!', hatte Dori sein ‚J'woll, Oberscharführer' gegrinst und war in seiner Richtung weitergefahren – und die ganze Kompanie hinterher.

Wieder halten sie. Der Regen hat nachgelassen, am Horizont leuchtet ein Streifen hellgelber Himmel.

„Wie spät hast'n?"

Der Flachsblonde sieht auf die Armbanduhr: „Kurz nach zwei."

Ernst schnuppert in die Luft und deutet nach Osten: „Wird schon hell. In dem Sauland is aa all's andersch. Net amol a normale Nacht ham die Iwanesier."

„Warum halten wir schon wieder?"

„Hörst's net? – Panzer!"

Sie lehnen am Fahrzeug, rauchen und sehen den Panzern entgegen. Die Ketten quietschen und spritzen dreckiges Lehmwasser aus den Rollbahnfurchen.

„Kommt's rein, sonst gibt's a Dusch'n."

Dori hat im Fahrersitz Deckung genommen und grinst seinem Beifahrer entgegen: „Wasserscheu, Ernst?"

Ernst brummt etwas von Lichterfelde und wer dort geschrubbt worden ist und schüttelt den Kopf, als wolle er damit andeuten, daß ja doch alles sinnlos sei, was mit Wasser und Dori zusammenhängen könnte.

Tiger rollen vorbei. Die Besatzungen hocken auf den Türmen, in Unterhemden, einige mit nackten Oberkörpern, eigenartig weiß und an den Unterarmen und Hälsen wie abgeschnitten. Die Stahlkästen rumpeln langsam. Neben den Ketten quillt dicker Brei und schiebt braunschwarze Wassersoße vor sich her.

„Sind keine von uns."

„Nee – aber seht doch", schreit Dori und deutet aufgeregt zu einem Panzer, aus dessen Auspuff meterlange Feuerstreifen schießen. „Was ist denn mit dem?"

„Dem kocht der Arsch." Ernst kaut seelenruhig weiter.

Der Panther hält. Die Besatzung springt in die Lehmpfützen. Einer geht nach hinten und flucht. Ein ellenlanger Unterscharführer spricht mit dem Panzermann. Dori steigt aus, trollt sich zu dem Panzer, beäugt die Lage, schüttelt den Kopf und bringt den langen Unterscharführer zurück zum Wagen. Als der Uscha den vespernden Ernst sieht, lacht er, streckt die Hand aus und sagt: ‚Spasiwa', als er das dickbelegte Schinkenbrot erhält. Dann deutet er mit dem Kopf zu dem qualmenden Panzer. „Stimmt nicht, mit den Kästen, der Kommandant hat mir eben erzählt, daß sie schon ein Drittel an Ausfällen haben." Ernst schluckt und brummt: „Un des ohne an oanzig'n Iwan."

Hans, ihr Gruppenführer, nickt: „Sehen eigentlich gut aus, flach und schnell und eine tolle Kanone, leider aber noch nicht ausgereift. Sie kommen direkt von Grafenwöhr, irgend so ein Truppenübungsplatz irgendwo in Bayern, und hatten nur einige Wochen Zeit für die neuen Schlitten. Haben auch die Mucken gemeldet, und man nahm das auch zur Kenntnis, nur geändert hatte sich nichts. Und nun, wo die Scheiße losgeht, wo man mit der neuen Waffe den Krieg entscheiden will, bleiben die Kisten schon beim Vormarsch liegen, qualmen, kotzen Feuer, als hätten sie Raketen unterm Hintern." Der Panzermann erzählte noch, daß zwei Panzer unterwegs zu brennen anfingen. „Stellt euch das mal vor. Das ist so, als ginge ein MG nach hinten los, oder dein Wagen, Dori, hätte nur den Rückwärtsgang."

„Hätte nichts dagegen, Hans."

„Glaube ich – aber Spaß beiseite. Von diesen Panzerwundern sollen einige Hundert nach Kursk knüppeln!"

„Fuchzig."

„Wie, Ernst? – Ach so, ja, wenn wenigstens noch fünfzig zum Schuß kommen!"

„Hast du schon einmal so eine Panzermassierung erlebt, Hans?"

„Nein, Dori, muß diesmal eine ganz große Sache werden. Könnt es euch selbst an den Fingern abzählen. Das ‚Reich‘, die ‚Totenköpfe‘ und wir, das sind schon mehr als dreihundert Panzer und hundert Sturmgeschütze. Kommt die ‚Großdeutschland‘ dazu, die 3. Panzerdivision habe ich gesehen und die 11. Ich denke, so an die sieben-, achthundert Panzer dürften es wohl sein."

„Na, und rechts und links von uns sind doch auch noch welche, oder hängen wir in der Luft?"

Hans rollt sich eine Zigarette. Er hat eine ganz ausgefallene Methode und versucht den Glimmstengel mit nur einer Hand zu drehen. Dori, Ernst und der Flachsblonde sehen gespannt zu.

„Und was soll des wer‘n?"

„Meinst du das, Ernst?" Der Gruppenführer hält ihm die fertiggeformte Zigarette unter die Nase. „Noch einmal lecken, so – vorn und hinten abzwicken und – jetzt kannst du mir Feuer geben."

Die drei sehen staunend ihren Gruppenführer an, das heißt das, was qualmend in dessen Mundwinkel hängt.

„Hochachtung!"

„Sakra – hast des in Frankreich g‘lernt?"

Der Lange lacht: „Wo sonst! – Aber, wo waren wir stehengeblieben? Von wegen der Panzer und in der Luft hängen. Ich sehe die Sache so: Die drei Waffen-SS-Divisionen und die ‚GD‘ stoßen wie ein Keil in den Iwan, ein Loch, versteht ihr? Wir müssen eine Tür aufmachen und dann Richtung Norden durchjagen, was Räder hat, und das, so schnell es nur geht. Die anderen decken unsere Flanken, und wenn wir Obojan haben – das Drecksnest ist so ’ne Art Schlüsselstellung –, dann haben wir es geschafft und…"

„Und je weiter wir durchstoßen, um so länger werden unsere Flanken."

„Richtig, Dori."

„Und wenn die nicht halten?"

„Dann haben sie uns am Arsch."

„So ist es, und das ist sicher das Problem." Hans nimmt danknickend das zweite Schinkenbrot von Ernst. „Zuviel Getöns, zuviel Panzer mit Vorschußlorbeeren, zuviel Ari und Nebelwerfer, ein Aufwand, schlimmer als zu Beginn des Rußlandfeldzuges. Fehlt nur noch, daß Hermanns Luftkutscher ausnahmsweise auch mal mitmischen. Den Winter über haben sie ja genug gepennt."

„Seit wann siehst'n schwarz, Hans?"

Der schüttelt verneinend den Kopf: „Quatsch! Liegt an den Panzern. Wenn unsere Oberstrategen darauf setzen, daß die neue Wunderwaffe diesen Einsatz entscheidet, dann prost Mahlzeit!"

Der frühe Morgen hat nichts von der Nachthitze verloren. Das Gewitter hatte nur Pfützen, aber keine Abkühlung gebracht. Es ist drückend warm und schwül. Die Fahrzeuge stehen in endlosen Schlangen. Rechts rumpeln Tiger und Sturmgeschütze vor, links Nebelwerfer. Ein Kradmelder kommt von vorn und ruft: „Aufsitzeeeeen!"

Hans zieht seine hochgerutschte Tarnjacke zurecht: „Hast du noch mehr Büchsen, Ernst?" Und als der nickt: „Dann ist wenigstens die Verpflegung gesichert – bis später."

Sie fahren an und schleichen an den abgestellten Panthern vorbei. Die Besatzungen stehen zigaretterauchend neben den Panzern, und der Flachsblonde kann es sich nicht verkneifen und ruft sie an: „Für euch ist wohl der Krieg schon aus?!"

Sie winken ab, und ein Schnäpser ruft zurück: „Mit solchen Krücken? Scheiße!" Und deutet auf seinen Stahlkasten.

Die Fahrt wird schneller und pendelt sich in das gewohnte Marschtempo ein. Der Flachsblonde beobachtet die Körperschwingungen seines Vordermannes – leichtes Kopfnicken – Körperverlagerung nach rechts – Korrekturversuch, der etwas zu weit nach links ausschlägt – plötzliches, ruckartiges Verhalten, das wiederum der Kopf nicht mitmacht, der gegen die Scheibenverstrebung schlägt. – Ernst knurrt unwillig, massiert sich den angeschlagenen Schädel, rutscht tief in den Sitz, daß die Knie an die Windschutzscheibe stoßen, lehnt den Kopf auf die Sitzlehne und stützt ihn mit der rechten Hand schlafgerecht ab. Dori blinzelt dem Flachsblonden zu und deutet mit dem Kopf auf seinen schlafenden Beifahrer: „Vor dem Essen hängt sein Maul, nach dem Fressen ist er faul. Nimm auch 'ne Mütze voll Schlaf, Kücken."

Der Flachsblonde rückt sich zurecht und zieht die Feldmütze über die Augen. –

Kücken – so nennen ihn die Alten, und die Jungen äffen natürlich nach. Kücken, weil er der Jüngste ist, altersmäßig und dem Dienstgrad nach, und mit seinen 1 Metern 86 auch der Kleinste. Dabei fühlt er sich weder zu jung noch zu klein, und den Spitznamen haßt er wie die Pest! Aber was soll's – wenn die merken, daß er auf den Namen sauer ist, hänseln sie ihn damit um so mehr. Sie, die Alten, das sind nur noch drei: der lange Hans, ihr Gruppenführer, Dori und Ernst. Die anderen, Walter, Peter und Kuno, Jong und Paul und Sepp, Hannes, Uni und die Flunder, sind alles Kücken,

...Lange Arme Hunde

sind Nachwuchs, Ersatz, Gemüse, oder wie sie in Lichterfelde genannt wurden: Kroppzeug und Schrott!

Und Hans? – Der Lange enthält sich jeder Stellungnahme. Für ihn hatte der Untergang der LAH bereits begonnen, als er den Jahrgang von Dori und Ernst ausbilden mußte. Der Flachs-

blonde grinst. – Für den Langen zählte nur die Friedensausbildung! Was danach gekommen war, na ja, besser, man sah gar nicht erst hin. Eine Ausnahme bildete vielleicht noch der Haufen, dem man beim Wachbataillon die Grundbegriffe des Soldatischen beizubringen versucht hatte. Kommißhengst? Eigentlich nicht, war halt seine Auffassung, und bei Licht betrachtet hatte er sogar recht, denn die Friedensanforderungen hätten die wenigsten Kücken erfüllt. Aber – es war Krieg, und dafür war auch die zweite und dritte Garnitur gut genug. Hauptsache das Gardemaß stimmte, und die, die es nicht besser haben wollten, kamen freiwillig! Daran hielt man fest. Das war man der Tradition und dem Namen schuldig: LAH – Leibstandarte Adolf Hitler, oder: lange, arme Hunde!

Der Flachsblonde kann nicht schlafen. Er ist hundemüde, duselt aber nur an der Oberfläche dahin, zwischen Schlaf und Wachsein, zwischen Erinnerung und Jetzt. Es ist, als sehe er einen Film, Szene an Szene gereiht, ohne Übergänge und in verschiedenen Einstellungen und Einblendungen. Einmal gestochen scharf, dann wieder verschwommen-schemenhaft und dazwischen immer wieder Gesichter und Fratzen. Kameraden, wie sie lachten und wie sie aussahen, als sie starben, und Stimmen, Wortfetzen, Schreie und Musik – eine volltonige, klare Melodie und eine kraftvolle, dunkle Frauenstimme… ‚Ich weiß, es wird einmal ein Wunderrr gescheeehn…' Nur schwer findet er sich zurecht. Er schwitzt und hechelt nach Luft. Es ist drückend heiß. Die Sonne sticht.

Dori liegt mit nacktem Oberkörper im Beifahrersitz und pennt. Ernst fährt.

„Wo sind wir denn, Ernst?"

„Des mußt an General frag'n, Kück'n, vielleicht weiß der's."

Sie fahren und schwitzen – halten und fluchen – fahren – halten – fahren. Gegen Abend stoppt die Kompanie in einem spärlich bewachsenen Wäldchen.

„Absitzeeeeen!"

Ernst steht schon draußen, die Hände ins Kreuz gestützt, mit durchgebogenem Rücken und vorgewölbtem Bauch und gähnt. „G'langt für heut!"

Dori hängt mit dem Oberkörper in der geöffneten Kühlerhaube. Der Flachsblonde beäugt die Gegend, und als er nichts Lohnenswertes sieht, fragt er: „Und wo ist unser Picknickplatz?"

Ernst will antworten, da schreit es von vorn: „Spritfasseeeeen!"

„Auf geht's", flucht Ernst und zu Dori gewandt: „Wir hol'n die Kanister!"

Sie trotten los, treffen Walter und Peter, Paul und Jong und den stets ein wenig traurigen und griesgrämigen Kuno. Der bleibt stehen.

„Was is los, Kuno?"

„Ich wart auf die Flunder."

Der Flachsblonde lacht. Kuno und die Flunder, ein Bergbauersohn und der Berliner Windhund. Zwei Streithammel, zwei nicht zu übersehende und vor allem nicht zu überhörende Gegensätze. Zwei Freunde.

Vor den Spritfahrzeugen stehen sie in langen Schlangen. Der Schirrmeister brüllt im besten Plattfußalleejargon, obwohl er selbst nie in Lichterfelde hinter den Kasernenblocks auf der asphaltierten Übungsstraße für den Parademarsch, der Plattfußallee, im Achtungsmarsch gedrillt worden war. Dori meint zwar, der Schirrmeister wäre der einzige, der ohne Plattfußallee zu seinen Plattfüßen gekommen sei, aber Dori war nicht unparteiisch.

Paul und Jong stehen mit dem Rücken zur Spritausgabe, und Walter frotzelt sie deswegen an. Paul winkt ab: „Wenn wir den Kerl schon hören müssen, wollen wir ihn wenigstens nicht sehen!"

Leider geht das Spritfassen nicht glatt und einfach, von wegen ran an das Fahrzeug, hochlangen, den Kanister herunterheben und ab. So glatt und einfach könnte es sein, wenn der Schirrmeister nicht wäre. Er meckert jeden an, läßt seine Sprüche in die Gegend donnern, wiederholt sich dabei wie ein Pausenzeichen und faucht mit gekonnten Zischlauten auch noch wie eine Klapperschlange: „Sch-sch-schneller, ihr Sch-scheiß-ß-ßer!" Und da es ihm nicht schnell genug geht, dauert es doppelt so lange. Plötzlich verstummt er. Sein Gesicht verzieht sich zu einem faunischen Grinsen. Die Augen, bislang soldatisch verkniffen, quellen wie zwei Billardkugeln, die Brust pumpt Luft wie ein Blasebalg, und dabei wippt er sportlich-elastisch auf den Zehenspitzen. Angespannt sieht er der Gestalt entgegen, die langsam und respektlos auf ihn zuschlurft. Nackter Oberkörper, ölfleckige Panzerhose, beide Hände tief in den Taschen vergraben und die unvermeidliche Kippe im grinsenden Mundwinkel: Dori – Rottenführer Winfried Dohrenwend.

„Jetzt passiert's!" Ernst stellt seine Kanister ab und stößt den Flachsblonden an: „Hau ab, Kück'n! Bring die Kanister zum Wag'n, und dann kimmst zurück wie a Rennpferd!"

Der Flachsblonde wetzt los und hört das Aufdonnern hinter seinem Rükken. Der Schirrmeister versucht Dori auf die Größe eines Gartenzwerges zu reduzieren! – Als der Flachsblonde zurückgerannt kommt, beginnt dem Schirrmeister gerade langsam die Luft auszugehen. Dori preßt zwar die Hände an die Hosennaht, aber seine Haltung, vor allem sein Gesichtsausdruck, mit dem er seinen Herrn und Meister mustert, und sein zackiges ‚Jawoll! Jawoll!' ist eine Karikatur, ein Trauerbild eines Soldaten, und als der Schirrmeister am Ende seiner Kanonade heiser und resignierend krächzt: „Und was wollen Sssie Ssscheißer, Sssie Sssssaftsack hier?!" Kommt die unverhoffte Antwort: „Der Chef läßt fragen, ob Sie Urlaub machen, Oberscharführer!"

„Waaas – Wiiie – Urlaub – Ssssie…" Und jetzt lassen ihn sogar seine phantasiereichen Personenbezeichnungen im Stich!

„Oder", schnarrt Dori, „ob die Kompanie endlich mit dem Spritfassen fertig ist!"

Der Schirrmeister mustert die grinsenden Spritfasser: „Seid Ihr noch nicht weg, Ihr Sssiebensssschläfer!" Und als er den Flachsblonden sieht, der ohne Kanister vor ihm steht: „Und Sssie lahmes Ei? Schnappen Sie sich zwei Kanister, und dann ab mit Karacho!" Als der Flachsblonde seine beiden Kanister neben Ernst herschleppt, feixt der: „Weiter vorn san Nachrichtler, die brauch'n an Sprit, dafür hams Dos'nbier, Münchner – guat, ha?"

Der Abend ist heiß wie der Tag. Keine Abkühlung, kein Windhauch, nichts – nur drückende Schwüle. Sie hocken unter drei Birken, ihrem Picknickplatz, essen Büchsenfleisch und Brot und versuchen die Fliegen

Vormarsch in die Bereitschaftsstellung – 4. Juli 1943

SOMMER –
Hitze – Staub und
Latschen – Latschen...

zu verjagen. Nach jedem Schluck lauwarmer Dosenbierbrühe bricht der Schweiß aus. Die Verdauungszigaretten schmecken strohig und kratzen im Hals.

„A so a schöne Nacht."

Die Flunder schüttelt den Kopf über Kunos Vorstellung von schön.

„Kann nischt dafür."

Walter drückt seine Zigarette im Waldboden aus: „Hat recht, Flunder, Kuno meint nur ruhig anstelle von schön."

„Oder schön ruhig – noch", lacht Paul.

„Nicht mehr lange", Jong tritt seine Bierdose flach, „dann kommen die lieben, kleinen Glühwürmchen, Flunder."

„Wat sehe ick?"

„Glühwürmerln", wiederholt Sepp. „Fein aneinandergereiht und flutsch'n tan's, a wahre Pracht!"

Als Walter das verständnislose Gesicht des Berliners sieht, lacht er ihn an: „Sepp meint Leuchtspurmunition!"

„Und wann geht der Rabatz los, Hans?"

„Nach alter Väter Sitte nachts, morgen nacht. Wir liegen irgendwo im Raum südlich von Charkow. Die Front verläuft nördlich von Bjelgorod, und dazwischen liegen wir jetzt. Ich denke, morgen noch einmal gondeln, dann die übliche Latscherei in die Bereitschaftsstellung. Bleibt der 4., spätestens der 5. Juli. Ja", meint er nachdenklich, „um den Dreh herum wird's losgehen."

Paul schnarcht. Jong liegt hinter ihm, in der gleichen beinangezogenen Seitenstellung… wie zwei Gabeln im Besteckkasten.

Wird wohl nicht so hart werden wie im letzten Winter", sinnt Hans weiter, „mehr Panzer, mehr Ari, ausgeruhte und frisch aufgefüllte Einheiten, komplett, mit allem Drum und Dran. Müßte leichter werden. Der erste Tag, Ernst, wenn es da flutscht, wenn wir auf Anhieb durchkommen?"

Die meisten schlafen, nur Hans und Ernst sitzen noch zusammen. Der Flachsblonde hört ihre gedämpften Stimmen. Er verschränkt die Arme hinter dem Kopf und starrt in die Nacht. Der Magen – es kneift wieder – dazu die blöden Gedanken – er kann seine Kumpels nicht erkennen und sieht sie trotzdem wie aneinandergereihte Paßbilder: Hans, kommt er wie immer heil durch? Und Ernst? Unsinn, der packt es ebenso wie Dori. Im schlimmsten Fall hat der eine seiner berühmten Pannen. Walter und Peter, der Offiziersnachwuchs. Hannes gehört noch dazu. Draufgänger, Zikke-zacke-hei-Soldaten, irgendwie sind sie sich ähnlich. Paul und Jong, die beste MG-Bedienung vom Bataillon. Und Sepp? Die Flunder? Kuno? Uni?

– Und ich – ich? Warum denkt man an sich zuletzt? Komme ich durch? – Wer ist diesmal dran? Wen wird es erwischen, denn irgendwen erwischt es immer, kommt nur auf die Reihenfolge an. Wenn Hans und Ernst auf alle Fälle durchkommen, dann sind es nur noch zehn. „Zehn kleine Negerlein"…

Die Nacht ist ruhig, fast still, denn das ferne Motorengeräusch gehört dazu, ist wie Musik, wie… ‚Ich weiß, es wird einmal ein Wunderrr gescheeeehn…' –

Was ist denn! Laßt mich los! Verflucht, hau ab! Weg – ich will pennen… „Na, komm schon hoch, Kück'n." Ernst verabreicht ihm väterliche Patscher auf die Wangen. „Auf geht's!"

Der Flachsblonde gähnt, reibt sich die Augen, schüttelt wie besoffen

den Kopf. „Meine Fresse, war gerade eingeschlafen."

„Grad eing'schlaf'n warst?" Ernst hilft ihm hoch. „Fast drei Stund'n hast gepennt!"

„Drei Stunden?" Er stolpert über eine Baumwurzel und flucht. Er weiß nicht, warum, aber ihm ist einfach zum Kotzen.

Dori ist wie immer. Er hängt am Lenkrad wie die Kippe in seinem Mundwinkel, faul, lässig, unsoldatisch. Der Motor läuft.

„Die anderen fahren schon. Schwing dich nach hinten, Kücken!"

Er fährt hart an. Der Wagen bockt, rutscht und neigt sich. Dori knurrt etwas von Scheißfahrbahn, kurbelt, schaltet, überholt wie ein Rennfahrer und hängt sich hinter einen Kübelwagen. Ernst hat einen Wäschebeutel auf den Knien, tastet den Inhalt ab, holt eine Flasche heraus und nimmt einen Probeschluck. Dann reicht er sie nach hinten.

„Trink, Kück'n, is Medizin gegen's Kotzeluja."

Der Schnaps brennt, aber er tut gut.

Vor der Windschutzscheibe schwach, aber deutlich auszumachen, der schrägliegende Dietrich.

Es ist die zweite Nacht.

Der zweite Tag

3. Juli 1943

Und die zweite Nacht ist wie die erste. Sie fahren, halten, rauchen, dösen vor sich hin, mundfaul, eingependelt ins Geschaukel der Fahrzeuge, schrecken hoch, horchen auf Scheißhausparolen, hocken mit schmerzenden Knochen und warten.

Und das Warten ist das Schlimmste!

Der junge Tag ist heiß wie der vergangene. –

„Absitzeeeeen! Waffen und Gerät aufnehmeeeeen!"

„Tschüß, Dori!" Sie winken. Dori hockt auf der Kühlerhaube und hebt den Arm auffällig zackig zum Deutschen Gruß.

„Kompanüüüüü amaaaarsch!"

Sie marschieren los.

„Een fröhlijet Lied jefällik?"

Ernst brummt: „Infantrüü, du bist die Krone aller Affen…"

Keiner singt mit, und die Flunder sagt: „Det meen ick nich!"

„Und wat meenste, Flunder?" Ernst scheint angriffslustig.

„Na, det Fahrenslied – wir fahren Scheiße für die LAH…"

„Halt die Klappe, Flunder!" Hans grinst, also ist es nicht dienstlich. „Fahren ist Sense, jetzt wird gelatscht!"

Schon nach wenigen Kilometern wird der Marsch zur Schinderei. Die Knochen und Muskeln sind von der langen Fahrerei noch hart und steif, dazu die Hitze, der Staub und der Durst. Eine schwülwarme Hitzeglocke drückt auf die Marschkolonne. Nirgends Schatten. Keine Wolke am Himmel.

„Z'ärscht flucht ma über die sakrische Fahrerei, jetzt wär ma froh, wemma dürft." Er spuckt aus, fährt mit der Zunge über die Lippen und knirscht mit den Zähnen. „Saupanzer!"

Hart an den Grenadierkompanien rollen Panzer vor. Der hochgewirbelte Staub verdeckt die Fahrgestelle. Wie in einem Zweigroschengespensterfilm tauchen Kanone und Turm mit der daraufhockenden Besatzung aus dem grauweißen Dreckschleier auf, werden von einer Staubfahne verschluckt, verschwinden, und die nächste Kanone schiebt sich langsam vorbei. Die marschierende Kolonne wird zu einer schemenhaften, durch den Staub kriechenden Riesenraupe. Der Dreck überzieht die Männer wie die Arbeiter einer Zementfabrik, dringt in die feinste Hautfalte, verklebt die kleinste Pore, vermischt sich mit dem Schweiß zu einem Kittbrei, zwickt am Hemdkragen, beißt in den Augen, läßt die Lippen schwellen und rissig aufspringen, trocknet den Gaumen aus und kratzt im Hals.

„Saubande!"

Der Schrei ist ein heiseres Krächzen. Er bleibt im Dreck hängen, prallt von der Staubwand ab, geht unter im rasselnden Kettenquietschen. Die Marschkolonne macht einen Schlenker nach rechts, um aus den Fahrwolken herauszukommen.

„Dämliche Hunde! Wir Fußlatscher müssen rechts ran, damit die Herren vorbeikönnen." Selbst Hans ist sauer.

Kuno schert aus der Kolonne aus und fingert an seinem Hosenstall herum. „Umschiff'n müaßt man's."

Die Flunder sieht ihm zu und grinst. „Mit den paar Troppen?"

Sie traben der Kolonne nach, und Hans schimpft: „Schifft im Laufen, ihr Embryos!"

Kuno guckt müde und leer, und die Flunder sperrt verständnislos den Mund auf. Der Flachsblonde grinst, will etwas sagen, hustet. „Alte Marschierer – hmkm –" Ernst grunzt „Alt?" mit einem zweifelnden Blick auf den Flachsblonden, doch der läßt sich nicht aufziehen und doziert: „Alte Marschierer pinkeln im Laufen. Natürlich nicht als Mittelmann, sondern links oder rechts außen. Nicht aus Bequemlichkeit, nein…"

„Könnt's gleich in die Hos'n lauf'n lass'n, wird eh schnell trocken bei der Hitz'", gibt Ernst wieder seinen Senf dazu.

„Eben", fährt der Flachsblonde ungerührt fort. „Was aber wichtiger ist, man kommt nicht aus dem Marschrhythmus, braucht nicht stehen und schnell wieder hinterherwetzen. Kostet Kraft. – Gleichmäßig, stur, immer im gleichen Tempo. Wenn man eingelatscht ist, ist es wurscht, ob man drei oder sechs Stunden marschiert." Er muß wieder husten. Der Kehlkopf brennt. Die Spucke ist ausgetrocknet. Die Mundhöhle klebt wie Kleister.

„Vor all'm soll ma sei Gusch'n halt'n", brummt Ernst, „dann trocknet's net aus un ma kriegt kan Durst."

Durst – Trinken …

Zu der Hitze und dem Staub kommt der Durst.

Sie marschieren, ohne zu sprechen. Sie marschieren, ohne zu fluchen. Monotones Fuß-vor-Fuß-Setzen, stures Glotzen auf das Sturmgepäck des Vordermannes. Die Knarre drückt und wird mit jedem Kilometer schwerer. Der Gurt der MG-Kästen scheuert Schultern und Hals wund. Die Füße brennen, und die Knobelbecher werden zur Zentnerlast.

Nur die Feldflaschen werden immer leichter.

Trinken. –

Nicht daran denken – nur nicht daran denken: Die Vorstellung eines Biergartens, einer kühlen Blonden mit schönem, weißen Feldwebel läßt die Kehle noch trockener werden. Das Schlucken schmerzt wie bei einer Mandelentzündung, und die Zunge liegt in der Mundhöhle wie ein trockener Schwamm. Die einzige Flüssigkeit sind Schweißbäche, die über das Gesicht laufen. Sie schmecken nach Salzwasser. Manche Hand tastet nach der Feldflasche. Manche Hand hakt den Karabinerverschluß auf und schraubt die Flasche auf. Trinken – trinken – nur einen Schluck – nur die Lippen anfeuchten – es ist ein Kampf mit dem Verlangen. Soll ich, oder soll ich nicht? Das Verlangen sagt: Trinke! Trinke einmal richtig, dann wird die Sahara in deiner Schnauze eine blühende Oase. Der Verstand sagt: Trinke nicht! Noch nicht! Hebe etwas auf, es wird nur noch schlimmer, und vor heute nacht kommt kein Nachschub. Dazwischen liegt die Wurstigkeit: Sauf jetzt! Sauf dich satt. Was danach kommt, weiß nur der liebe Gott! – Manche Hand läßt die Flasche wieder los. Mancher Verschluß wird wieder zugeschraubt. In mancher Flasche gluckert noch lauwarme Kaffeebrühe. Viele Flaschen sind leer.

Sie marschieren Stunde um Stunde.

Mit einem unterdrückten Fluch schreckt der Flachsblonde hoch. Er ist auf seinen Vordermann aufgelaufen und mit dem Schädel an Walters Kochgeschirr geschlagen. Zu müde, zu ausgepumpt und zu gleichgültig, um dem Schmerz weiter nachzusinnen, sinkt er langsam in die Knie, fällt halb seitlich gerollt auf den Rücken, das hochgerutschte Sturmgepäck als Kopfstütze für den pochenden Schädel, die Knarre schräg über dem Bauch. Ernst hockt auf seinem Stahlhelm und nimmt einen Schluck aus der Feldflasche. Er läßt die Flüssigkeit lange im Mund, schluckt ganz kleine Mengen und gurgelt mit dem Rest.

„Magst an Schluck?"

Der Flachsblonde schüttelt müde den Kopf.

„Hab di net, Kück'n, dei Flasch'n is doch scho lang leer." Ernst hält ihm die Flaschenöffnung unter die Nase. Es riecht schal und muffig. Das Metall berührt seine aufgesprungenen Lippen. Er ist zu fertig, um selbst die

Schlacht um Kursk 43
Walter – Peter und Hannes

Flasche in die Hand zu nehmen, spürt die Flüssigkeit und macht es wie Ernst. Lange im Mund behalten, kleinste Schlucke, den Rest bei halbgeöffneten Lippen schmecken, kauen, gurgeln und in Zeitlupe schlucken. Mensch, tut das gut! – Er richtet sich auf, stützt sich auf die Ellenbogen und sieht Ernst zu, der sich eine Zigarette dreht.

„Nix für dich, Kück'n, mit deiner g'schwoll'nen Gosch'n." Er grinst seinen Freund an. „Morg'n wird's besser. Dann san ma nimmer so steif von der Fahrerei. Morg'n san mas g'wohnt. Penn, Kück'n."

Und es ist fast wie zu Hause, wie als Kind, so geborgen, so sicher, so ruhig – der rauchende Ernst auf seinem Stahlkoks – es kann nichts schiefgehen, der Ernst ist – ausruhen – schlafen. –

Sie gehen gruppenweise vor. Wie eine Reihe Gänse trotten die Männer der Gruppe hinter ihrem langen Gänserich her. Nur schnattern sie nicht, dazu sind sie zu müde. Sie wissen, lange dauert die Latscherei nicht mehr, dann heißt es sich irgendwo eingraben. Posten werden verteilt, Nachschub kommt, der Rest ist pennen.

Sie irren sich!

Sie marschieren und beäugen die Gegend – halten – fluchen – fallen um, wo sie gerade stehen – wälzen sich mühsam wieder hoch – marschieren – halten – marschieren.

Am späten Abend hasten sie waffen- und gepäckscheppernd durch ein Waldstück. Die letzte Strecke im Schweinsgalopp. Sie brechen durch dürre Buschreihen. Vor ihnen eine freie, leicht ansteigende Pläne, die sich zu einer Hügelkette hochschwingt.

Eingraben!

Die beiden MG-Bedienungen laufen nach links und rechts. Hans bleibt in der Mitte. Die Gewehrschützen halten die Verbindung.

„Hannes!"

Der sommersprossige Hannoveraner meldet sich.

„Fünfzig Meter nach vorn! Erster Posten! Uni löst in zwei Stunden ab, dann die Flunder, dann du, Kücken! Alles klar?!"

Der Boden, anfänglich hart, ist nach wenigen Spatenstichen locker und sandig. Ernst hockt als erster in seinem Loch. Er hat mit sicherer Nase eine schmale, furchenartige Vertiefung entdeckt. Zwei, drei Schaufeln Erde für die Gewehrauflage, und seine Deckung ist fertig. Er kaut mit vollen Backen und nimmt ab und zu einen Schluck aus der Feldflasche. Der Flachsblonde setzt sich zu ihm. Er riecht nach Schnaps. Ernst reicht ihm Brot und Konservenbüchse.

„Schneid' di net, hab den Deck'l nur halber aufg'macht."

Es schmeckt. – Der erste Schluck brennt wie Feuer. Der Flachsblonde hustet und wedelt mit der Hand vor seinem Mund hin und her.

„Tee wäre besser! Tee mit Zitrone und Eis!"

Ernst schüttelt feixend den Kopf: „Schmarrn! Ich hab den Muckefuck mit Wodka verdünnt, damit's mehr wird. Den Tee kannst abschreib'n."

„Warum?"

„Die Küch'nbull'n kommen erst morg'n in der Früh'."

„Mist – die ganze Nacht nichts zu trinken. Dabei ist noch nichts los. Wie wird das erst, wenn es rummst!"

„Dann kimmt koaner net, und wir sauf'n nur noch Schnaps vom Iwan, der hat immer welch'n."

Vor ihnen, über der Hügelkette, blitzt es auf.

„Klingt nicht wie Ari!"

„Naa, gibt wieder a G'witter."

Es grollt kurz und unterdrückt.

„Ich dreh noch a paar Glimmsteng'l. Nachher wird's naß!"

Wieder blitzt es auf. Das helle Züngeln flammt horizontal, und der Donner folgt schneller und rollt wie in einer Kegelbahn.

„Hast dei Zeltpan?"

Der Flachsblonde nimmt noch einen Schluck, verzieht das Gesicht und schüttelt sich. „Von wegen Wasser verdünnt. Das stimmt nicht einmal umgekehrt, ist kein verdünnter Schnaps, das ist reiner Alkohol."

Er steckt die Zigaretten in die Hemdtasche unter der Tarnjacke und steht auf. „Bis nachher, Ernst, ich komme dann noch auf einen Sprung vorbei."

Schlagartig setzt der Regen ein. Blitz auf Blitz und krachendes Auseinanderplatzen! Der Flachsblonde hat seine Zeltpan über den Stahlhelm gestülpt, das Gewehr als Zeltstange zwischen die Beine geklemmt und starrt in das Zucken und Poltern. Er raucht in tiefen Zügen. Der ausgestoßene Rauch hängt unter dem improvisierten Zeltdach. Es schüttet, und noch immer keine Abkühlung. Der Waldboden dampft wie in einer Sauna. Und wieder der verdammte Durst! Er zieht die Oberlippe an die Nase. – Das Kochgeschirr! Wo ist der Blechnapf? Ausgerechnet hinter mir! – Vorsichtig tastet er, dabei wackelt der Gewehrzeltstab, und ein Wasserbach schwappt über die Hose. Er flucht, hört dann aber befriedigt das blecherne Klatschen der Regentropfen in Deckel und Geschirr. Der Durst! – Kurzentschlossen nimmt er die Knarre weg, zieht die Zeltpan mit den Stiefelspitzen glatt und das Gesicht in den Gewitterregen. Das tut gut – lieber Gott, laß es weiterschiffen, bis das Kochgeschirr voll ist oder wenigstens der Deckel – und dann trinken! So richtig in langen Zügen, bis die Luft wegbleibt und das Wasser aus den Ohren wieder hinausläuft! – Und der liebe Gott hat ein

Einsehen. Unaufhörlich dreht er die Riesenbrause auf volles Rohr, wirft mit Blitzen nur so um sich und klatscht dazu vor Freude in die Hände, laut, dröhnend, polternd! Der Flachsblonde zieht den Hals tiefer zwischen die Schultern. Vom Stahlhelm plätschert ein kleiner Niagara. Die Zeltpan ist überflutet wie ein Deich, und zu seinen Füßen bilden sich Wasserlachen.

„Scheißregen!" Er steht auf, schüttelt sich wie ein nasser Hund, betastet sein durchfeuchtetes Hinterteil, flucht erneut, klemmt das Gewehr ein und sieht sich im Aufblitzen um. Sitzt dort nicht jemand? Er patscht einige Schritte.

„Da, Kück'n, links – setz di nieder." Der zeltpanvermummte Wurzelzwerg ist Ernst. Er hockt auf einem Baumstrunken. Der Flachsblonde grinst: *War doch nicht der erste mit meinem schlauen Gedanken von wegen Baumstrunken und trockenem Hintern.*

„Ich habe mein Kochgeschirr in den Regen gestellt."

„Sauber – bist doch net ganz so deppert wie…"

„Macht dein Umgang."

„Hm – ich hab schon a paar Liter getrunk'n. Willst a Kochg'schirr voll?"

Dem Flachsblonden verschlägt es die Sprache. Er schluckt. Ernst stößt ihn an: „Da – sauf di voll!"

Das Kochgeschirr ist schwer. Er schluckt wieder trocken, setzt an und trinkt – ein Gefühl wie beim Reichsparteitag. Er muß es schließlich wissen, hatte er doch an einem Parteitag in Nürnberg teilgenommen, an bevorzugter Stelle, hoch über der Masse auf einem Terrassenvorbau, als Fanfarenbläser! War schon etwas gewesen, damals, aber so wie jetzt, wie das Wasser durch die ausgedörrte Kehle rinnt, im Bauch gluckert und den ganzen Kerl von innen anfeuchtet und sozusagen wieder auf Vordermann bringt… – Er setzt ab, pumpt Luft und läßt es wieder laufen, bis er atemlos aufhören muß. Die Blitze verzucken schwächer. Der Donner grollt gemütlicher. Der Regen prasselt noch genauso vehement.

„Gib her, wir mach'n's nochmal voll."

„Und wie schaffst du das so schnell?"

„Denk'n, Kück'n, denk'n muaßt! I mach zwisch'n die Knie einfach a Falt'n, stell des Kochg'schirr drunter, un die Sach' läuft wie a Wildbach."

Gewußt wie – und ich Trottel stelle mein Kochgeschirr einfach irgendwo in die Landschaft. Denken muß man – denken!

Der Regen läßt so plötzlich nach, wie er angefangen hatte.

„Schöner Abend", Ernst deutet auf die Wasserlachen, „direkt einlad'nd zum Schlaf'n."

„Negativling! Immer mußt du meckern."

Für erfrischende Abkühlung
sorgten Gewitter und sintflutartige Regenfälle!

„Hast recht, Kück'n – entweder sauf'n oder schlaf'n. Beid's geht net."

Eine Zeitlang schweigen sie sich an. Ernst schüttelt seine Zeltpan aus, setzt sich wieder und dreht zwei Zigaretten. Der Flachsblonde mustert die freie Pläne. Sein Blick bleibt an der Hügelkette hängen, die sich massig, dunkel, fast drohend vom helleren Himmel abhebt.

„Kennst du das Lied ,Laßt wehn die schwarze Fahne'?"

Ernst zündet in der von beiden Händen umwölbten Höhlung die Glimmstengel an und reicht einen dem Flachsblonden. „Was spinnst schon wieder? Schwarze Fahne? Was soll'n die?"

Der Flachsblonde zeigt mit dem Kopf zu den Hügeln: „Der letzte Vers fällt mir gerade ein: ,Am Walde droben stehet in kühler Ruh der Tod. Wer weiß, ob er mich kühret, mit sich von dannen führet, beim frühen Morgenrot, im früh…'"

„Typisch! – Du siehst irg'nd an Hüg'l und spinnst vom Bauernkrieg. Stammt aus der Bündischen, stimmt's? Und da droben sitzt der Iwan, denkst, und wir soll'n ihn beim Morg'nrot obiwerf'n, denkst!" Er schüttelt resignierend den Kopf, als wolle er sagen: Sinnlos, absolut zwecklos, sich mit so einem Deppen zu unterhalten, und laut sagt er: „Naa, Kück'n, die san net unser Angriffsziel."

„Und woher willst du das wissen?"

„Mei, bist doch sonst so g'scheit." Ernst hält ihm die Faust vor das Gesicht. „Erst'ns: Wir san net die ersten. Vor uns war des erste Regiment!" Sein Daumen schnellt hoch. „Die Ari hat uns überholt!" Der Zeigefinger streckt sich. „Und was soll'n die viel'n Panzer da ob'n?" Der Mittelfinger bildet mit dem Zeigefinger ein V. „Munition hammer aa noch net g'nug, die wird erst nachts vorg'fahr'n, und", er bekommt Schwierigkeiten mit dem Ringfinger, denn der kleine Finger will sich auch mit strecken, „und des Fress'n aa! Ohne Margarinebrot kan Held'ntod! – Gehst mit pink'ln?"

Sie stehen nebeneinander.

„Jetzt läuft es wieder."

„Hast ja aa g'soff'n wie a Ochs."

Sie trotten zu ihren Deckungslöchern.

„Komisch, so die letzte Nacht vor dem Angriff."

„A jede Nacht im Krieg is komisch, weilst net woaßt, ob du den Morg'n noch erlebst."

„Ich habe dich schon auf der Fahrt gefragt, Ernst, weißt du noch, als keiner von uns reden mochte, da habe ich über die Angst nachgedacht, über die Flaute im Magen, die nicht steuerbare Übelkeit. Du willst kotzen, aber du kannst nicht. Ich habe darüber nachgedacht."

„Hat's was g'holf'n, dei Denkerei?"

„Nein. Das ist es ja eben. Das Scheißmagensausen schert sich einen Dreck darum. Außerdem bin ich zu dem Schluß gekommen, daß alles, was bisher über den Krieg geschrieben worden ist, großer Mist ist!"

„Des hätt i dir gleich sag'n können, ohne die halbe Nacht d'rüber nachdenk'n zu müss'n."

„Quatsch! Anders herum. Mist, weil etwas ganz Wesentliches vergessen oder bewußt weggelassen wurde."

„Du moanst die Angst."

„Stimmt! Auf der Fahrt nach Berlin sind mir verschiedene Kriegsbücher durch den Kopf geschwirrt. Nirgends ist die Angst beschrieben. Ich verstehe, daß in der sogenannten vaterländischen Kriegsliteratur kein Platz dafür war, aber auch in den anderen – mein Großvater hatte einige Antikriegsbücher – auch in denen steht nichts von der Angst. Vermächtnisse. Anklagen. Resignation. Aber daß sich einmal ein Schriftsteller hingesetzt hätte, um die ganz primitive, schlotternde Angst zu schildern, was einem, oder den meisten Landsern, vor dem Einsatz durch die Birne geht…"

„Oder durch den Mag'n."

„Genau, Ernst. So wie wir – hocken im Regen, qualmen, wissen, morgen geht es los, und wir haben Magenflattern. Woran denken wir? Was tun wir? Warten – warten – wie und was ist das? Angst – Warten – Hoffen – stundenlang – tagelang – äußerlich ein tarnjackengeschmückter und MPi-schwingender ‚Mann' der Waffen-SS und innerlich ein schlotterndes Häuflein Angst!"

„Ja mei, Kück'n, des is so a Sach mit der Angst." Ernst kommt ins Philosophieren, neben der Brotzeit seine Lieblingsbeschäftigung. „Es geht gar net so sehr um die Angst, als um die Frage: warum und wovor." Immer, wenn er einen Faden spinnt, rutscht er ab ins Hochdeutsche. „Primär ist als Tatsache der Angriff morgen. Hast du, oder haben wir, davor Angst, ich meine, vor dem Angriff als solchem? Nein – das Nichtvoraussehbare, das Unberechenbare des Begriffs ‚Angriff' ist die Ursache. Trifft es oder trifft's net, und daraus ganz logisch die Ichbezogenheit, trifft es mich oder net. Mich – das Ich ist wichtig, und sonst gar nichts, und weil das der Verstand nicht klären kann, hast Angst. Exakt und kurz, der Zufall ist die Ursache deiner Angst."

„Mag sein, Ernst, aber bei mir fing die ganze Bibberitis mit dem Schwimmeister an und…"

„Larifari! Natürlich beginnt ein gewisses Maß an Angst mit dem Unangenehmen, mag es eine Person wie der Schwimmeister oder der Zahnarzt sein, oder mit einer Situation, Prüfungsangst zum Beispiel oder Hochzeit. Aber derartige Kindereien sind nichts gegen heut und morgen. Und weil du heut net weißt, wie es morgen ausgeht, weil du nur eines mit Sicherheit weißt, daß nämlich alles vom Zufall abhängig ist, deswegen hast du Angst, habe ich Angst, hat die ganze beschissene Armee Angst, unsere und die vom Iwan, und die Angst läßt nur im gleichen Verhältnis nach, wie die Sterne auf den geflochtenen Schulterstücken zunehmen, hast mi?"

„Hm – es soll aber auch welche geben, die ganz genau fühlen, daß es schiefgeht, daß sie aus dem Schlamassel nicht mehr herauskommen."

„Solche Ahnungen gibt's sicher, aber Gewißheit? Ich meine, wenn oaner mit Gewißheit woaß, daß er fällt, dann is er d'rüber naus, dann hat er koa Angst net mehr."

„Du kennst doch das Buch *Glaube an Deutschland* von Zöberlein?!"

„Wer kennt des net, des ‚grööößte Kriegsbuch aller Zeit'n'. Heut woaß i, daß es der größte Schmarr'n aller Zeit'n is."

„Richtig – aber er beschreibt eine Situation, wo er mit seinen Kameraden im Unterstand hockt, und plötzlich sieht er bei einigen Kreuze auf den Stirnen und weiß, wer alles fallen wird."

„Der war net nur a Schriftsteller, der war aa a Hellseher! Kück'n, du bist a Hirsch! Des is a Gag, gut für an Film so zwisch'n christlich'n Glaub'n und unabwendbarem Frontschicksal."

„Erinnerst du dich noch an Charkow? An die letzte Nacht vor dem Angriff auf die Stadt? Ich weiß es noch wie heute – blöder Spruch –, ich meine, ich weiß es noch, als wäre es vor fünf Minuten gewesen: Die zerschossene Kolchose, die abgeblätterte Wandtafel, und jemand hatte mit Kreide daraufgeschrieben: ‚Groß und gewaltig ist das Schicksal, doch größer ist der Mensch, der es unerschüttert trägt.'"

„Und du hast drunter g'schrieb'n: ‚Es leben die Helden, die doof sind!'"

„Genau – wir haben damals auch die halbe Nacht gequatscht, und du hattest die verrückte Idee, daß die Angst Voraussetzung für Mut oder Heldentum sei. Ohne Angst keine Helden, höchstens tote! Wer seine Angst überwindet, hätte schon allein deswegen das EK verdient!"

„Ich hab noch weiter g'sagt, daß die meist'n Ritterkreuze aus Angst erworben wer'n, weil's nimmer anders gekonnt ha'm, daß aber die geborenen Helden entweder schon in Polen verreckt san, weil's zu tapfer g'wen san, um ihr' Birn' wegzunehmen, oder an Druckpost'n ham."

Der Flachsblonde lacht leise. „'ne alte Weisheit, daß die meisten Helden hinten sind. In Berlin auf dem Ku'damm siehst du massenhaft Helden – oder bei den Frauen!"

„Sag des net, grad da gibt's genug Blindgänger."

„Ja, Ernst, und dann sind wir über die Penner gestiegen. Der Mumme, unser damaliger Zugführer, lag neben Karlchen, seinem Putzer, die Hände unter dem Kopf gefaltet wie ein kleiner Junge mit angezogenen Beinen. Du bist stehengeblieben, hast den Kopf geschüttelt und gesagt: ‚Der sieht aus wie tot. Den erwischt es morgen.' Stimmt's?" Er wartet keine Antwort ab. „Am nächsten Tag, wir waren schon bei den ersten Häusern, verschnaufte Mumme an einem Gartenzaun. Er wartete. Ein Panzer rumpelte vorbei. Als Mumme wieder losrennen wollte, griff er sich an den Hals. Ich sehe noch sein erstauntes Gesicht und den wie zum Schreien aufgerissenen Mund. Vielleicht wollte er wirklich ‚Vorwärts' rufen? Ganz langsam ist er zusammengerutscht. Seine Faust umklammerte eine abgebrochene Zaunlatte. Er schlug noch ein paarmal mit den Beinen, zog die Knie hoch an den Leib und wurde still. Paul hat kurz darauf den russischen Scharfschützen erwischt."

„Karlchen war noch vor ihm dran!"

„Ja – er lag quer zur Panzerspur im Schnee. Einige Stunden vorher hattest du gesagt: ‚Den erwischt's.' Das war nicht einfach so dahergesagt, Ernst, ganz sicher warst du – wie beim Zöberlein."

„Aber ohne Zeichen, ohne Kreuz. Auch des war Zufall, Kück'n. Der sieht aus wie tot, und a paar Stunden später war er's wirklich. Zufall, aber koa Hellseherei – oder – oder glaubst, i hätt sonst in Bjelgorod dan Gulasch steh'n lass'n?"

„Bestimmt nicht. Das war kein Zufall. Das war Pech!"

„Pech? – A Sauerei, a sakrische! Des passiert mir nimmer!"

Der Flachsblonde grinst und horcht dem Regen nach, der schwach auf die Zeltpan tröpfelt. Bjelgorod – eigentlich war die ganze Sache schon gelaufen. Der Einsatz vorbei. Ein ruhiger Tag. Er war mit Ernst gegen Abend an den Kompaniefahrzeugen vorbeigebummelt. Ersatz sollte eintreffen, Neue, direkt aus Lichterfelde importiert, und wie es so die Art von Ernst war, hatte er seinen Riechkolben in die kalte Vorfrühlingsluft gehalten und war zielsicher auf eine Panjebude losmarschiert. Ein Geruch wie am Sonntagvormittag bei Muttern. Der Furier und zwei Küchenbullen standen vor einem Riesenpott. Einer rührte mit der Kelle, probierte ab und zu und schnalzte genießerisch mit der Zun-

ge. Ernst bekam Basedow-Augen und nasse Mundwinkel. Dickbrocki-
ger, rotbrauner Gulasch, mehr Fleisch als Soße und eine ganze Gulaschkanone voll! Ernst überschlug, wie viele Kochgeschirre auf den
Mann kamen. Unschuldig hatte er ein Gespräch mit dem Furier begonnen, gleichsam einen Fouragespähtrupp angesetzt, aber wie gesagt,
Ernst war bekannt, und wo er natürlich am wenigsten landen konnte,
das war die eigene Kompanie. Der Furier wurde schließlich zur Furie,
und ein Koch hatte die Kelle geschwungen. Fast fluchtartig mußten sie
die Bude verlassen. Ernst hatte unausgesetzt nach einer Masche ge-
sucht, um doch noch an den Fleischtopf Lukulls zu kommen. Das war
er sich und seinem Ruf schuldig. – Da hörten sie den U. v. D.! Sie waren losgewetzt, und als sie den Eingang eines Gurkenkellers erreicht
hatten, rummste die erste Fliegerbombe! Es machte dreimal Bumms!
Der letzte Einschlag lag verdammt nahe, und Ernst hatte ahnungsvoll
gemurmelt: ‚Der wird doch net?‘ Als das Geknatter der Nähmaschine,
wie der russische Aufklärer von den Landsern noch genannt wurde,
schwächer geworden war, rasten sie zurück. Die Panjebude war Bruch!
Der Gulasch Matsch! Sie hatten den Furier und die beiden Köche auf
die Straße gelegt und mit Zeltpanen zugedeckt. Der Schnee war drek-
kig-grau und matschig gewesen. Es begann zu tauen. Die drei waren
die letzten Toten. –

Der Flachsblonde murmelt: „Scheiße.“

„Hast was?“

„Nee, ich habe nur an den Furier und die Köche in Bjelgorod gedacht
und wie sie auf der Straße lagen. Der Furier hatte Finnenschuhe angehabt,
keine Strümpfe, und zwischen Zeltpan und Schuhen sah man die gelb-
lichweißen Beine. Der hatte nichts von seinem Tod geahnt. 'ne Fliegerbombe! Rumms und aus – eigentlich ein schöner Tod.“

„G'fall'n für Großdeutschland! Mit am Kochlöff'l in der Hand und an
Brock'n Gulasch zwisch'n die Zähn.“

Der Gewitterregen ist zum gleichmäßigen Nieseln geworden. Ernst zündet zwei neue Zigaretten an. Der Flachsblonde dankt und sagt, mehr so
vor sich hin: „Komisch – vor dem Angriff geht einem die Muffe, und morgen, wenn es losgeht, ist alles wie weggeblasen.“

„Da hast koa Zeit net zum Nachdenk'n.“

„Womit bewiesen wäre, daß der, der nicht denken kann, im Grunde am
glücklichsten ist. Ob es viele davon gibt?“

Ernst antwortet nicht.

Sie rauchen schweigend.

Es regnet die ganze Nacht.

Der dritte Tag

4. Juli 1943

In den frühen Morgenstunden bringen Fahrzeuge Munition und Verpflegung. Dori grinst über das ganze Gesicht. „Traraa, traraa, die Post ist daaa! – Kücken, ein Paket für dich!"

Das Heimatpaket hat die Größe eines Schuhkartons, graubraunes, grobes Packpapier, dickfaserige Verschnürung und die Druckschrift seines Großvaters.

„Was für uns dabei?" Ernst sieht gespannt zu, wie der Flachsblonde die Verpackung löst. Holzwolle, Zeitungspapier. Er nimmt den Brief und steckt ihn ungelesen weg. Grauweißes Einschlagpapier, Zigaretten und ein großer, runder Napfkuchen. Sie sehen sich an und lachen. Dori streicht sich mit dem angewinkelten Zeigefinger über die Lippen.

„Genau richtig – unser Frühstück!"

Der Kuchen ist trocken und schmeckt nach Papier, aber es ist Kuchen, und er kommt von Zuhause!

„Was Neues, Dori?"

Der spült den Kuchen mit Tee hinunter, pickt fein säuberlich jede Krume auf und schielt nach den Heimatzigaretten. „Der Zauber geht heute los! Am Nachmittag! – Wir sind Reserve!"

Der Flachsblonde lehnt sich an einen Kübelwagen und öffnet den Brief. Er überfliegt die Zeilen, zündet sich eine Zigarette an und beginnt von vorn. Diesmal langsam, Wort für Wort und Satz für Satz.

„Fertigmacheeeeen!"

Er faltet den Briefbogen zusammen, steckt ihn sorgfältig unter die Tarnjacke, rülpst, zertritt die Kippe und sieht sich nach seiner Gruppe um. Hans zeigt mit gestrecktem Arm in Richtung der freien Pläne. Der Flachsblonde hängt nach Jägerart die Knarre über die Schulter. Er mustert im

Vorübergehen sein altes, nächtliches Deckungsloch, die beiden Baumstrunken, die Mulde von Ernst mit den exerziermäßig ausgerichteten Zigarettenenden auf der Gewehrauflage so, wie man Abschied nimmt von etwas, das man lange Zeit nicht mehr wiedersehen wird, so, wie man früher noch einmal sein Zimmer überflog oder die alten Straßen seiner Stadt, das Zuhause. Dann wendet er den Blick zu der Hügelkette. Sie ist flach, hell und licht, fast freundlich in ihrem schütteren Grün. Er schüttelt den Kopf – drohend, dunkel, massig – was man sich so alles einbilden kann, wenn man übermüdet ist, dazu das Gewitter und die Nacht und das Magengrimmen… ‚Am Walde droben stehet in kühler Ruh der Tod'… Saublödes Lied… Er summt die Melodie leise vor sich hin, und es ist keine trostlos-verbrannte, russische Grasplöne, über die er marschiert, sondern eine gepflasterte, alte Lindenallee, die zum Pimpfenheim führt. Dort, im lichtlosen Kellergewölbe mit den alten Trommeln und dem langen Landsknechtsspieß mit der schwarzen Pimpfenfahne, dort, am Kopfende des Tisches, war Hansis Stammplatz! Der Flachsblonde tastet nach dem Brief unter der Tarnjacke – komische Gedankenassoziation – das Lied, der Brief, Hansi. Er läßt den Brief stecken, er kennt die Nachricht: Hansi ist vermißt – vermißt in Stalingrad.

Weit auseinandergezogen gehen die Kompanien vor. Links von den flachgezogenen Bodenwellen wälzen sich dicke Staubwolken vorwärts. Dort wird nicht gelatscht, dort wird gerollt. Panzer oder Ari.

„'s wird wieder hoaß."

Er hat gar nicht bemerkt, daß Ernst neben ihm geht. Der Flachsblonde gibt keine Antwort, und der Münchner mustert ihn von der Seite.

„Der Brief, Kück'n?"

Der winkt mit der Hand ab und starrt den Bodenwellen entgegen. Das Lied ist weg und die Lindenallee und das Pimpfenheim, nur der Brief bleibt und die Nachricht: Vermißt in Stalingrad.

Ernst spuckt aus und wischt mit der Hand über den Mund.

„Mein bester Freund zu Hause. Er ist vermißt – in Stalingrad." Er hustet und mustert wieder die Hügelkette. „Er hieß Hansi. Wir nannten ihn so, obwohl gar nichts Niedliches an ihm war. Kein Bubi, kein Hänschenklein und an sich auch kein Hansi. Der Name paßte nicht. Ich lernte ihn bei meinem Eintritt in den Fanfarenzug kennen. Kennst du die Spielmöpse, Ernst?" Der nickt. „Jeder kennt sie, von Aufmärschen, Stadtumzügen, Feierstunden, Führers Geburtstag, Neuntem November und so, aber kennen? Hochglanzpolierte Quetschen, so nannten wir die Fanfaren, weiße Strümpfe, trum-trum-terumtumtum und Kreuzrittermarsch, das war nur die eine Seite. Die andere war die Sucht, oder die Selbstverständlichkeit,

besser zu sein als all die anderen, als die Masse der Fähnlein. Der Fanfarenzug war damals eine Legende, ein verschworener Haufen alter Knöp-
fe, die schon längst bei der HJ hätten sein müssen, die aber, weil sie so gut
spielten wie rauften, im Jungvolk geblieben waren."

„Und der Hans'l?"

„Wie ich ihn kennenlernte?" Der Flachsblonde grinst. „Komisch war
das." Und wieder schüttelt er den Kopf, als würde er selbst daran zweifeln,
wenn er es nicht besser wissen würde. „Ich hatte mich zum Fanfarenzug
gemeldet. Ich mußte einfach hin. Die Märchen und Geschichten, die man
über diesen Haufen erzählte, zogen mich an wie Honig die Bienen."

„Schmarr'n. Honig und Bienen."

„Wie? Na ja, wie Honig die – die – Ameisen halt. Jedenfalls wollte ich so
werden wie die, verstehst du? Es war eine Zwangsvorstellung, eine romantische Einbildung von Elite und verlorenem Haufen."

„Grad so a romantische G'fühlsduselei hat dich in die LAH treib'n."

„Hm -- damals jedenfalls stand ich wie ein Bauer vor dem Eiffelturm und
staunte über das, was die Spielmöpse Übungsstunde nannten, bis ein äl-
terer Pimpf mit einer weißgrünen Affenschaukel mich antippte und fragte: ,Willst du was Bestimmtes, Freund?' –

Als ich ihm erklären wollte, wieso und warum ich zum Fanfarenzug
wollte, unterbrach er meine Stotterei: ,Angeben, den Mädchen imponie-
ren, was?' Und dann pfiff er durch Daumen und Zeigefinger, und einige
Minuten später bezog ich die fürchterlichsten Prügel meines Lebens. War
so 'ne spezielle Art Mutprobe bei den Spielmöpsen. Natürlich schlug ich
feste zurück. Leider traf ich wenig oder gar nicht, und am Schluß kniete
ich am Boden wie ein angeknockter Boxer. Die Spielmöpse standen um
mich herum und feixten – wahrscheinlich, denn gesehen habe ich nichts.
Schließlich half mir einer hoch, ein großer Bengel, hellblond, blauäugig,
genau der Typ aus dem Film *Hitlerjunge Quex*. Er klopfte mir auf die Schulter und sagte zu dem mit der grünweißen Fähnleinführerschnur: ,Der ist
in Ordnung, Gerd!' – Das war mein Einstand beim Fanfarenzug."

„Und der Filmheini?"

Der Flachsblonde grinst wieder. „Tja – das war am nächsten Tag in der
Penne. Als ich in der großen Pause auf den Schulhof trabte, gab es ein Gelächter über meine geschwollene Schnauze und wegen der aufgeplatzten
Augenbraue. Besonders einer, ein Primaner, riß gekonnte Sprüche, die die
anderen wie Pferde wiehern ließen. Plötzlich tauchte mein Partner vom
Fanfarenzug auf, hieb dem Witzbold ohne Vorwarnung über den Mund
und trat ihm gleichzeitig gegen das Schienbein. Der Blonde wartete, ob
eventuell noch ein weiterer Witzbold bedient werden mochte, und als

nichts dergleichen geschah, legte er mir einen Arm um die Schultern und lachte: ‚Kannst Hansi zu mir sagen.'"

„Schneidig, wie im Film."

Der Flachsblonde überhört den leicht zynischen Unterton und nickt.

„Ja – liegt übrigens in der Familie. Sein großer Bruder ist Stuka-Major mit dem Eichenlaub. Vielleicht hat er jetzt schon die Schwerter."

„Oder an kalt'n Arsch."

„Auch möglich. Jedenfalls war Hansi ein schneidiger Hund."

„War – waaar? Kück'n…"

„War, Ernst! Weißt es doch selbst, vermißt – vermißt in Stalingrad, das ist so gut wie tot, oder?"

„Hast ja recht. Vermißt is sogar noch schlimmer als g'fall'n. Vermißt hoaßt für die Angehörig'n hoff'n – hoff'n mit dem wiss'nd'n Unterton, daß all's umsonst is."

Die Hügelketten sind die alten deutschen Stellungen. Das Gelände dahinter ist leicht ansteigend, unregelmäßig, aufgelockert, mit freien Plänen zwischen Wald- und Buschstücken. Am Horizont geduckte, breitrückige Buckel.

Von vorn kommen Landser zurück. Es sind Pioniere. Hans ruft sie an: „Wie sieht es vorne aus?"

Ein stoppelbärtiger Oberscharführer verzieht das Gesicht: „Jetzt ganz gut, aber vorher – wir haben die ganze Nacht Minen geräumt."

„Und – alles gutgegangen?" Hans bietet ihm zu Rauchen an. Der Stoppelbärtige dankt: „Präzisionsarbeit. Keine Ausfälle. Das reine Wunder. Jetzt holen wir Fressalien."

Ernst und der Flachsblonde hocken bei Paul und Jong und lauschen mit aufgestellten Ohren.

„Wer ist vor uns?"

„Das Regiment 1", sagt der Pionier und verzieht wieder das Gesicht, wobei nicht klar wird, ob er grinsen oder heulen will. „Und wir – leider. Werden wohl gebraucht, um die Bunkerstellung da oben zu knacken!"

„Wie heißen die Hügel?"

„Strelezkoje, oder so ähnlich. Sie sollen stark befestigt sein. Ist 'ne Maulwurfstellung der 52. Gardeschützen."

„Wird hart werden."

„Du sagst es, Bruder." Der Stoppelbärtige wirft seine Kippe weg und winkt seinen Männern.

„Halt die Ohren steif!" ruft Hans ihm nach, und wieder verzieht der Pionier so eigenartig das Gesicht.

Peter Grebenstein 2./VIII
Mein Stubenkamerad
Kapma Naumburg

In den Gräben der Bereitschaftsstellung glänzen noch einige Wasserpfützen. Die Sonne sticht.

Am Himmel ist ein hohles Brummen zu hören. Dunkle Punkte, einem Schwarm Gänse im Herbst gleichend, werden größer und deutlicher. Eine breitgefächerte Welle und dahinter die zweite, dritte, vierte. Das Brummen verstärkt sich zum Dröhnen! Gebannt starren die Männer nach oben. Ernst unterbricht seine Brotzeit: „Stukas! – I hab denkt, wir hätt'n koane mehr!"

Das mehrstimmige Aufjaulen wird spitzer und schriller! Auf den Höhen spritzt es auseinander! Riesige Dreckfontänen steigen hoch und verdichten sich in immer rascherer Folge. Neue Wellen kippen ab, stürzen in das Aufspritzen! Das Herabjaulen und Hochdonnern der ab- und einfliegenden Maschinen vermischt sich mit dem pausenlos zuschlagenden Hämmern!

„Mein lieber… Mein Gott!"

Sie stehen neben ihren Deckungslöchern und beobachten die Stuka-Angriffe. Ernst schüttelt immer wieder ungläubig den Kopf: „Hab i noch net erlebt." Er muß schreien, damit ihn der Flachsblonde versteht.

„Da bleibt kein Stein auf dem anderen!"

„Hoff'ntlich!"

Sie grinsen sich an, und es ist ein seltsames Grinsen, ungläubig, erschüttert, fast entsetzt. Paul und Jong hocken auf MG-Kästen. Jong fingert an einem Gurt, als zähle er die Patronen. Paul ist blaß und starrt verkrampft seine Stiefelspitzen an. Walter und Peter beobachten aufmerksam. Sepp raucht in hastigen Zügen. Hannes und Uni lachen und freuen sich über den Feuerzauber. Die Flunder schnattert aufgeregt, und Kuno kann ihn nicht hören.

Mit einem ungeheuren Schlag platzt es hinter ihnen auf! Das deutsche Trommelfeuer! Das Vernichtungsfeuer der Artillerie hüllt die Höhen in einen Vorhang von Feuer, Dreck und Rauch! Der Prolog zum Unternehmen Zitadelle hat begonnen!

Der Flachsblonde blickt auf die Uhr: kurz vor drei!

Auf geht's, Kück'n!" Ernst nickt dem Flachsblonden zu. Der nickt stumm zurück, setzt den Stahlhelm auf, prüft zum x-tenmal den Sitz von Koppel und Sturmgepäck, nimmt sein Gewehr auf und hängt die Tokarew, ein russisches Scharfschützengewehr, nach Jägerart über die Schulter. Er blickt noch einmal zurück. Sturmgeschütze brummen, rechts davon knicken Tiger das schwache Stangenholz. Die Luken sind offen. Die Kommandanten stehen in den Türmen. Als der Flachsblonde sich endlich umwendet, sieht er Ernst schon weit voraus. Ein Unterscharführer vom 3. Zug faucht ihn an: „Ziehen Sie Leine, Mensch! Ihre Gruppe ist schon in Kursk!"

Der Flachsblonde läuft an. Da schlägt es ohne vorankündigendes Zischen hechelnd-trocken auseinander! Er liegt neben dem Uscha. Der grinst: „War knapp, Mann. Der Iwan ist aufgewacht!"

Blöder Witzbold, denkt der Flachsblonde und schiebt den Stahlhelm zurück, der ihm auf die Nase geschlagen war. Er flucht, springt hoch und hetzt in langen Sätzen nach vorn. Ernst winkt. Zwischen den vorgehenden Männern spritzen Dreckspringbrunnen, steigen rauchschwarze, flache Pilze auf. In dem pausenlosen Rumoren und Zuschlagen sind die einzelnen Einschläge nicht mehr auszumachen. Der Flachsblonde wirft sich neben Ernst und hechelt nach Luft. Sie liegen in einer flachen Bodenfurche. Ernst zieht eine Grimasse: „Hast noch Mag'nsaus'n?"

Die Flunder

Der Flachsblonde sieht ihn an – nichts – nur das harte Pochen in der Brust. Er grinst und schüttelt verneinend den Kopf.

„Die Ari verlegt ihr Feuer weiter, hörst? – Und die uns'rig'n san schon am Iwan!"

Zwischen dem Wummsen der Ari ist schwach das Tackern von MGs zu hören. Das russische Abwehrfeuer flacht ab, verträufelt wie die letzten schweren Regentropfen nach einem Gewitter. Sie laufen aufrecht weiter. –

Sturmgeschütze rasseln vorbei. Ein Kommandant winkt und schreit: „Sollen wir euch anschieben?!" – Die Flunder bleibt stehen und brüllt zurück: „Anjeber! Soll ick dir die Luft aus die Schläuche lassen?"

Verwundete kommen zurück. Einer trägt einen langen Oberscharführer huckepack. Der Flachsblonde erkennt ihn, es ist der stoppelbärtige Pionier vom Vormittag. Er läßt müde den Kopf baumeln. Die langen Beine wackeln im Schrittrhythmus des ihn Tragenden. Der Verband am Unterschenkel ist dreckig-braun vom angetrockneten Blut.

„Hast du Feuer?" Ein Pionier-Sturmmann tippt den Flachsblonden an. Sein Tarnjackenärmel ist aufgeschnitten. Der Unterarm und die Hand sind mit einem unförmig dicken Verband umwickelt.

„Hat es den Oberscharführer schwer erwischt?"

„Nee – kennst du ihn?"

„Ja und nein. Er wollte am Vormittag Verpflegung holen, und unser Gruppenführer hat mit ihm über das Minenräumen in der vergangenen Nacht gesprochen."

„Ihr ward das? – Ich war auch dabei!" Der Pionierschnäpser grinst. „Der hat Schwein. Glatter Durchschuß. Ein paar Wochen Lazarett und dann Heimaturlaub."

„Und du?"

Wieder das fast eingefrorene Grinsen und müde, alte Augen. „Drei Finger sind weg. Für mich ist der Krieg aus."

„Und wie sieht es vorn aus?"

„Die Hügel haben wir, aber dahinter fängt es erst an! Bei uns hat es mächtig gerissen. Eine knappe Stunde und unser Haufen bestand nur noch aus der Einheitsnummer."

„Und dahinter fängt es erst an, sagst du?"

„Ja. Die Stellungen kannst du erst von den Hügeln aus sehen, deswegen mußten wir sie nehmen, damit die Ari-Beobachter wissen, wo morgen der große Feuerzauber hingehen soll. Da habt ihr euch was aufgeladen, mein lieber Koloschinski!"

„Scheiße!"

„Kann man wohl sagen. Hoffentlich kommt ihr so gut weg wie ich. Mach's gut, Kumpel."

Hoffentlich kommt ihr so gut weg wie ich – der hat Nerven – drei Finger weg und redet von Glück – für drei Finger ist der Krieg aus. Der Flachsblonde zieht die Oberlippe an die Nase und stolpert weiter. Vor der ersten Bodenwelle liegen Tote. Er geht langsamer. Übelkeit kriecht hoch. Er schluckt. Es sind eigene Tote.

Die russischen Stellungen sind zusammengedroschene Erdhaufen, ein Labyrinth von Laufgräben, MG-Nestern und Erdbunkern und Pak-Stellungen, übersät von Einschlägen. Trichter an Trichter und überall Tote. Die Russen in Pulks und einzelne Gefallene in Tarnjacken. Die Landschaft sieht aus wie ein welliger Sandkasten, in dem mit Zinnsoldaten gespielt wurde, bis einer keine Lust mehr hatte und mit einem Prügel alles kurz und klein schlug.

„Da hat's g'haust, mei Liaber!" Ernst deutet zu einer Pak-Stellung. Die flach eingegrabenen Geschütze sind auseinandergefetzt, zerschlagen und zerhackt. Ein Rohr macht einen Kopfstand auf der Deckung, zwei recken sich steil nach oben wie abgebrochene Straßenlaternen, die Bedienungen zerquetscht und zerrissen zu unförmigen Fleischklumpen.

Vormarsch
5. Juli 1943
K. Pfö.

Ein Erdbunker klafft auseinander, als hätte eine Riesenaxt dazwischen-
geschlagen und die eine Hälfte im Drehschwung nach außen geschleu-
dert. Die Russen waren nicht einmal dazu gekommen, nach draußen zu
rennen, obwohl der hintere Ausgang freigelegt war wie ein ausgehobener
Fuchsbau. Ein Massengrab!

„Die sind nicht einmal zum Schuß gekommen."

„Die net – aber dort!"

Raffiniert getarnte MG-Stellungen im Dreieck. Zwei Maschinengewehre sind noch intakt, Trichter, wie abgezirkelt, genau dazwischen. In einem
Laufgraben liegen deutsche Gefallene in einer langen Reihe hintereinander. Der erste kurz vor einem MG-Nest.

„Die harn a MG derwischt. Dann sans in die Garb'n vom zweit'n g'lauf'n
und die nach hint'n aussteig'n wollt'n, hat's dritte derwischt."

Im nächsten Graben liegen Deutsche und Russen neben- und übereinander. Ein Untersturmführer mit hochgerecktem Arm. Die Hand ist ab-
gerissen, der Stumpf glattrasiert. Der andere Arm vom seitlich gedreh-
ten Oberkörper verdeckt. Das eine Bein wie zum Sprung angezogen. Er
trägt keinen Stahlhelm. Die Schädeldecke ist aufgerissen. – Der Flachsblonde registriert nüchtern: *Der wollte werfen – Kopfschuß – von der ex-
plodierenden Handgranate hat der nichts mehr gespürt.* Der Flachsblonde
hebt den Kopf. *Komisch, etwas stimmt nicht, irgendetwas ist anders...* Er
grinst erleichtert. *Die Ari! Kein Jaulen! Keine Einschläge! Es ist ruhig, friedlich, fast feierlich still! –*

In einer Erdrutsche sitzen Hans und die anderen. Der Lange erklärt etwas. Ernst hockt wenige Meter daneben auf einer Pak-Lafette und
schmiert ein Brot. Der Flachsblonde setzt sich zu ihm.

„Was gibt Hans denn so von sich?"

„Hör zu, dann woaßt's."

Der Flachsblonde nimmt ein halbiertes und zusammengeklapptes Brot
von Ernst und sieht sich die Erdrutsche an. Sie beginnt an der Boden-
oberfläche, vertieft sich schräg nach unten und endet in einer abgekan-
teten, senkrechten Wand. Zwei tiefe Kettenspuren sind eingegraben,
und sein Blick folgt der Spur. Knappe fünfzig Meter weiter rückwärts
liegt ein T-34. Ein Panzerloch! Einfach abgeschrägt, damit der Panzer
rein- und rausrollen kann. Vorn ist nur die Kanone zu sehen. Eigentlich
untypisch für die Panzerwaffe, von wegen schnell und beweglich, aber
typisch für den Iwan. Der hat Ideen und funktioniert die Stahlkästen
zur eingegrabenen Artillerie um. Hervorragend getarnt. Kaum auszumachen. Gutes Schußfeld. Nur von oben – das hat auch der T-34 spitz-
gekriegt und wollte zurück. Wollte! Das Fahrgestell ist hinten einge-

droschen. Der Turm hat einen Salto geschlagen. – Der Flachsblonde steht auf und beäugt die Gegend. Er macht noch weitere Panzerlöcher aus, das heißt das, was die Stukas davon übriggelassen haben. Die Öl-qualmwolken brennender Panzer stehen wie Ausrufezeichen in der Hü-gellandschaft. Er zieht wieder die Oberlippe an die Nase: *Die Panzer hät-ten unsere Sturmgeschütze ausgepunktet wie auf dem Schießplatz.* – „Setz di, Kück'n, und hör zu!"

Der Flachsblonde versucht mit dem Fingernagel die Zähne von den zä-hen Rindfleischresten zu befreien, holt mit der anderen Hand seine Hei-matzigaretten aus der Tarnjacke und bietet Ernst eine an. Die Glimmsten-gel schmecken einfach anders, nach Heimat, nach Friedenszeit, nach Opas Tabakladen in der alten Ketschengasse. Hans sieht her und Paul und Jong. Der Flachsblonde steht auf, springt die Seitenwand der Panzerdeckung hinunter und reicht die Zigarettenschachtel herum.

„Feldpost von gestern?" fragt Hans und zieht den Rauch genießerisch in die Lunge. „Also weiter – wie gesagt, das war heute nur der Vorge-schmack, der Prolog sozusagen. Von den Höhen sind die eigentlichen russischen Stellungen einzusehen. Bisher war unsere Ari blind. In der Nacht verlegt sie nach vorn, auch die Panzer. Sobald es hell wird, tre-ten wir an. Wir sollen die russische Stellung knacken, und unsere Pan-zer stoßen dann in diese Lücke, stoßen durch, egal was links und rechts ist, mit voller Pulle Richtung Obojan. Das hört sich ganz schön und ein-fach an, aber es wird 'ne Nuß, 'ne harte. Wie hart", er macht mit dem Arm eine weitausholende Bewegung, „ihr seht es ja. Hilft nichts – wir müssen durch!" Er mustert seine Männer und fährt fort: „Vor uns ist die 1. Kompanie. Wir und die 3. folgen. Hinter uns die 4. Verpflegung kommt heute abend. Haut euch hin und versucht zu schlafen. An-griffsbeginn 3.30 Uhr. Alles klar?!"

Ernst kaut ruhig weiter, die Fleischbüchse zwischen den Knien, die Wod-kaflasche von den Stiefelspitzen gehalten. Mit seinem feststehenden Mes-ser kratzt er das Fett aus der Büchse – ein eigenartig ziehendes Geräusch, schleifend, klirrend –, und der Flachsblonde verzieht das Gesicht, bleckt die Zähne und kneift die Augen zusammen: „Hör auf, Ernst! Mir stehen die Haare senkrecht!"

„Seh nix unter dei'm Stahlhelm – magst no was?"

Der Flachsblonde nickt. *Komisch, denkt er, wir hocken in einer Mond-landschaft. Stellungen, Waffen und Menschen sind umgepflügt, zerschlagen und zermatscht, und wir? Es läßt uns völlig kalt und unberührt, dringt nicht tiefer, bleibt an der Netzhaut hängen, wird registriert und fertig. Wir hocken in all dem Grauen, in diesem Irrsinn menschlicher Verblödung und essen! Allein die Vorstellung, hier und jetzt essen zu müssen, müßte den Magen umstülpen und die Galle hochkommen lassen, aber nein, nichts von alledem. Wir fressen, und es schmeckt sogar – und das Magenflattern ist weg! Das Früher ist weggewischt wie Fliegendreck. Was noch vor kurzer Zeit unvorstellbar und unausdenkbar war, was kein normales Hirn auszubrüten imstande gewesen wäre, ist wenig später Selbstverständlichkeit. Kultur, Zivilisation, Menschlichkeit? Wo ist das? Was ist das? – Einige Wochen Flachrennen auf dem Kasernenhof genügen, um ein Dutzend Jahre der Erziehung auf den Nullpunkt zu reduzieren. Sollte trotzdem noch etwas übriggeblieben sein, nun, den Rest besorgen die Granaten. Und sie besorgen es gründlicher, als es ein noch so genial veranlagter Drillexperte gekonnt hätte. Das Früher ist ein Traum, das Jetzt ein Alptraum, nur merkt es kaum noch einer, so sehr ist das Furchtbare zur Gewohnheit geworden. Meine Fresse, wohin ist der Mensch gekommen. Auf den Hund? Blöder Spruch! Ein Hund würde den Schwanz einkneifen, wenn er den verglühenden Panzer vor uns sehen und die verschmorten Leichenreste der Besatzung riechen würde, und flüchten, so weit ihn seine Läufe tragen. Wir aber, wir glotzen hinüber in die Glut, versturt, ohne jegliches Empfinden dafür, daß das einmal Menschen waren, Söhne und Väter, glotzen und essen und schmekken das Rindfleisch auf der Zunge. Und wie soll es weitergehen? Wie wird es weitergehen mit denen, die diesen Wahnsinn überleben? Wieder ein normales Leben führen? Einen Zivilberuf ausüben? Kinder bekommen und erziehen? Mit diesem Dreck, mit diesem Irrsinn im Bauch und in der Birne? Kann man das einfach wieder auslöschen? Kann man das je vergessen? – Meine Fresse, was haben die aus uns gemacht?! –*

„Träumst wieder, Kück'n?"

Der Flachsblonde grinst: „Kann es einfach nicht lassen, Ernst, nur – ich finde stets nur neue Fragen, aber keine Antworten."

Es wird langsam dunkel. Die Luft stinkt brandig. Ein MG stottert. Hochgehende Munition rummst dumpf. Die Gruppe hat sich in der ehemaligen russischen Panzerdeckung eingenistet. Kuno und die Flunder schieben Wache. Die MG-Bedienungen liegen jeweils wie Drillinge. Hans ist beim Zugführer.

Der Flachsblonde liegt langausgestreckt auf dem Rücken, das Sturmgepäck als Kopfkissen, die Hände über dem Bauch gefaltet und starrt in den Himmel. Ernst raucht und benutzt sein bayerisches Messer als Zahnstocher. Dabei ziept er ein paarmal durch die Zähne, patscht mit der Handfläche auf die Schulter des Flachsblonden und grunzt: „Schlaf – i weck di nachher zur Wache." Er wälzt sich auf die Seite, flucht, als ihn der Spaten stört, und beginnt wenige Augenblicke später leise ziehend zu schnarchen.

Deckung
5. Juli 1943
K. Pfg.

Der Flachsblonde ist hellwach, dabei seltsam ruhig, innerlich gelöst und frei vom geringsten Magengrimmen. *Komisch,* sinnt er, *eigentlich ist es schön, so zu liegen. Ein herrlicher Sommerabend. Der Boden ist warm, und die Sterne kleben wie ausgeschnittenes Goldlametta auf einer schwarzen, flachen und raumlosen Folie. Plakativ, phantastisch, wie in einem Märchenbuch.* Er grinst innerlich: *Immer wenn ich nachzudenken beginne, mir die Gedanken ungeordnet durch den Kopf schwirren, fange ich mit dem komischen Wort ,komisch' an. Das war schon in der Penne so. Schriftlich ging das ja noch, da konnte ich korrigieren. Mündlich dagegen mußte ich höllisch aufpassen, denn für komische Formulierungen hatten die Pauker wenig Verständnis. Noch weniger die LAH. Da war nichts, aber auch gar nichts komisch, zumindest nicht für jene, die etwas zu sagen hatten. Für die anderen, für die kleinen Bettenbauer, war vieles komisch, oft so komisch, daß sie kotzen mußten vor Komik. Wie damals bei meiner Einberufung – war auch komisch, nur nicht für mich!*

Ich hatte in Berlin bei meiner Tante übernachtet, und am nächsten Tag war sie mit mir nach Lichterfelde gefahren. Vor dem Kasernentor standen in langen Schlangen kurzhaarige Zivilisten mit Pappkartons und Koffern und warteten. Bei der Wache brüllten welche, doch ich konnte nicht sehen, wer und warum. Meine Tante fragte einen Leibgardisten – der schon in der Straßenbahn mitgefahren war, der direkt vor mir gestanden hatte und dessen schwarzen Ärmelstreifen mit dem silbergestickten Namenszug von Adolf Hitler ich immerfort angestarrt hatte –, was dort bei der Wache wohl los sei. Der hatte gelacht und gesagt: ,Das ist das Begrüßungskomitee!' – Meine Tante darauf: ,Und warum müssen die dann so brüllen?' – Der Lange hatte wieder gelacht: ,Das ist der Normalton, liebe Frau. Was glauben Sie, wie die sich steigern können!' – Als ich endlich drankam, hatte ich Schwierigkeiten mit dem Einberufungsbescheid. Koffer in der einen, Pappkarton in der anderen Hand und der verdammte Wisch in der Brusttasche. Ich wollte mein Gepäck abstellen und den Schein herausholen, als mich ein Stahlbehelmter anbrüllte: ,Links raus, Sie Pflaumenheini! Nehmen Sie den Koffer in Vorhalte, und fangen Sie an zu pumpen!' Komisches Vokabularium, mit dem ich wenig anzufangen wußte. Zu Füßen einer steinernen Rottenführerplastik drückten einige Zivilisten Kniebeugen, die Koffer krampfhaft mit weitvorgestreckten Armen haltend. Dabei zählten sie. – Ob ich auch? – Ich sah von dem mich Anbrüllenden nur den weitaufgerissenen Mund, den hüpfenden Kehlkopf und darüber den Stahlhelm. Als ich die erste Kniebeuge versuchte, hörte ich meine Tante, eine typische Berlinerin, couragiert und ohne jeden Respekt: ,Haben Sie den Schein von meinem Neffen oder nich? Also nich!' – Und als der mit dem Stahlhelm sie unterbrechen wollte: ,Keene Uffrejung, Männecke! Mir imponiern Se nich, und noch ist der Kleene keen Soldat! Hör uff!' – Und damit meinte sie mich. Ich kam unbehelligt durch die Wache. Hinter dem Gitter und auch hinter der steinernen Rottenführerplastik erfuhr ich dann zum erstenmal, was Pumpen mit Vorhalte hieß, und ich verfluchte meinen Koffer, weil er so schwer war. Der Stahlbehelmte betitelte mich mit Neffe und bescheinigte mir durchaus brauchbare Ansätze zum zukünftigen Pumpexperten. Er war der erste Angehörige der Leibstandarte, der mit mir sprach beziehungsweise brüllte. *Dieser Brüllaffe ist bestimmt eine Ausnahme*, dachte ich damals. Ich irrte mich. Ich irrte mich sogar gründlich. –

Der Flachsblonde zieht die Luft durch die Zähne – *Neffe! Und mein Freund Unterscharführer Auer!* – Angeblich Akademiker von Beruf, hielt sich jedenfalls dafür, und das war schließlich die Hauptsache. Er war von sich und seinem Bildungsniveau so überzeugt, daß er alle anderen für Proleten hielt, ausgenommen die Rekruten – die waren Dreck! Zu seiner arroganten Fresse paßte die Stimme: leise, spöttisch, überheblich: ,Einschiiiieben, meine Herren! Einschieben hat nichts mit ihrer pubertären Phantasie zu tun! Das Gewehr einschieben, und nicht auf die Schulter knallen! Wenn Sie knallen wollen, dann mit dem Handballen! Knallen Sie Ihre Flossen an die Gewehrkolben, daß die Kaserne wackelt!' Seine Ausdrucksweise war gewählt, durchdacht und beherrscht. Sein Tonfall dezent überlegen. Seine Ausbildungsmethoden intellektuell. Süffisant lächelnd lehnte er mit dem Rücken an der Flurwand und gab gelangweilt seine Kommandos: ,Tempoooooo drei! – Tempoooo drei! – Tempoooo drei!'

Es wollte und wollte nicht klappen.

,Rühr'n! – Wenn ich wieder Tempo sage, dann geht ihr in die Kniebeuge, klar! Bei drei schnellt ihr hoch, als hätte euch jemand in den Hintern gestochen, und mit dem Schwung schiebt ihr das Gewehr an die Schulter. Später heißt der Befehl dann: Gewehrrrr über! Aber das hat noch lange Zeit. Also einschieben, und wenn ihr steht, schlägt im gleichen Augenblick die linke Hand an den Kolben und faßt ihn! Klar? – Also nochmals, bei Tempooo runter! Bei drei hoch und pautz! Tempo runter! Drei hoch und zack!'

Wir waren trainiert. Wir waren Spezialisten, sogenannte Pumpspezialisten, und einige Dutzend Kniebeugen waren für uns ein Klacks. Pumpen gehörte zum täglich Brot wie Kunsthonig und Muckefuck. Aber die Arme – die Arme gehorchten immer weniger. Sie verkrampften sich, fingen an zu zittern, und die Knarre wurde schwer wie ein Sack Zement, das Gewehr glitt trotz Tempo drei nicht an die Schulter, sondern schlug sie grün und blau! Der linke Handballen war nicht viel besser daran, war geschwollen und wurde immer empfindlicher. Das zackige Klatschen wurde mehr und mehr ein müdes Festhalten. Akademiker Auer konstatierte die Ermüdungserscheinungen mit einem milden Lächeln und änderte seine Methode. Er schonte seine Stimme, indem er die Kommandos durch die Trillerpfeife ersetzte. Lang bedeutete Tempo und kurz drei. Als auch das nichts mehr half, stieß er sich leicht von der Wand ab und flüsterte: ‚Doof ist schlimm! Lasch ebenso! Aber doof und lasch ist kriminell! Sie sollen keine Ehestandsbewegungen machen, meine Herren, sondern Griffe kloppen! Zieht also gefälligst die Ärsche ein, Herrschaften! Bettgymnastik war nicht befohlen, sondern Tempoooo drei!'

Runter – hoch! Runter – hoch! – Hört das denn überhaupt nicht mehr auf? Die Beine waren weich wie Pudding. Die Schulter brannte wie Feuer, und die Hand war gefühllos. – Runter – hoch! Runter – hoch! Auer schmunzelte – Auer grinste wie ein Faun –, und der Schädel brummte und klopfte und dröhnte und glühte wie ein roter Luftballon kurz vor dem Zerplatzen! Aufpassen! – Mensch, mach weiter, sonst bist du dran! Nur keine nachlässige Bewegung! So tun, als gäbe es nur eines auf der Welt für dich: Griffe klopfen! – Runter – hoch!

‚Abiturient?'

‚Jawoll, Unterscharführer!' – Hoch – runter – hoch!

‚Kennen Se Nietzsche?'

‚Jawoll, Unterscharfüher!' – Runter – hoch! – Runter – hoch!

‚Und kennen Se auch eenen Spruch oder een Zitat von Nietzsche?'

‚Gelobt sei, was hart macht!' – Das ist der Spruch, der den Eingang zum Pimpfenheim zierte, und er kam, wie aus der Pistole geschossen!

‚Nun – dann wolln wir Se mal hart machen, janz wie et der olle Nietzsche jelobte.'

Also doch! Hereingelegt! Verdammter Spruch! Verdammter Nietzsche! Verdammter Auer! Ich war dran, wie es so schön hieß, und ich wußte es. Da half kein Gott und kein Narr, und ich strengte mich an wie nie zuvor in meinem Leben. – Nach einigen Minuten lächelte er mich wieder an: ‚Na, Nietzsche? Wissen Se noch een Zitat?'

Noch eines? Ausgerechnet von Nietzsche? Hatte der überhaupt noch etwas anderes gesagt?

‚Gelobt sei, was hart macht!'

‚Dacht ick mir', lächelte Auer wie Mona Lisa, ‚scheint Ihr Leib- und Majenspruch zu seen. Kommen Se mit!'

Er führte mich zur Fensterbank und befahl: ‚Liejestütz! Und als intellektuelle Variante: die Füße auf das Fensterbrett. Die Hände auf den Flurboden!'

Beim dritten Versuch schlug ich mit dem Gesicht auf die Steinfliesen. Die Knobelbecher rutschten von der Fensterbank, und da lag ich nun, schweißüberströmt, willenlos, ausgelaugt und halb ohnmächtig und hörte die verfluchte Stimme: ‚Na, Nietzsche – suchen Sie etwas? Heia-heia machen mit Nachtgebet?' Und ich wollte hoch. Ich war fix und fertig, erledigt, aus und Sense und wollte trotzdem hoch. Warum nur? Bin ich ein solch charakterloses Schwein, daß der alles mit mir machen kann? Bleib liegen, Mensch! Stell dich ohnmächtig! Kotze deine Wut auf den Flurboden. Ächze! Stöhne! Verdrehe die Augen!

‚Ist Ihnen vielleicht beim Suchen noch een Spruch einjefallen?'

Diese Stimme – dieser verfluchte Spruch – was will er denn noch von mir – dieses Schwein – dieser Hund – die…

‚Gelobt sei, was hart macht.' – Ich stand!

‚Jut, Nietzsche! Ihr unerschöpflicher Zitatenschatz läßt Se eenfach nicht im Stich!' Sein Grinsen wurde deutlicher: ‚Wissen ist Macht! Stimmt doch – oder?!'

Und dann mußte ich zwei Holzschemel holen! Auf den einen die Füße, auf den anderen die Hände und wieder pumpen, wieder beugen und hochdrücken und wieder schlug ich vom Schemel und blieb liegen wie ein nasser Waschlappen.

‚Wolln Se nich mehr, oder können Se nich mehr?!'

Herrgott, mach Schluß, damit ich diese verdammte Stimme nicht mehr hören muß. Mach Schluß – endlich Schluß. –

‚Machen Se die Klappe auf, Nietzsche!'

Stand ich wieder? War ich noch immer nicht verreckt! Und plötzlich war nur noch die Wut! Ohnmächtige, brennende Wut und der Wunsch, der verfluchten Stimme mit dem Gewehrkolben den Spott zu zerschlagen! Diese Fresse zu zerschmettern! Den verdammten Unterscharführer Auer zusammenzuschlagen! Totzuschlagen!

‚Wenn du zum Weibe gehst, vergiß die Peitsche nicht!'

War ich das? – War dieses heisere Krächzen – aber – aber, ich wollte doch gar nicht – ich wollte diesem Schweinehund, diesem Sadisten doch den Schädel einschlagen – ich wollte – und dann hörte ich sein Lachen. Er lehnte an der Wand und lachte, und er lachte, wie er sprach, leise, zynisch, überheblich, und ich, ich hörte dieses Lachen, das nur ihm zu gehören schien, so laut, so dröhnend, als lache eine ganze Kompanie.

,Zum Weibe' – glucksendes Kichern – ,Mensch, Nietzsche, zum Weibe, und verjiß die Peitsche nich. – Das muß man sich vorstellen!' Er verschluckte sich fast und rang nach Luft, als hätte er und nicht ich gepumpt. ,Melden Se sich bei der *Berliner Illustrirten Zeitung* als erotische Karikatur, und Se verdienen een Schweinejeld! – Jungejunge – haun Se ab, Nietzsche! Machen Se sich unsichtbar, ick lache mich sonst noch krank.'

Zwei Kumpels schleppten mich in die Stube, und Uni sagte: ,Geht aa no vorbei – leg di, wir putz'n dei Sach.'

Als später die Stubentür aufkrachte und einer ,Aaaach-tung!' brüllte, galt Auers erster Blick mir, der zweite dem Lederzeug und der Knarre und der dritte dem Bett! Mir wurde fast übel vor Schreck! Das Bett! Mensch, ich hatte doch auf dem Bett gelegen!

Als ich endlich wagte, meine Schlafstelle zu beäugen, da war da nichts, nicht das kleinste Fältchen, kein Körpereindruck, nichts, sogar die Karos des Bettbezuges stimmten! Auer lächelte maliziös, als er sagte: ,In Ordnung, meene Herren!' Und mit einem eigenartig wohlwollenden Blick zu mir: ,In Ordnung, Nietzsche!' –

Der Flachsblonde zieht die Oberlippe an die Nase. *Unterscharführer Auer… Wo der jetzt wohl stecken mag? Er war Führerbewerber gewesen. Vielleicht ist er jetzt schon Untersturmführer und liegt wie ich in irgendeinem Dreckloch, schläft oder grübelt wie ich, oder studiert die Karte mit dem morgigen Angriffsziel. Vielleicht hat er auch Magensausen.* – Der Flachsblonde grinst: *Ganz bestimmt denkt er nicht an mich!*

Er tastet nach der Zigarettenschachtel. Dabei knistert Papier. Der Brief! – Hansi – Vermißt in Stalingrad. –

Er raucht in langen, genußvollen Zügen, die Hände über dem Bauch verschränkt.

Die Nacht ist ruhig.

Der vierte Tag

5. Juli 1943

Um 2 Uhr schlurfen Ernst und der Flachsblonde zur Ablösung nach vorn. Der Postenstand ist am Turm eines abgeschossenen T-34. Der Turm ist auf die Schnauze gefallen, die Kanone tief in den Boden gewuchtet.

Ernst lehnt den Rücken an die Stahlwand. Der Flachsblonde liegt, den Kopf in beide Hände gestützt, und mustert aufmerksam das vor ihm liegende Gelände.

„Brauchst net so ang'strengt zu späh'n wie a U-Boot-Kommandant. 's is nix los, Kück'n, und vor uns is die 1.!"

„Und warum schlagen wir uns dann die Zeit mit Postenstehen tot?"

„Lieg'n, Kück'n! Is reine Beschäftigungstherapie. A alte preußische Tugend! Wo tät'n wir hinkommen, wann der ganze Hauf'n schlaf'n würd?"

Es wird langsam hell. Das zwanzig Meter weiter rechts liegende Panzerwrack, zu dem auch der auf die Nase gefallene Turm gehört, schwelt und glüht. Ab und zu hören sie ein Knacken, als sei noch Leben in dem Backofen. Neben ihrem Postenstand, wenige Meter links vom Turm, liegen tote Russen vor einem flach ausgehobenen Trichter. Der Einschlag hat ihre Stellung ausgeblasen, die Granatwerferbedienung hochgewirbelt und über die Deckung geworfen. Wieder rechts davon zwei deutsche Gefallene. Der Flachsblonde erkennt im fahlen Hellwerden eine Bodenerhebung, mit Grasbüscheln getarnte Sandsäcke, dahinter einen toten Russen. Das zweite Granatspuckerloch! Einer wollte stiften gehen, die anderen werden wohl noch drin sein. – *Handgranaten!* – Ihn fröstelt. Er denkt nichts, fühlt nichts, stiert abwechselnd die Toten an, als sähe er einen Film aus einer anderen Welt, einer Welt, die nicht die seine ist und die ihn nicht das geringste angeht. Er wird plötzlich müde und läßt den Kopf auf die Erde sinken. Sie riecht faulig-feucht und verbrannt. Nur eine Mütze voll Schlaf, eine halbe nur. –

Wie elektrisiert schreckt er hoch! Ein Orkan! Ein Feuerorkan! Pausenloses Aufjaulen und Zuschlagen! Ein irrsinniges Zerplatzen, als berste die Erde. Das ist kein Trommelfeuer mehr, das ist die Hölle!

Er kniet, den Oberkörper mit den Armen abgestützt. Ernst steht wie zum Sprung, die Zeigefinger in den Ohren, mit weitaufgerissenem Mund, bewegungslos, zu einer Statue erstarrt. Alles bisher Erlebte ist ein Nichts. Alle Feuervorbereitungen dieses Krieges waren nur pubertäres Gestammel. Was sie jetzt im anbrechenden Morgen des 5. Juli 1943 erleben, was die Ohren dröhnen und die Schädel hämmern läßt, ist die Perfektion modernster Massenvernichtung, ist die Krone menschlichen Wahnsinns!

Die Erde bebt!

Landser rennen vorbei! Pak rollt vor! Panzer quietschen und brummen. Der Flachsblonde spürt einen Stoß in seinem Rücken. Ernst ruft ihm irgendetwas zu, was er nicht verstehen kann. Hans winkt mit der MPi! – Der Flachsblonde läuft wenige Meter neben Ernst. Walter, Peter und Kuno sind links vor ihm, Paul, Jong und Sepp hängen rechts etwas zurück. Hannes und Uni rennen eng nebeneinander, dahinter in seinem unnachahmlichen Schweinsgalopp die Flunder. Die gestern genommene russische Stellung ist tiefer, als sie gedacht hatten. Im letzten Graben, teilweise eingedrückt, die Stollen aufgerissen oder halb verschüttet, sammeln sie. Es ist ein Gewimmel wie in einem Ameisenhaufen. Sie hocken mit den Männern der 1. Kompanie auf engstem Raum zusammen und sehen hinüber in den Wald der Einschläge. Die meisten rauchen. Manche ruhig und gelassen, die Mehrzahl hastig und nervös. Als das Rumoren, Hämmern und Rummsen eine neue Tonart anschlagen, springen die Männer der 1. aus dem Graben. Ernst schreit wieder und deutet mit dem Daumen mehrmals nach vorn. Der Flachsblonde kann ihn zwar nicht hören, aber er weiß ohnehin, worauf Ernst ihn aufmerksam machen will. Die Feuerwalze legt einige Striche zu und trommelt das nächste Stellungssystem sturmreif! Der Flachsblonde steht aufrecht im Graben und sieht über die Deckung. Die Männer der 1. Kompanie haben es nicht besonders eilig. Noch nicht. – Sturmgeschütze rollen im Breitkeil an der rechten Flanke. Links von der 1. geht eine andere Einheit vor, wahrscheinlich Pioniere. Plötzlich staubt es auf! Zwischen den angreifenden Männern spritzt es auseinander, und jedesmal, wenn ein Dreckpilz steigt, sind die laufenden Männer verschwunden. Andere rennen weiter – Aufspritzen! Weg – und hoch und weiter – Einschlag! – Weg – wie Stehaufmännchen. *Man müßte hier stehen bleiben und zusehen können*, denkt der Flachsblonde, *so mit dem berühmten Feldherrnblick, ein Bein leicht hochgestellt, in der einen Hand das ausgezogene Spektiv, die andere in die Hüfte gestützt oder vornehm auf den Rücken gelegt, umgeben von andächtig-staunenden Adjutanten, und dann als Schlachtenlenker dem Sturmgeschützkommandanten Feuer unter dem Hintern gemacht! Bleibt der Kerl doch einfach zurück, oder – der Kasten qualmt. Die Besatzung bootet aus!* Der Flachsblonde verbrennt sich an seiner Kippe fast die Finger. Er flucht und sieht sich nach Hans um. Der schwingt sich gerade über die Grabenwand. *Scheiße! Ist nichts mit Zusehen und Feldherrngenuß!*

Jetzt heißt es wetzen!

Und es läßt sich gut an. Wer soll auch nach einem derartigen Feuerorkan drüben noch schießen? Ein Spaziergang wird es und mehr nicht. – Als sie in die Feuerzone kommen, die wenige Minuten vorher der 1. Beine gemacht hatte, merken sie, daß doch noch einige Iwans munter sind. Es ist zwar nicht viel, mehr ein Verlegenheitsfeuer als konzentrierte Abwehr, aber trotzdem, Splitter sind Splitter! Und sie machen es anders als die 1. Kompanie. Sie versuchen durchzurennen, ohne Verschnaufpause oder Deckung das Feuer schnellstens zu durchlaufen! Es klappt! Der Flachsblonde registriert es zufrieden und grinst erleichtert. Sie rennen weiter! – *Warum denn so hastig?*, flucht er und merkt plötzlich, daß das deutsche Ari-Feuer merklich nachgelassen hat und nur noch schwere Brummer nach drüben gurgeln. Er hört dumpfe Schläge und das fast augenblicklich folgende Zuschlagen. *Ratsch-Bumm!* zuckt es in seinem Hirn. Er liegt eng an die Erde gepreßt und wagt den Kopf nicht zu heben. Auch hinter ihm pocht es auf. *Hart und hohl! Panzerkanonen! – Das gilt gar nicht uns, das gilt den Panzern!* – Vorsichtig hebt er nun doch den Kopf. Flache, kaum auszumachende Bodenerhebungen. Aufblitzen! Einschläge und dunkle Dreckbäume. Davor nichts. Keine Deckung, nur freie Fläche, glatt wie eine leicht angehobene Tischtennisplatte.

„Sprungweise vorarbeiten!"

Ernst rennt einige Meter und wirft sich hin. Jetzt Uni. Hans winkt mit der MPi, links läuft Walter – weg – Peter hetzt vorwärts – Deckung! – Rechts springt Jong auf – Paul – *Ich – jetzt ich! Hoch und die Augen zu und los! Eins… zwei… drei… bei zwölf wird hingerotzt… wie lang doch zwölf lächerliche Schritte sein können… endlich… Deckung! Ernst läuft schon wieder – hoch! Wieder zwölf… dreizehn… vierzehn… was ist das? Pfeifendes Zirpen! Spitz! Schrill! – MGs!* – Der Flachsblonde pumpt Luft wie ein Maikäfer – zink! Zink! *Schnauze weg!* Zink… zuiiiiii! *Querschläger!* – Waren diesmal nur acht Sprünge. Werden immer weniger. – Irgendwo schreit einer, langgezogen und heiser – hoch und weiter. Iiiiiiuuuuuhh… wrämm! Wrumm! *Auch das noch, Granatwerfer!* – Der Flachsblonde hört das Auseinanderkrachen, und jeder Schlag zuckt in seinem Kopf nach. Als er sich hinwirft, fällt er fast auf die Knobelbecher von Ernst. Der wendet den Kopf und klopft mit flach nach hinten gestrecktem Arm leicht auf den Boden. Liegenbleiben! Kopf in den Dreck! Ein hohles Fauchen stößt von oben herab, hechelt und fetzt hart auseinander! Der Flachsblonde spürt, wie der Boden unter ihm zittert. Er klebt an der Erde, den Kopf zwischen den Armen. *Flach wie 'ne Flunder müßte man sein, oder ein Maulwurf, das wäre noch besser.* Wieder das verdammte Iiiiuuuhh und der Schlag! *Schwere Kaliber! – Wie die Iwans das nur geschafft haben nach diesem Feuer?!*

Ernst wuchtet sich hoch: „Gemma, Kück'n!"

Vor ihnen rast das Stakkato der Maschinengewehre! 42er! Die 1. Kompanie ist am Russen!

Ernst deutet nach halbrechts. Der Flachsblonde sieht das Aufzucken von Mündungsfeuer. Paul schießt! Ernst und der Flachsblonde springen fast gleichzeitig vorwärts. Links hämmert auch Walters MG! – Und wieder das luftzerschneidende Herabstoßen! Wrumm! reißt es auseinander! Erdbrokken und Steine prasseln. Hans schreit etwas von ‚Reeeechts!' Der Flachsblonde sieht die Trichter zuerst. Schneller, pocht sein Schädel, schneller, pfeift die Lunge. Er hört das zirpende Sicheln der Infanteriegeschosse und hechtet in einen Trichter. *Geschafft – Luft – tief Luft holen – langsam und gleichmäßig und tief – bin ich das, der so pfeift?* – Eine zweite Gestalt rutscht in die Deckung und schlägt dabei einen regelrechten Purzelbaum. Der Flachsblonde erkennt das verdreckte, schweißzerfurchte Gesicht mit dem offenen Mund: die Flunder!

„Haste jesehn, Mann? Det sin höchstens hundert Meter zu den Iwanesiern!"

Der Flachsblonde winkt ab: „Wenn es nur das eine Nest wäre, Flunder, aber links davon sitzen auch welche. Walter hat schon hingehalten. Wo sind die anderen?"

Die Flunder wackelt mit dem Kopf und grinst: „Links un rechts, wat weeß ick? Is jut, daß unsre Ari für Deckung jesorgt hat, wa?" Der Flachsblonde schiebt vorsichtig den Kopf über den Trichterrand, zuckt aber blitzschnell wieder zurück.

„Dafür sitzen wir fest, Flunder! Nur knappe hundert Meter! Mist!" Am Himmel brummt es auf. Halblinks von ihnen steigen Leuchtkugeln, und der Flachsblonde beobachtet das bunte Flackern.

Nach der endlosen Latscherei folgte das „Wetzen!" —
d. h. der „geschlossene Sprung", oder „sprungweise vorarbeiten!"
Kurz: Der Angriff!

„Die 1. ist genauso festgenagelt wie wir!"

Das Brummen wird zum Donnern, und die Flunder freut sich: „Stukas, Mann! Jetzt krieg'n wir Luft!"

Die ersten Maschinen kippen ab!

„Die kurven janz schön vakehrt, Mann."

„Blödmann – denkst du, die beharken ein MG? – Die schweren Brocken sind dran. Die Ari vom Iwan, vastehste, Mann?"

„Kück'n!" brüllt Ernst vom Nachbartrichter.

„Hier!"

„Wannst Paul und Walter schiaß'n hörst, dann nix wie los!"

Der Flachsblonde tippt der Flunder leicht auf den Stahlhelm: „Hast du verstanden? – Also…"

Die 42er hämmern!

„Mit Jott fürn Führer un det janze Deutsche Rei…"

Die Trichter liegen eng – die ersten toten Russen, vorgeschobene Feldposten, halb zugeschüttet – ein MG mit einem verbogenen Lauf wie ein Bumerang – der Flachsblonde stolpert und schlägt in einen flachen Laufgraben – hinter ihm kracht es und hebt die Erde ab und schleudert sie in die Luft. – *Granatspucker! Meine Fresse! Das war doch in den Trichtern, wo wir vor Minuten noch lagen?* Gebückt schiebt er sich den Laufgraben entlang. Die Flunder keucht knapp hinter ihm. An einem Stolleneingang verhält der Flachsblonde, zieht eine Handgranate ab, zählt und läßt sie in das Eingangsloch rollen. Im Aufwummsen will er weiter, aber stoppt so plötzlich, daß die Flunder aufläuft und „Au!" schreit. Stotterndes Maschinengewehrfeuer! Hart! Blechern! Nah!

„Rechts vor uns, Flunder! Etwa dreißig Meter!"

Die Flunder glotzt mit großen, runden Augen.

„Handgranaten! – Wenn ich los sage, dann ziehst du ab, rum um die Deckung und wirfst! Kannst sie gar nicht übersehen!"

Wieder stottert das russische MG.

„Los!"

Sie ziehen ab! Springen zwei Schritte vorwärts! Sehen zum Greifen nah das russische MG-Nest und werfen! Zwei dumpfe Schläge! Sie flitzen um den Stolleneingang. Der Graben gabelt sich, wird tiefer. Knapp zehn Meter weiter ist er eingedrückt und bietet Deckung. Das Maschinengewehr schweigt – Schreie! Der Flachsblonde zieht wieder eine Eierhandgranate ab, wirft und rennt in der Detonation über die Deckung. Zwei Russen hokken bewegungslos, da sieht er den dritten und feuert sofort. Von rechts kommen Hans, Ernst, Uni und Hannes den Graben entlang. Querschläger zwitschern. Der lange Gruppenführer ruft: „Alles in Ordnung? – Der Iwan

sitzt direkt vor uns, hinter der Grabengabel. Paul gibt uns Feuerschutz! –
Ab die Post!"

Der Flachsblonde sieht sie zuerst, aber nicht da, wo Hans sie vermutete,
sondern halblinks. Der erste Russe bleibt erstaunt stehen und will seine
Maschinenpistole hochreißen, als ihn die Feuerstöße von Hans und dem
Flachsblonden um die eigene Achse drehen. Der zweite fällt schlaff über
ihm zusammen. Der dritte will zurück und rennt in die nächste Garbe. Der
vierte hechtet in die Grabenwand!

„Bunkereingang! Vorsicht!"

Hannes rennt zu dem Stolleneingang, verhält und winkt. Da kracht es
unmittelbar neben ihm auseinander! *Ist direkt in eine Handgranate gelaufen,*
denkt der Flachsblonde, *ob sie der Iwan fallen gelassen hat? Oder ist sie aus
dem Bunker gekommen?* – Ernst kriecht langsam vor, ist am Stolleneingang,
wirft und springt zurück. Es wummst zweimal kurz hintereinander!
Qualm und Dreckwolken!

Der Flachsblonde kniet neben Hannes und sucht Verbandszeug. Der
Hannoveraner liegt mit dem Gesicht zur Erde und röchelt schwach. Die
verkrallten Finger ziehen Furchen in den Boden. Das eine Bein ist bis zum
Knie ein blutiger Brei, aus Fleisch-, Knochen- und Lederfetzen. Das andere verrenkt und am Knöchel abgeknickt.

„Steck's weg, Kück'n", deutet Ernst auf das Verbandszeug.

Hans stößt die Luft zischend durch die zusammengepreßten Zähne: „Uniii!
Bleib bei ihm, bis die Sanis kommen." Er spuckt aus, nimmt die abgelegte MPi
wieder auf und geht langsam an dem Bunkereingang vorbei bis zur Grabengabel, legt sich flach auf die Erde, äugt vorsichtig um die aufgestapelten und
mit Holzbalken verkeilten Sandsäcke, rutscht zurück, deutet mit der MPi
nach rechts und links und holt eine Eierhandgranate aus dem Brotbeutel. Ein
42er MG rast in kurzen Feuerstößen auf! Hans und Ernst werfen gleichzeitig,
der Flachsblonde und die Flunder etwas später. Hans hockt um die Bunker-
wand und schießt sofort. Ernst feuert in die andere Richtung. Der Flachsblonde wartet, bis sich Rauch und Dreck etwas verzogen haben, und wirft
dann. „Handgranaten, Flunder!" Der Berliner gibt ihm zwei Eier. Der Flachsblonde zieht ab, wartet und wirft – zieht ab, wartet, wirft. – „Eier! Flunder!"

„Ebbe – hab nischt mehr!"

Ernst schiebt ein neues Magazin ein. Russen wollen über die Graben-
deckung nach hinten. Der Flachsblonde feuert! Einer kippt zurück auf die
Grabensohle. Und wieder belfert das 42er und schlägt die Russen auseinander. *Paul,* grinst der Flachsblonde, *wo der hinhält…*

„Da habt's noch welche." Uni wirft einen Sack vor die Füße von Ernst.
„San russische Eier!"

Ernst flucht, von wegen einen Sack voll Handgranaten einfach hinschmeißen und ausgerechnet auch noch vor seine Füße, nimmt aber sofort einige Handgranaten und gibt sie dem Flachsblonden.

„Sollst doch beim Hannes bleiben, Uni – schleich di."

Paul und Jong sind plötzlich im Graben. Sepp kommt als letzter und knallt zwei MG-Kästen in den Dreck. Er schimpft über die Dinger, die so schwer sind, daß seine Arme denen eines Gorillas immer ähnlicher werden. Von links ruft jemand nach Hans. Der Lange winkt. Ein Unterscharführer steigt über die eingedrückte Grabenwand. Hinter ihm taucht eine MG-Bedienung auf. Hans und der Uscha wechseln einige Worte. Der Uscha stapft weiter, und die MG-Bedienung trottet hinter ihm her wie brave Bernhardiner.

„Waren von der 1.", brummt Ernst und verteilt Handgranaten.

Hans fragt nach Walter.

„Liegt in der ehemalig'n russisch'n MG-Stellung."

Hans nickt zufrieden und schwenkt die MPi: „Weiter! Bleibt zusammen!"

Das Grabensystem wird immer verzwickter. Es hat den Vorteil der Deckung, auch wenn es von der Ari teilweise umgepflügt oder flachgewalzt worden war. Nur die Bunker haben gehalten. Sie sind unheimlich tief in die Erde gebohrt. Auf den freien Plänen zwischen den einzelnen Verbindungsgräben haben die Russen Einmanndeckungslöcher ausgehoben, schmal und so tief, daß der Schütze aufrecht sitzen kann. Sie sind oben durch Zweiggeflecht und Grassoden abgedeckt und getarnt. Nicht oder kaum zu sehen, und wenn, dann muß man schon drauftreten. Meist sind sie mit Scharfschützen besetzt gewesen, und die blieben in ihren Löchern und warteten auf einen lohnenden Schuß, auch wenn sie vom deutschen Angriff bereits überrollt waren. Leider bedeutet das Grabensystem nicht nur Deckung – es konnte mit seinen Stichgräben auch zur Mausefalle werden, denn die MG-Nester sitzen an den Grabengabelungen und beharken sowohl die freien Flächen als auch die eigenen Gräben. Außerdem sind die russischen Granatwerfer haargenau eingeschossen, und die Ari und die Ratsch-Bumm feuern rücksichtslos in die Stellungen, selbst wenn in den Stollen und Bunkern noch eigene Leute sitzen.

Paul wirft sein MG auf die Deckung und hämmert los. Jong führt den Patronengurt zu.

„Los!" schreit Hans.

Sie rennen über die freie Fläche. Der Flachsblonde sieht rechts und links deutsche Landser laufen, hört von hinten das harte Pochen der Sturmge-

„Flunder" „Uni" „Sepp" 4. Juli 43
„Kuno"

schütze und das pausenlose Rattern der schweren Maschinengewehre. Der nächste Graben! Sie sind drin, bevor die Russen ihre Knarren auf die Deckung werfen können. Handgranaten wummsen! Kurze Feuerstöße aus Maschinenpistolen! Schreie! –

Der zweite Graben ist ein Zwillingsbruder des ersten. Raffiniert ausgebaut, von Trichtern unterbrochen, teilweise eingeebnet, mit tiefen Erdbunkern. Ernst reicht der Flunder eine russische MPi: „Die is besser als dei Achtunneunziger, und Munition gibt's aa mehr."

Zwei Landser schleppen einen Verwundeten durch den Graben. Es ist der Uscha, der kurz vorher mit Hans gesprochen hatte. Bauchschuß. Ein Sturmmann sagt zu Hans: „Wir haben schon vier Ausfälle in der Gruppe."

Ketten klirren – halten – Pautz! Quietschen – Pautz! Pautz!

Hans schielt über die Deckung, rutscht zurück und grinst: „Die fahren genau zwischen uns und der 3. Kompanie durch. Präzisionsarbeit! Wie ausgemacht!" Er zündet sich eine Zigarette an. „Kurze Verschnaufpause. Die Tiger müssen erst den Pak-Riegel vor uns knacken."

Sie hocken im Graben und rauchen, nur Ernst steht aufrecht und beobachtet. Der Flachsblonde stellt sich neben ihn und zieht die Oberlippe an die Nase. Er schmeckt den Schweiß, schiebt den Stahlhelm zurück und wischt mit dem Ärmel über die Stirn. Der Tarnstoff ist dunkel und glänzt naß. Zwischen dem Keil der Sturmgeschütze wirft es die Erde hoch. Fahren – halten – schießen! Nur die Tiger rasseln durch. Ein Sturmgeschütz qualmt. Aus einem anderen schlagen Stichflammen. Die Einschläge zwischen den Panzern werden spärlicher.

Ernst brüllt in den Graben: „Paul! Rechts!"

Knappe hundertfünfzig Meter vor ihrem Graben rennen Russen zurück. Paul feuert. Von weiter links hämmert ein zweites MG.

„Des san Granatspucker, Kück'n, die gehn vor unser'n Panzern stift'n. A bisserl spät – zu spät!"

Einer schreit „Voooorwärts!", und Ernst brummt: „Geht der Schmarr'n scho wieder los?!"

Die Panzer schaffen Luft.

Der Flachsblonde läuft als letzter der Gruppe. *Gut – links – gut – rechts – gut ging's – nur ein Verwundeter bis jetzt – ein Wunder – dachte, es wird schlimmer – gut – laß es weiter gutgehen, lieber Gott – weiter so gut – links – gut – rechts – weiter so gutgehen.* Die Panzer knüppeln mit Vollgas, ohne zu schießen. – *Da vorn! Das sind Stellungen – Granatspuckerstellungen – nur noch sechzig Meter – gut – noch fünfzig – gut...* Da peitscht Infanteriefeuer auf! Pautsch... Rumm! Pautz... Wrumm! *Pak!* Die Panzer haben doch nicht alle erwischt? Oder sollte das ein neuer Pak-Riegel sein? Ein zweiter? – Die

Sturmgeschütze pochen wieder, und die Grenadiere arbeiten sich in kurzen Sprüngen vorwärts. Links von dem Flachsblonden läuft eine MG-Bedienung von der 2. Gruppe. *Zu eng*, denkt er, *nehmt Abstand!* Im Aufhecheln wirft er sich hin, hört das Zuschlagen und spürt den Luftdruck! Der Schütze drei liegt still, die Munitionskästen wenige Meter neben ihm. Sein Schütze zwo kriecht zu ihm, und der Flachsblonde hört einen Schrei: „Bleib unten, Gerd! Bleib unten!" Der Flachsblonde sieht das Aufstauben der Garbe, sieht wie die Spur der Geschosse den Kriechenden kreuzt und wie der aufzuckt.

„Hilfe! – Hiiiiilfe!"

Und wieder der Ruf: „Bleib unten, Gerd!"

Der rudert mit den Armen und schreit, will hoch, wird von einem Schlag hintenübergerissen, zuckt, bleibt liegen. –

Ernst rennt in eine Dreckfontäne! Dem Flachsblonden bleibt die Luft weg. Als der Dreckpilz zusammenfällt, sieht er den Münchner weiterlaufen. *Meine Fresse*, er pfeift durch die Zähne, *das war verdammt knapp – aber – was macht denn Walter?!* – Und er sieht zu, wie Walter langsam in die Knie bricht und vornüberkippt! –

Der Flachsblonde schlägt mit den Fäusten auf den Boden. Scheiße! Gottverdammter Mist! Walter! – Landser rennen vorbei, und einer ruft ihn an. Der Flachsblonde preßt das Gesicht in die Erde und würgt. *Nicht einmal heulen kann ich – nicht einmal heulen.* –

Ein Rottenführer hockt neben ihm und fragt: „Ist was? Hat es dich erwischt?"

Der Flachsblonde sieht hoch und erkennt seinen alten Freund Heinz vom 3. Zug. „Nichts, Heinz – habe nur zusehen müssen, wie es Walter erwischt hat."

„Walter? – Ist er…?"

Der Flachsblonde kann nur mit dem Kopf nicken.

„Scheiße – aber was soll's, Kücken – hilft nichts." Und er klopft ihm mit der flachen Hand auf den Stahlhelm: „Wir müssen weiter, müssen Anschluß halten. Lauf! Dein Zug ist schon in der Granatwerferstellung." Sie zockeln los, und der Flachsblonde versucht ein Grinsen, aber es wird eine Grimasse der Verzweiflung.

In einem ausgebuchteten Grabenstück trifft er seine Gruppe. Zwischen umgewuchteten Granatwerfern und den gefallenen Bedienungen sieht er zuerst Ernst, der mit vollen Backen kaut. Paul und Jong und Sepp nehmen neue Gurte aus den Munitionskästen, Kuno und die Flunder hocken rauchend nebeneinander und streiten sich. Peter sitzt einige Schritte abseits, allein, das MG von Walter zwischen den Beinen.

„Wo ist Hans?"

Ernst deutet mit dem Messer nach nebenan. „Beim Zugführer."

Der Flachsblonde setzt sich zu ihm. Wenn er an Essen denkt, wird ihm schlecht. Er hat nur Durst und schraubt seine Feldflasche auf. Das Gesöff ist warm und schmeckt nach nichts.

„Walter ist gefallen!"

„I woaß", brummt Ernst, „sieht überhaupt bös aus. Bei uns geht's noch. Sechzehn Tote in der Kompanie! Unsern Chef hat's aa der-wischt!"

„Tot?"

„Pak-Volltreffer!"

„War ein schneidiger Hund. Weißt du noch, wie er sich in der Ruhestellung vorgestellt hatte? Mit butterweichen Juchtenstiefeln, Überfallhose, gestepptem Kommissarenkoppel, khakifarbenem Tropenhemd? Wie ein englischer Lord – und die weiche Stoffmütze mit dem verwegenen Kniff links vom Vogel?"

„Und koan Ord'n."

„Richtig, Ernst, er hatte kein einziges Blechschild getragen. Kein EK, kein Sturmabzeichen, nichts – war eigentlich komisch."

„Der hat entweder des Ritterkreuz g'habt oder…"

„Oder das Kriegsverdienstkreuz – und hat sich vielleicht dafür geschämt."

„Dafür a blitzsaubere Frau!"

„Frau? – War der verheiratet?"

„Hm, hab ihr Foto g'sehn, stand in seiner Bud'n."

„Hatte damals doch recht vernünftige Ansichten, als er sagte: ‚Für mich zählt kein Achtungsmarsch und kein Präsentiergriff. Wachsoldaten kann ich nicht gebrauchen, nur Einzelkämpfer!'"

Ernst feixt. „Einzelkämpfer! D'rüber hat sogar Hans g'lacht. Was gibt's schon alloa zu kämpf'n, hm, Kück'n? Kannst du mir sag'n, wo, wann und wie i alloan kämpf'n soll. Zum Beispiel i alloan geg'n dan Pak-Rieg'l oder geg'n die Granatwerferstellung? Materialschlacht'n und Einzelkämpfer. Mit Jiu Jitsu geg'n an T-34? Nur als Scharfschütz! – Da bist noch a Einzelkämpfer", er lacht, „aber da immer zwoa Scharfschütz'n zamm sind, sind Zweierkämpfer die kloanste Einheit."

„Aber sein Spruch von der Elite war gut." Der Flachsblonde grinst.

„Wir sind die Elite, und…"

„Und die ist immer vorn!" Ernst spricht Hochdeutsch. „‚Und daß wir immer vorne und die ersten am Feind sein werden, dafür werde ich sorgen!'" Ernst horcht auf, packt seinen Freund am Arm: „Los, Kück'n! Dort sin Einmanndeckungslöcher!" Und zur Gruppe schreit er: „Deckung!"

In der ersten Stellung 5. Juli 1943
K. Pfö.

Er verschwindet in einem Loch. Der Flachsblonde springt in das nächste, und dann rauscht es heran! – *Stalinorgel!* Der Flachsblonde sieht die ersten Einschläge und duckt den Kopf unter den Deckungsrand. *Prima, so ein Loch. Die beste Deckung überhaupt! Totsicher, es sei denn ein Volltreffer! Außerdem ist es fast komfortabel. Es hat eine schmale Sitzstufe und genug Beinfreiheit, da es nach unten zunehmend breiter wird. Es ist zum Aushalten. Mit einer Pulle Wodka und Fressalien könnten mich Ratsch-Bumm und Ari und MGs und der ganze Scheißkrieg am…* Er verzieht das Gesicht: *Nur jetzt nicht kacken müssen* – im Magen rumpelt und gurgelt es –, *ist das der Muckefuck oder Hunger? – Aber heute abend muß ich unbedingt einmal – mit leerem Magen, nee, mit leerem Darm schläft es sich besser. Wann habe ich eigentlich zum letztenmal? Ist auch so eine Sache* – und er zieht die Oberlippe an die Nase –, *steht in keinem Kriegsbuch. Kasernenhofdrill, Angriff, Trommelfeuer, Kameradschaft, Heldentod, ja, aber wann und wo der Soldat mal konnte, wenn er mußte, davon keine Zeile. Ist wie mit der Angst – das Nächstliegende, das Allermenschlichste wird oder wurde vergessen.* **Komisch**, denkt er, *ich hocke im Stalinorgel-Feuer und überlege, wann ich aufs Klo gehen kann. Klo – ist noch komischer!* Er blinzelt über die Deckung. Wenige Meter neben ihm taucht ein tarnstoffbezogener Stahlhelm auf. Ernst äugt wie er und… *Wo kommen denn plötzlich die vielen Landser her?* – Der Feuerschlag ist kaum vorbei, da rennen diese Idioten schon wieder. Er erkennt Heinz und ruft ihn an. Der lacht und winkt und antwortet: „Wir sind jetzt Spitze! Pennt weiter, wir rennen bis Kursk!"

Hans schreit: „Langsam voooorgeheeeen! – Aaaabstand!"

Ernst schimpft, hängt sich die MPi um den Hals, im Mundwinkel die halbgerauchte Zigarette: „Der hat an saubern Humor."

„Wer? – Hans?"

„Schmarrn! – Den Heinz moan i."

Wieder pluppt es in einer Reihe schwacher Rumpler vor ihnen auf. Die Männer vom 3. Zug haben es plötzlich eilig. Auch Ernst läuft schneller und deutet nach halbrechts. Der Flachsblonde hetzt los und hört das zischende Herabzielen. Als die ersten Einschläge der Stalinorgel auseinanderfetzen, rutscht er auf allen Vieren in eine Deckung. Ernst liegt neben einem auf die Seite gewälzten Feldgeschütz. Der Flachsblonde duckt sich unter einem umgekippten Munitionskarren. Er blickt nach oben – das Rad dreht sich noch. Er reibt die Oberlippe an der Nase – hoffentlich ist in dem Karren keine Ari-Munition mehr. Wenige Meter neben dem Geschütz liegen gefallene Russen. Einem ist die ganze Seite aufgerissen. Die Gedärme sind herausgequollen und liegen in einer dreckigdunklen Lache. Einem anderen fehlt der Unterleib. Zwischen Koppel und Stiefel nur Matsch und Erdbrei. – Panzerkanonen pochen! Der Flachsblonde vernimmt deutlich die Unterschiede, hohl und hart von hinten, dumpf und leiser von vorn. Sturmgeschütze und T-34! Hoffentlich sind die Russen nicht wieder eingegraben. In dem Verbindungsgraben, der von der Feldgeschützstellung weiter nach hinten führt, liegen wieder gefallene Russen. Ein Unterleutnant ohne Gesicht hockt an die Grabenwand gelehnt, hinter ihm kniet einer, Gesäß und Rücken aufgerissen – der Flachsblonde hält die Luft an – wie rohes Hackfleisch – zwei liegen übereinander, verdreht, verrenkt – die nächste Geschützstellung! Eine Kanone halb auf der Deckung, wie ein Spielzeug hochgewirbelt und irgendwo hingeklatscht. Zwei Russen kleben aufrecht an der Schutzwand, vom Luftdruck an die Holzversteifung gepreßt und von Splittern zerhackt. Dazwischen riesige Trichter! Auch im Laufgraben liegen Tote, zerfetzt und zerrissen und halb verschüttet.

Ernst und der Flachsblonde müssen aus dem Graben. Einschläge platzen! Der Flachsblonde rutscht zurück, liegt auf Leichenbrei, Erde und Holzreste prasseln, und er spürt die Schläge auf Stahlhelm und Sturmgepäck. Seine linke Hand faßt in etwas Klebrig-Breiiges. Es stinkt. – Er stößt sich ab, rutscht wieder aus, kommt hoch und stürzt über die Deckung. Wieder fetzt es auseinander! Im Liegen betrachtet er seine weit nach vorn gestreckte Hand – rotquallig-verschmiert. Er kneift die Augen zusammen und wischt die Finger an der schütteren Grasnarbe ab. „Verdammt – verdammt", murmelt er immer wieder, „verdammt, man denkt, jetzt sind wir durch, jetzt ist der Riegel endlich geknackt, da taucht 'ne neue Stellung auf!" Das ist wie ein langer Flur mit zahllosen Türen. Wird eine aufgestoßen, sieht man die geschlossene nächste Tür. Ist nichts mit Spaziergang und so, ist vielmehr ein mühsames Durchbeißen Schritt für Schritt, ein Mit-dem-Kopf-durch-die-Wand-Stoßen, und jedesmal brummt der Schädel mehr, bis zur Gehirnerschütterung oder bis zum Schädelbruch. *Wenn das so weitergeht, wird es Weihnachten, und wir sind immer noch nicht durch, geschweige denn in Kursk. Hat sich was – verdammt – von wegen Stellung knacken und ein Loch aufreißen. Da gibt es kein Loch! Das sind bisher nur Nadelstiche!* Er stemmt sich hoch, rennt ein paar Schritte, läßt sich fallen, wieder hoch und bis zur nächsten Deckung – *Wo... wo ist sie?* – und horcht im Rennen auf das pfeifende Von-oben-Herabstoßen, drückt das Gesicht in die Erde, wenn es zuckend einschlägt, richtet sich auf, drückt sich ab, rennt – keucht mit fliegendem Puls – gibt sich selbst das Kommando: *Auf – hinlegen – hoch*

– *Deckung* – MG-Garben surren – *hinlegen* – Querschläger zirpen – *auf* – *Vorsicht!* Der Einschlag wuchtet die Erde hoch! Splitter pfeifen! Erdbrocken prasseln! – *Auf und weiter.* – Vor sich sieht er Erdaufwürfe und steigende Einschläge, die unten breit auseinanderspritzen und in der Mitte eine dunkle, senkrechte Fontäne hochschleudern! Hingerotzt! Dabei aufgepaßt, daß die Gewehrmündung nicht in den Dreck stößt! Das hält nicht einmal eine Tokarew, ein russisches Scharfschützengewehr, aus. – *Wieder hoch und... Mein Gott!* Dieses irrsinnig hohlspitz sich steigernde Aufjaulen der Salvengeschütze! *Do-Werfer! Endlich – wir! – Wir sind da! Wir sind auch noch da!*

Die leicht ansteigende, freie Fläche wimmelt von rennenden Landsern. *Jetzt müssen die Iwans die Köpfe in den Dreck stecken, jetzt müssen die sich verkrümeln und Deckungen suchen. Jetzt sind wir dran! Laufen was die Beine und Lungen hergeben! Je mehr Raum wir jetzt gewinnen, um so kürzer ist die Entfernung bis zum Einbruch in die nächste russische Stellung!*

Und wieder geschieht das Unglaubliche. Schlagartig brüllt auch das russische Abwehrfeuer auf! Und diesmal ist es kein Stottern, kein hilfloses Störfeuer und tropfenweises Verkleckern. Diesmal zaubert die russische Ari einen Sperrfeuerriegel, legt einen Feuervorhang vor die eigenen Stellungen, und im gleichen Augenblick belfern die russischen Maschinengewehre. Der deutsche Angriff bleibt liegen.

Der Flachsblonde kauert in einem Trichter und macht sich möglichst klein, die Beine eng an den Leib gezogen, den Kopf tief zwischen die Schultern, das Gesicht an die Brust gedrückt. Aufhören, schreien die Nerven! Aufhören, pochen die Herzschläge! *Aufhören*, hämmern die Gedanken! *Aufhören* – er hat die Augen fest geschlossen –, *aufhöööören!* – Der 3. Zug ist direkt in das Feuer gelaufen – die hatten keine Chance – das kam so unverhofft, so unerwartet, daß sie gar nicht so schnell reagieren konnten! Als die Do-Werfer loslegten, da haben sie gedacht, jetzt schaffen wir es spielend, haben sich vielleicht noch angegrinst, haben aufgeatmet und in dieser Hochstimmung... *Meine Fresse, welche Ironie – das ist es, was Ernst mit Zufall bezeichnet hat. – Zufall, daß der 3. Zug die Spitze übernommen hatte – Zufall, sonst wären wir dran gewesen! Diese verdammte Ari! Diese gottverfluchten Schweine!* Und er schreit die Trichterwand an: „Schweiiiineeee!" Laut und schrill und immer wieder „Schweiiiiine! – Ihr Schweiiiiine!"

Sein Brüllen geht unter im Wummsen der Ari. Er keucht und blickt in den Himmel. Die Sonne – wo ist denn die Sonne? Hat auch sie sich verkrochen, um diesen Irrsinn nicht mit ansehen zu müssen? Er zieht die Oberlippe an die Nase und schüttelt sich. *Friere ich?* – Dabei ist Sommer, Hochsommer,

Juli, der 5. Juli 1943. *Der erste Angriffstag vom Unternehmen „Zitadelle" mit einem Aufwand an Panzern und Ari und Elitedivisionen, Stuka-Angriffen und Do-Werfern, wie ihn der Krieg noch nicht gesehen hatte, und wir liegen fest, liegen und warten, bis uns der Iwan zu Klump schießt!* Und plötzlich weiß er, was ihn frieren läßt: *Die Überraschung fehlt!* Der Russe war vielleicht von der Wucht des deutschen Trommelfeuers überrascht, auch von der Schnelligkeit der angreifenden Spitzenkompanien, insgesamt aber, und das ist das Überraschende, war der Iwan nicht überrascht. Im Gegenteil, das sieht ganz danach aus, als hätte er gewußt, wie und wo der deutsche Angriff erfolgen würde! Mehr noch, auch wann!

Der Flachsblonde hört das Rummsen, das Hecheln und Zuschlagen und reibt die Nase mit der Oberlippe: *Kein Überraschungseffekt, dafür diese durchdachten und gutausgebauten Stellungssysteme, unheimlich tief gestaffelt und an jeder Ecke eine neue Überraschung. Dazu braucht man Zeit, viel Zeit sogar, und wir, wir haben dem Russen diese Zeit selbst gegeben. Ein Geschenk deutscher Blödheit! Damals, im März, nach der Schlacht um Charkow, damals sind wir bei Bjelgorod stehengeblieben. Warum eigentlich? Damals war der Iwan im Laufen. Damals gab es keine Verteidigungslinie, geschweige denn Erdbunker, Stollen, Pak-Riegel und was weiß ich noch alles. Damals waren wir am Zug und hätten weiterrollen können bis Kursk, und wir wären es mit der Hälfte an Verlusten des heutigen Tages. Eine vertane Chance. Vertane Zeit. Vertanes Material. Vertanes Blut. Während wir drei Monate mit Fahrzeugreinigen, Vorbeigehen in gerader Haltung, Übungsmärschen und Schützenfesten auf Pappkameraden vertrödelt haben, hat der Iwan gebuddelt, getarnt und sich eingeschossen und Reserven herangekarrt. Und das in aller Ruhe und von uns völlig unbehelligt und mit der Gewißheit, daß die Fritzen genau da und da angreifen werden. Um dem allen noch die Krone aufzusetzen, wußten sie auch das Datum! Den Zeitpunkt des deutschen Angriffs! „Zitadelle"! Wirklich, die Bezeichnung stimmt! Welcher Idiot oder Hellseher sie wohl erfunden haben mag?* Er sieht auf die Uhr – kurz vor zwölf.

Zuhause essen sie jetzt zu Mittag. Kartoffelpuffer mit Apfelmus? Oder hat Oma einen Stallhasen geschlachtet? Helles, zartes Fleisch und rohe Klöße dazu. – *Was ist heute eigentlich für ein Tag? – Dienstag? – Nein, Freitag, oder? Ist auch egal. Jedenfalls ist es ein beschissener Tag.* Um zwölf wird Zuhause der Wehrmachtbericht durchgegeben: Im Morgengrauen des heutigen Tages durchstießen unsere Divisionen die russischen Stellungen im Raum von Bjelgorod in einer Breite von mehreren Kilometern und sind im zügigen Vormarsch Richtung Kursk. So etwa könnte es klingen. – Im Morgengrauen des heutigen Tages griffen unsere Divisionen die russischen Stellungen im Raum von Bjelgorod mit dreimonatiger Verspätung an und sind trotz einer Artillerie- und Stuka-Vorbereitung, wie sie der Krieg bisher noch nicht erlebt hat, nach zehn Stunden immer noch nicht durch, sondern liegen im Dreck und warten auf ein Wunder. – So müßte er lauten!

Vom Himmel dröhnt ein tiefes Brummen. Der Flachsblonde blickt über den Trichterrand – Schlachtflieger! Welle auf Welle! Ziemlich tief. Er beobachtet und wartet, bis die Einschläge aufspritzen. In Sekundenschnelle ist die russische Stellung in ein unaufhörliches Aufzucken verwandelt, in ein Meer aus Feuer und Rauch und Dreck!

Ist dies das Wunder? –

Vor ihm rennen Männer. Maschinengewehre hämmern. Hans winkt wieder mit der MPi. Links rennt Peter, kurz hinter ihm Kuno. Der Flachsblonde hetzt in langen Sätzen und hört die kurzen Feuerstöße von Paul. Als dann links Peters Gewehr das Feuer übernimmt, stopft Paul, und der Flachsblonde sieht ihn laufen. Jong rennt hinterher, und in weitem Abstand folgt Sepp, langsamer, schwerfälliger, schaukelnder, in jeder Faust einen MG-Kasten. Der Flachsblonde muß unwillkürlich grinsen – wie auf dem Truppenübungsplatz in Spreenhagen oder Glau, fast exerziermäßig, fast so, als wäre Besichtigung und es gäbe weit und breit keinen Iwan. Wie einst im Mai: „Iiinfaaanteriie, du bist die Krone aller Waffen". – Im Hochstemmen sieht er die Sturmgeschütze. *Meine Fresse, die sind ja plötzlich vor uns!*

Die Stahlkästen walzen die ersten russischen Stellungen nieder, fächern auseinander und nehmen sich Bunker und Granatwerfer vor. Tiger stoßen durch, rammen im Keil über zerbombte MG-Nester, zerquetschen, zermalmen, halten, drehen, schießen, zerdrücken Deckungslöcher und sind in der Pak-Stellung!

Die nächsten Wellen der Schlachtflieger werfen ihre Bombenteppiche auf die nächste russische Stellung, und plötzlich hört der Flachsblonde auch die Stukas. Sie fliegen einzeln, kippen ab, jaulen wie Luftschutz-Sirenen, und kurz nachdem die Maschinen wieder im Bogen nach oben stoßen, platzen dicke Erdpilze auseinander!

Hans, Ernst und der Flachsblonde hocken in einem Graben. Er ist noch völlig intakt. Keine Trichter, keine aufgeworfenen Bombenwälle, nichts – nur gefallene Russen, und die Erde ist aufgerissen, aufgeharkt von einem Riesenrechen.

Ernst schüttelt den Kopf: „Hat's da aber g'riss'n."

„Und keine Bombentrichter! Was haben denn die Schlachtflieger für komische Dinger fallen lassen?"

Hans deutet auf den Erdboden: „Müssen neue Bomben sein. Die sind nicht eingeschlagen und dann krepiert, die sind vorher, kurz über der Erde auseinandergekracht und haben ihren Splittersegen von oben auf den Iwan geschüttet. Wie ein Platzregen."

„Nur aus Eisen!"

Während die erste Welle der Schlachtflieger umkehrt, stürzen sich die Stukas noch immer wie Habichte auf einzelne Ziele und zerbomben sie.

„So schnell waren wir noch nie in einer Stellung."

„Und i hab denkt, die Luftwaffe is im Urlaub."

Hans lacht und sieht auf die Uhr: „Mittagszeit!" – Er drückt seine Kippe aus und nimmt die MPi auf. „Die Panzer rollen den ganzen Laden auf. Jetzt wird es leichter – weiter geht's Herrschaften!"

Einer war zurückgeblieben – Uni. Er hatte sich neben Hannes gehockt und in Abständen gebrüllt: „Saaaaaaniiii!" – Als die endlich kamen, murmelte er etwas von Lahmärsche und Pennbrüder und sah zu, wie sich einer über Hannes beugte, ihn abtastete, die Schultern zuckte und sagte: „Wegen dem hast du so gebrüllt? Der braucht uns nicht mehr."

Uni blieb weiter neben Hannes sitzen und schreckte erst auf, als ihn ein Untersturmführer anfauchte: „Pennen Sie? Von welcher Einheit?!" – Uni stotterte eine verunglückte Meldung und deutete auf den Toten. „Schon gut, Mann", hatte der Untersturmführer geantwortet und seinen Leuten gewinkt. „Schließen Sie sich an, Mann, und dann traben Sie zu Ihrem Haufen, klar?!"

Uni trabte eine Zeitlang brav hinter dem fremden Haufen her und suchte dabei ein geeignetes Deckungsloch. Zweimal fluchte er. Im ersten hockte ein toter Russe und im zweiten ein Deutscher und ein Russe, beide tot. Beim dritten hatte er Glück. Den ehemaligen Besitzer hatte es draußen erwischt. Uni war allein und entschloß sich, erst einmal in aller Ruhe Brotzeit zu machen und eine Zigarette zu rauchen. –

Als er die Panzermotoren hört, verläßt er sein Loch und rennt los! Schon nach wenigen Minuten läuft er in die ersten Lagen! Iiiiiuuh-wrämm! Wrumm! Steine! Dreck! Grasbüschel und Rauch! – Er sieht kurz über den Trichterrand und springt hoch. Im Rennen sucht er die nächste Deckung. – Aufspritzende Detonationen! Deckung – er keucht – das wäre geschafft – hoch und – Vorsicht! Deckung! – Eine zusammengeschossene Feldgeschützstellung – flache Bodenerhebungen – geschanztes Erdreich – herumliegendes Gerät – verstreute Ari-Munition – Tote. Pfeifen! Zirpen! Schmetterndes Einschlagen! – Soll er das Feuer abwarten, oder soll er weiter? Die Kameraden sind vorn – hoch! Und mit Affenzahn bis zu dem Munitionskarren! – Aufpassen! Er schlägt in einen Graben. Erdbrocken und Steine prasseln, und er zieht den Kopf ein. Er wartet und verschnauft. – Langsam stemmt er sich wieder hoch. Da – da vorn laufen welche – das sind die seinen – Kopf weg! Einschlag! – Das sind doch – das waren Kuno und die Flunder… „Kuuuuuuuuunooooo!" Er brüllt: „Heeeeee – Kuuuunooooo." –

Tzuit-zuiiiiih… tzung!

Verflucht! Er fühlt einen harten Schlag an der linken Kopfseite.

Es läuft ihm warm über die Stirn.

Kann nur ein Kratzer sein…

Als er mit dem Handrücken über die Stirn wischt, ist er rot. Sorgfältig tastet er die Wunde ab und fühlt den klaffenden Riß von der Augenbraue zur Nasenwurzel. Verbandszeug – er fingert im Brotbeutel nach einem Päckchen.

„Kuuuunooooooo", schreit er wieder. Warum hört der Idiot denn nicht? Auf geht's, er muß ihm nach – schneller – schneller – er rennt mit pfeifendem Atem – er muß zu seinen Kumpels, die brauchen ihn, und er braucht sie – er hätte nicht so lange in dem Loch bleiben sollen, er hätte lieber – tzuiiiih… tzink! Tzink! MG-Feuer! Querschläger! Deckung! – Wieder starrt er seine Hand an. Der Dreck an den Fingern ist abgewaschen, und sie schillern feucht und glatt und rot. Er streicht über die Stirnwunde – Blut – nichts Schlimmes, nicht einmal ein Heimatschuß – nichts! – Nichts? Und langsam kriecht die Angst hoch. Als er sich hochstemmen will, birst es seitlich von ihm auseinander. Er spürt noch den Schlag im Bein, dann schlägt der Stahlhelmrand auf das Ziffernblatt seiner Armbanduhr. Das Glas springt.

Der Zeiger erstirbt zitternd.

Es ist kurz nach zwölf.

Die Kompanie sammelt in einer ehemaligen Granatwerferstellung. Ernst macht Brotzeit.

„Magst was, Kück'n? – Lang zua, der Tag is noch lang."

Als der Flachsblonde Brot und Büchsenfleisch sieht, merkt er erst, wie hungrig er ist.

„Woaßt jetzt, wen die Stukas vorhin auf's Korn g'nommen ham?"

„Die eingegrabenen Panzer."

„Net nur die." Ernst deutet nach links, wo ein Panzerwrack qualmt. „Guck dir den Kast'n amol an."

Der Flachsblonde wendet den Kopf, steht auf und geht, das geschmierte Brot in der Hand, bis zur Deckungswand, steigt auf ein paar Sandsäcke und mustert aufmerksam den zerbombten Panzer, schüttelt den Kopf und stapft zurück: „Noch nie gesehen. Sieht zwar aus wie ein Panzer, ist aber keiner. Der Turm fehlt. Dafür hat er eine Riesenkanone. Komisch."

Ernst feixt überlegen: „A russische Erfindung, mei Liaber. Man nehme a Panzerfahrg'stell und montier a 19 Zentimeter-Ari drauf. Verstehst? A Ari, die beweglich is wie a Panzer."

„Donnerwetter! Hätte ich dem Iwan gar nicht zugetraut. Das waren die schweren Koffer, die uns in der zweiten Stellung so viel Ärger gemacht hatten."

„Genau, Kück'n. Wenn i dran denk, wie der Iwan am Anfang war, dann hat er mächtig dazug'lernt."

„Und wenn ich daran denke, was passiert wäre, wenn die Schlachtflieger und Stukas nicht angegriffen hätten, dann schmeckt mir dein Brot nicht mehr."

„Koa Schwanz net war durchg'kommen!"

„Die waren nur von oben zu sehen."

„Und jetzt seh'ns die Kartoffeln von unt'n."

Der Flachsblonde schluckt den letzten Bissen und holt aus der Tarnjacke seine Heimatzigaretten. Ernst zündet sich, noch während er kaut, eine an und verstaut sorgfältig seine Fressalien.

„Das ganze Trommelfeuer hätte einen Scheiß genutzt," sinnt der Flachsblonde weiter, „ebensowenig die Do-Werfer. Die Iwans waren weiter hinten und haben den Feuerzauber einfach abgewartet. Sie haben Witze über die blöden Fritzen gerissen und dabei Machorka gequalmt. Dann sind sie vorgerollt, und alles war beim alten."

„Wenn net, Kück'n – wenn… Ich hab zwar bisher net vuil von Hermanns Schlipssoldat'n g'halt'n, aber heut – ohne die Luftwaffe, Respekt! Respekt! Ohne die hätt' uns der Iwan am Arsch g'habt."

Der Flachsblonde nickt: „Stimmt, Ernst. Splitterbomben für die Fußlatscher und Bomben für die Panzer-Ari. Das war's! Das hat die Tür aufgemacht, durch die unsere Panzer durchgewalzt sind."

Hans setzt sich auf einen MG-Kasten. „Herhör'n! – Unsere Panzer sind durch! Sie rollen die Stellungen der 6. Garde-Armee auf. Infanteriereste, die übrigbleiben, müssen von uns niedergekämpft werden. Der Chef meint, daß der Iwan hinter den Stellungen noch Reserven hat, die jetzt bereits vorrollen. Wir haben also mit Gegenangriffen zu rechnen. Wenn die Pak da ist, geht es weiter mit Karacho! – Sind die Gewehre klar?"

Peter nickt. Paul antwortet leise: „Jawoll."

Ernst lehnt den Rücken an die Stellungswand und murmelt: „Ich mach jetzt an Nicker."

Der Flachsblonde streckt die Beine und gähnt. „Wo nur der Uni bleibt?" murmelt er halblaut und mehr für sich. „Der müßte doch längst eingetrudelt sein."

„Der Uni?" antwortet Ernst schon im Halbschlaf. „Der hat's net so eilig, wieder in die Scheiß zu kemma. Der hat sich in am Loch verkrüm'lt und schlaft."

Hoffentlich, denkt der Flachsblonde, *hoffentlich hält er wirklich einen Mittagsschlaf und hat das Ari-Feuer abgewartet. Komisch*, zieht er die Oberlippe an die Nase, *warum muß ich immer an den Uni denken? Ist doch ein alter Hase. Wir sind schon so lange zusammen, und noch nie habe ich gespürt, daß er fehlt. Wie lange kenne ich ihn? Seit der Rekrutenzeit! Seit ihn die Ausbilder als achtes Weltwunder bestaunt hatten. Alle hatten damals geflucht, nur Uni nicht. Der hatte gestrahlt und sich gewundert und war aus dem Staunen nicht mehr herausgekommen.* Berlin. Die Riesenstadt. Die S- und U-Bahn. Die Kaserne mit fließendem Wasser, mit Duschen und einem Hallenschwimmbad. Und der Speisesaal und für jeden ein Bett und das sogar ohne Strohsack und und und. – Für den Sennbuben eine neue, eine fremde, eine schöne, eine Traumwelt. Aber er hatte einfach nicht verstehen können, warum die Ausbilder ausgerechnet ihn zu ihrem besonderen Freund erklärt hatten. Heimkehrer ins Reich, Fußkranker der Völkerwanderung und wie sie ihn sonst noch betitelten. Schön und gut, aber warum mußten sie immer nur brüllen und sich ständig wiederholen? Der Rekrut Unegger lernte das Reich kennen, in kleinen Ausschnitten natürlich, dafür aber um so intensiver. Den Kasernenflur, den Hof und schließlich die Plattfußallee. Uni kannte jeden Quadratzentimeter, und es hatte ihn nicht umgebracht. Natürlich hatte er sich in seiner primitiven Naturburschenvorstellung ein etwas anderes Bild von der Leibstandarte gemacht, mehr in Richtung blitzende Uniformen, Paraden und Ehrenposten vor der Reichskanzlei, aber er nahm auch das andere gelassen hin. Vielleicht waren die horizontalen Übungen die Voraussetzung für das spätere, senkrechte Soldatendasein. Wie Gott will. Der macht's schon recht.

Uni war zufrieden. Er wollte alles so gut wie nur irgend möglich machen und machte folglich alles falsch. Er war durch nichts und durch niemanden kleinzukriegen, verlor nie seinen Humor und beobachtete seine neue Welt mit Blicken, von denen die Ausbilder sagten, es wäre ein hinterwäldlerisches Augengrinsen. Bekannt, so richtig kompaniebekannt, wurde er während eines Maskenballes.

Der Erfinder des militärischen Maskenballes ist unbekannt. Eines aber war und ist sicher, er muß ein Spaßvogel gewesen sein und ein Kenner soldatischen Humors.

Eines Tages stand die Kompanie in Drillich im Kasernenflur angetreten. ‚Herhör'n, der Sauhaufen! Zur Abwechslung des dienstlichen Einerlei ein kleiner Spaß. Der Spaß heißt Maskenball, klar? – Maskenball ist die Kunst der Verkleidung und wird im Rheinland und in Süddeutschland wochenlang exerziert. Oft bis zur totalen Erschöpfung. Bei uns sieht der Maskenball wie folgt aus: Auf Befehl steht die Kompanie in fünf Minuten feldmarschmäßig, klar! Dann in vier Minuten in Ausgehuniform! In zwei Minuten im Sportdress. In fünf Minuten in Paradeuniform und so weiter. Kapiert?!'

,Jawoll, Oberscharführer!'

,Jeweils der erste Verkleidungskünstler erhält dienstfrei! Die anderen Maskenballer machen weiter. Klar?!'

Wieder ein donnerndes: ,Jawoll, Oberscharführer!'

,Na, denn woll'n wir mal – Kompanüüüüüüü... schtillann! – In fünf Minuten steht der Klub feldmarschmäßig! Auf die Buden weg-marsch-marsch!'

Die Maskenballer rasten in die Stuben, rissen sich schon unterwegs die Klamotten vom Leib, suchten, fanden, erwischten in der Hetze das Falsche, fluchten, tauschten um, verloren etwas, rissen aus Versehen mehr aus dem Spind, als sie brauchten, drängten, stießen, stolperten, rasten zurück und standen endlich mit offenen Mäulern japsend wieder im Flur. – Kritische Blicke der Ausbilder. Kopfschütteln. Lachen! Brüllen! Und natürlich war der erste nicht der erste, weil irgendetwas an seiner Montur nicht stimmte, wie konnte es auch, und der arme Hund, der sich bereits als Olympiasieger gefeiert sah, flog vom eingebildeten Podest und rannte wenige Minuten später wieder mit los.

,In drei Minuten in Sportkleidung – weg-marsch-marsch!'

Dasselbe Theater, nur lagen die Klamotten nicht mehr wie vordem fein säuberlich geordnet und auf den Zentimeter ausgerichtet im Schrank.

,In vier Minuten im Drillichzeug!'

Die Zeiten variierten, je nachdem wie der Oberscharführer wollte oder wie schnell oder langsam seine Uhr lief. Kein Maskenballer fand mehr das, was er brauchte, und nun erst begann der eigentliche Maskenball. Jetzt erst kamen die Chancen der wahren Verkleidungskünstler. Manche Monturen wurden übereinandergezogen, verwechselt, vertauscht, manches war zuviel, manches fehlte, und nichts mehr gehörte zum eigentlichen Eigentümer. Den Kombinationsmöglichkeiten waren keine Grenzen gesetzt. Die unvorstellbarsten Zusammenstellungen, die ulkigsten Phantasieuniformen, die gewagtesten Kreationen rechtfertigten endlich den Ausdruck Maskenball! Die Ausbilder johlten vor Vergnügen. Besonders gelungene Masken wurden prämiert. –

,Treten Sie vor!' Ein dickvermummter Maskenballer trat vor die Front. Der Ohrenschützer hing schief und verdeckte ein Auge.

,Sind Sie 'ne schielende Nachteule, Mann?'

Als ob eine Eule schielen würde! Aber auf Polyphem, den einäugigen Riesen der Odyssee, kam der Ausbilder nicht.

Der verkehrt geknöpfte Wintermantel erinnerte an eine Vogelscheuche. Das Koppel sollte zwar den ganzen Soldaten zusammenhalten, aber leider gehörte es einem Stubenkameraden, und der war zwei Koppellöcher dicker. Demzufolge neigten sich Brotbeutel, Feldflasche, Seitengewehr und Spaten im bedenklichen Drall nach unten. Außerdem hing das Ganze seitenverkehrt. Was nach hinten gehörte, baumelte nun vorn zwischen den Beinen. Unter dem Mantel trug der Maskenfreund nur eine Turnhose, und die Beine steckten nackt in den Knobelbechern. Unter tosendem Gelächter, natürlich nur dem der Ausbilder, wird die Maske prämiert und zur weiteren Sonderbehandlung auf den Kasernenhof abkommandiert.

‚In zwei Minuten im Nachthemd! Und umgeschnallt!‘

‚In vier Minuten in Wachuniform!‘

So geht das eine Stunde – zwei –

‚In vier Minuten im Trainingsanzug!‘

‚In drei Minuten in Ausgehuniform!‘

Was doch eine gutsitzende Ausgehuniform ausmachen konnte. Sie gab einem Nichts, einer Null sowohl Haltung als auch Rückgrat und machte aus einem krummgeschissenen Fragezeichen fast so etwas wie einen Soldaten. Fast. Was allerdings jetzt vor der Kompanie stand, war ein Zerrbild, eine Karikatur, war ein Schlag in die Fresse eines alten Soldaten! – Die Schuhe waren nur halb zugeschnürt. Die schwarzbandigen Schnürsenkel hingen als Riesenschleifen müde auf dem Flurboden. Die Hosen waren ungleich in ihrer Beinlänge. Das Koppel, von der letzten Verkleidung im Nachthemd, viel zu eng. Es schnürte den armen Maskenballer derart ein, daß die Befürchtung bestand, der arme Kerl würde in der Mitte langsam durchgetrennt. Die hochgerutschte Kragenbinde hing wie eine Fliege unter dem Kinn, und das Schiffchen – der rechtmäßige Besitzer mußte die Kopfgröße eines Fesselballons haben – wurde nur mühsam von den Ohren gehalten. Aus Versehen, oder einfach deshalb, weil der Maskenballer nach all dem vorangegangenen Trubel nicht mehr genau wußte, was alles zu einer Ausgehuniform gehörte, balancierte auf dem Hinterteil eine Gasmaskenbüchse.

Die Ausbilder tobten, schlugen sich auf die Schenkel und brüllten vor Vergnügen. Von dem Gelächter angelockt, öffnete sich die Tür der Schreibstube, und der Spieß erschien – sehr ernst, sehr dienstlich und bis auf einen Knopf sehr zugeknöpft.

‚Wie heißen Sie?‘

Unter der Feldmütze zwei ängstliche Augen.

‚Haben Sie keinen Namen, Mann?!'

Röhrendes Luftholen. Verdattertes Stottern: ‚Unegger –'

‚Wie, Mensch!'

‚SS-Schütze Unegger, Hauptscharführer!'

Der Spieß setzte sein kinderfreundlichstes Gesicht auf: ‚Soooo wollen Sie ausgehen? – Soooo?'

‚Jawoll, Hauptscharführer! Ich – ich dacht halt – i wollt – wieso?'

Johlendes Gelächter – der Spieß winkte mit einer kurzen Handbewegung Ruhe und begann dann selbst zu lachen – dröhnend – schallend – und die Ausbilder lachten schlagartig wieder mit – wieder die Handbewegung – abruptes Schweigen – Grabesstille – und mit verdächtig brüchiger Stimme kommandierte der Spieß: ‚Kehrt!'

Nun sah es die ganze Maskenballerkompanie –

‚Mit offenem Hosenstall will dieser Saubeutel ausgehen! Hat die Welt jemals schon so etwas gesehen? – Wie alt?' – Und als der Unglückswurm nicht augenblicklich antwortete: ‚Wie alt Sie sind, will ich wissen! Sie Hosenschlitzheini!' – Er brüllte, daß die Wände zitterten!

‚Achtzehn – Hauptscharführer!'

‚Achtzehn Monate, Sie Embryo?!'

‚Achtzehn Jahre, Hauptscharführer!'

Der Spieß schüttelte sich vor verkniffenem Lachen wie ein nasser Pudel, verkrampfte die Hände und trat von einem Bein auf das andere, als könne er das Wasser nicht mehr länger halten.

‚Achtzehn Jahre' – seine Stimme war wieder gefährlich leise – ‚achtzehn Jahre und offener Hosenstall und das in Ausgehuniform', und plötzlich donnerte er wieder wie die Posaunen von Jericho, ‚und schon so ein Schwein! Mit achtzehn Jahren gehört bei diesem Mistbolzen der offene Hosenstall zur Ausgehuniform! In der Kaserne macht sich dieser Nuttenschreck schon schußfertig!' – Wie er brüllte, so lachte er, laut, donnernd, einmalig. Die Ausbilder gröhlten natürlich wieder mit und tanzten um den achtzehnjährigen Nuttenschreck wie eine Horde Sioux.

‚Und die Krone', brüllte wieder der Spieß, ‚dazu braucht dieser Mensch auch noch die Gasmaske! – Von wegen der Hygiene, was?!' Die Fäuste in die Hüften gestützt, den Oberkörper weit vorgebeugt, stieß sein hagerer Soldatenschädel mit der markanten Nase wie ein Geier auf den Maskenballer. Plötzlich bemerkte er die grinsende Kompanie! Sein Tomatenkopf verwandelte sich blitzschnell in einen Gipsschädel. ‚Aaaaaachtung!'

Rummsdibumms! Die Kompanie vergaß das Grinsen.

‚Der Sauhaufen lacht', fauchte er, ‚laaaacht den eigenen Kameraden aus? – Das ist schlimmer als Feigheit vor dem Feind. Ich werde euch Kameradschaft einbleuen, daß euch die Kimme läuft wie der Niagarafall!'

Die Maskenballer zogen die Köpfe ein. Die Ausbilder standen sprungbereit. Der Spieß grinste faunisch. Was dann folgte, war einfach gekonnt! Die Kompanie erfuhr den Unterschied zwischen Drilldurchschnitt und Spitzenkönner. Der Spieß war eine Koryphäe ausgereiftester Kasernenhofpädagogik! Für die Maskenballer wurde es ein Aschermittwoch.

Der Flachsblonde muß grinsen. – Das war Unis Soloauftritt! Als nach der Rekrutenzeit die Schleifexperten sichtliche Ermüdungserscheinungen zeigten, aus einem Naturburschendümmling einen Leibgardisten zu machen, sie sogar stillschweigend oder resignierend ihre Einwilligung gaben, dem Schützen Uni trotz seines hinterwäldlerischen Augengrinsens Ausgang zu geben, verwandelte sich dieser letzte Mensch zu einem ausgesprochenen Glückspilz. Natürlich nicht in der Kaserne, da hatte er seinen Namen weg und hieß bei den Silberbetreßten in echt soldatischer Wortverfremdung „Grinsling" – nein, draußen, genauer gesagt bei den Mädchen, wurde er ein ausgesprochener Dauerbrenner. Worin seine Chancen eigentlich lagen, wußte niemand zu sagen. Vielleicht sah das andere Geschlecht sein hinterhältiges Augengrinsen aus einer völlig anderen Perspektive. – *Uni*, der Flachsblonde grinst wieder, *ist schon eine tolle Nummer und…* und irgendwie kriecht plötzlich ein komisches, dem Magensausen ähnliches Gefühl in ihm hoch. *Wo er nur bleibt? Nee – Quatsch – Uni kommt, und wenn der Iwan mit Kacke schmeißt!* Er grinst wieder, als er dem schlafenden Ernst mit der flachen Hand auf den Stahlhelm klopft und ruft: „Ausgepennt! Der Iwan rennt!"

Ernst richtet sich langsam auf und rückt den verrutschten Stahlhelm zurecht: „Und desweg'n schreist'd und grinst'd und weckst mi?"

Das Gelände ist hügelig, mit scharfen, schlauchartigen Einschnitten. Nach menschlichem Ermessen dürfte kein Schwanz durchkommen. Die tiefgestaffelten Feuerstellungen mit MG-Nestern, Granatwerferbatterien und Pak-Riegeln, mit den eingegrabenen Panzern und Panzerhaubitzen, gleichen mit den Erdbunkern und Munitionsstollen, Lauf- und Verbindungsgräben und den unzähligen Ein-Mann-Deckungslöchern riesigen Spinnennetzen, und die Spinne ist, oder war, der jeweilige Feuerleitstand. Keine Lücke. Keine tote Fläche. Perfekt. Der einzige Fehler, ande-

Durst
Prochorowka
Juli 1943
K. Pfö.

107

rerseits die Trumpfkarte auf deutscher Seite, war der offene Rücken, waren die Splitterbomben der Schlachtflieger, waren die Stukas.

Als die Gruppe durch das Stellungslabyrinth läuft, spricht keiner ein Wort. Der Flachsblonde stiert die Toten an. Wohin er auch blickt, überall gefallene russische Gardeschützen. In Haufen zusammengeballt. In den Stellungen über ihre Waffen gesunken, als schliefen sie. Auseinandergerissen von einer Riesenfaust. In den Laufgräben niedergemäht. Wer die Angriffe aus der Luft überlebt hatte, war von den durchgebrochenen Panzern erfaßt worden, war zerschossen, zerfetzt und in den Dreck gewalzt. Der Flachsblonde hatte in diesem Krieg schon einiges gesehen, aber ein derartiges Massensterben, ein derartiges Grauen? –

Komisch, zieht er die Oberlippe an die Nase, *wie muß denen zumute gewesen sein? Zuerst die felsenfeste Überzeugung: Hier kommen die Deutschen niemals durch, hier beißen sie sich ihre letzten Zähne aus! Außerdem das Wissen um den Angriffsbeginn, um die eigene Überlegenheit an Menschen, Waffen und Material, und plötzlich ist alles Essig! Die Fritzen kamen nicht nur von vorn, sondern auch von oben! Und als die Granatspucker- und Pak-Leute, die Panzerbesatzungen und Artilleristen und die Infanteristen die ersten Angriffswellen am Himmel sahen, da wunderten sie sich höchstens über das Fehlen der eigenen Jäger – zu mehr hatten sie nicht die Zeit.*

Der Flachsblonde sieht die breit eingedrückten Kettenspuren der Tiger, sieht die Grenadiere, die vor, neben und hinter ihm den Kettenspuren folgen, sieht weitere Tiger-Kompanien vorrollen, Sturmgeschütze, Schützenpanzer und Pak, sieht die Kradmelder, die vor- und zurückpreschen und grinst – das Loch! Die Tür ist aufgestoßen, und jetzt wird hindurchgejagt, was Räder hat, zu rollen, und Füße, um zu latschen.

Weit voraus stehen riesige Brandsäulen.

Panzerkanonen pochen, und MG-Feuer schwillt auf – und wieder donnern am Himmel die Schlachtflieger.

Ernst hat den Stahlhelm abgenommen und über den Handspaten gehängt. Sein Gesicht ist dreckig, die Stirn weiß und rein, die Haare verschwitzt und verklebt, die Tarnjacke an der Brust weit offen, die Ärmel hochgekrempelt. In der einen Faust eine russische MPi, in der anderen die Feldflasche.

„Hast noch was zum Trink'n?"

Der Flachsblonde nickt und bekommt plötzlich Durst. „Idiot!"

Ernst vergißt zu schlucken und sieht ihn mit aufgeblähten Backen verständnislos an.

„Ja, dich meine ich, Ernst! Bis jetzt hatte ich keinen Durst, und da mußt du mich daran erinnern! Hättest ruhig noch warten können." „Aber wann i an Durscht hab…" Ernst wischt den Flaschenhals mit seiner Dreckpfote sauber, schraubt sorgfältig den Verschluß zu und hängt die Flasche wieder an seinen Brotbeutel. Vorn ruft Hans etwas von aufschließen und die Hammelbeine schwenken.

„Jetzt pressiert's!"

Sie laufen im gleichen Schritt, und der Flachsblonde beobachtet, wie Ernst seine staubigen Treter setzt – parallel – er muß innerlich lachen – es ist eine Latscherweisheit von seinem Freund, nie die Fußspitzen nach außen zu setzen! Sieht zwar elegant aus und ist gut für den Ku'damm, kostet aber Kraft, weil das Körpergewicht nicht gleichgewichtig abrollen kann. ‚Parallel', erklärt er jedem, der es nicht hören will, ‚parallel mußt du deine Haxen aufsetzen, und du bekommst weder Blasen noch Krämpfe. Wie die Indianer.' Als ob die bessere Marschierer gewesen wären als preußische Brotbeutel.

„Dort, Kück'n!" Ernst deutet schräg rechts vorwärts. „Siach dir den Salat an!"

Der Flachsblonde erkennt qualmende Panzerwracks: *Eins – zwei – drei – vier – fünf – acht – zehn – mein lieber Koloschinski, das sind ja mehr als ein Dutzend abgeschossene T-34…*

„Wer hat die denn erwischt?"

„Und dahinter san LKWs und Pak!"

„Haben unsere Panzer die…?"

„Naa, Kück'n, des müss'n Stukas g'wen sein. Als die unsrigen durch war'n, hat der Iwan schon Reserv'n vorfahr'n lass'n, und die wollt' in uns're Flank'n!"

„Wollten!"

„Hm – wann i in Berlin wieder oan von Hermanns Schlipssoldaten siach, dann grüß i sogar."

Der Flachsblonde lacht, vergrößert seine Schritte und schiebt sich an den vor ihm laufenden Peter heran. Der hat den Stahlhelm weit ins Genick geschoben, um den Hals einen Munitionsgurt, das MG schräg auf der Schulter. Er läuft mit verbissenem, verkniffenen Gesicht.

„Rauchst du eine mit, Peter?"

Keine Antwort.

Der Flachsblonde steckt die Schachtel wieder weg und stößt ihn mit dem Zeigefinger in die Rippen.

„Hast du die Panzer gesehen?" Dabei schielt er seinen Nebenmann an. „Ernst meint, das waren schon Reserven, und die sollten den Tigern in die Flanken."

Vor ihnen bellen wieder Panzerkanonen.

„Ganz schöner Rabatz, da vorn – aber jetzt flutscht es."

„Ist sowieso alles Scheiße", knurrt Peter, ohne die Zähne auseinander zu nehmen.

„Wieso – wir sind durch, Mensch! Jetzt läuft der Iwan!"

„Mir scheißegal!" Peters Gesicht ist eine graue Maske. Die Backenmuskeln kauen, die Knöchel sind weiß, so fest umkrampft die Rechte das Maschinengewehr. *Armer Hund*, denkt der Flachsblonde, *dem geht Walters Tod an die Nieren.*

„Ist wegen Walter, stimmt's?"

Keine Antwort.

„Denkst du, dir geht es allein so? Hm? – Ich habe auch zusehen müssen, wie Walter fiel, und habe vor Wut geheult. Aber was hilft es?"

„Nichts!" Es ist wie ein Knirschen. „Kopfschuß! Aus und vorbei! – Und wofür? – Kannst duuu mir sagen wofür, heee?!"

Der Flachsblonde schüttelt stumm den Kopf. – Nach einer Weile sagt er: „Wofür – immer die gleiche Frage, Peter, und die Antwort, wenn es überhaupt eine gibt, die kennst du genausowenig wie ich. – Wofür. – Mensch, was soll das Gefasel. Wir latschen, fahren, fressen, schießen, und solange wir das tun, fragen wir. Und wir fragen, bis es nichts mehr zu latschen, zu fahren und zu schießen gibt." Er spuckt aus und greift wieder zur Zigarettenschachtel. „Ich habe oft mit Walter im Wachlokal der Reichskanzlei gequatscht, und wir haben stundenlang diskutiert, während die anderen pennten oder Briefe schrieben, Walter war Napola-Schüler, vollgepfropft mit Idealen – du müßtest es doch am besten wissen, warst doch auch auf so 'ner Klitsche. Die Frage nach dem Warum und Wofür war damals die dümmste Frage für Walter. Später, nach Charkow, haben wir zusammen auf einer Bude gelegen, und da sagte er, sinngemäß etwa, einmal zu mir: ‚Siehst du eigentlich noch einen Sinn in diesem Unsinn? Bist du noch felsenfest davon überzeugt, daß das alles notwendig ist?' – Als ich kopfschüttelnd antwortete, was denn die blöde Fragerei solle, er aber mich todernst ansah, da wußte ich, daß es nicht die übliche Meckerei war, daß er *wirklich* fragte. Verstehst du, was ich meine? Nun, ich sagte ihm, bisher wäre meiner Meinung nach jeder Krieg in der Geschichte der Menschheit blanker Blödsinn gewesen, warum sollte unserer eine Ausnahme sein? Und weil niemand die Menschheit davon abbringen könnte, wären die am besten dran, die den Krieg gewinnen!"

„Könnte von Ernst sein."

„Ja. Die Intelligenten beschließen, und die Masse setzt das durch oder hat das durchzusetzen. Mit Begeisterung oder ohne – der Selbsterhaltungstrieb läßt keine Alternative zu, und so geht es uns, so wird es sein, so-

Wenn einer von uns müde wird,
der andre für ihn wacht.
Wenn einer von uns zweifeln will,
der andre gläubig lacht.
Wenn einer von uns fallen sollt,
der andre steht für zwei,
denn jedem Kämpfer gab ein Gott
den KAMERADEN bei.

Spruch von Herbert Menzel in der NAPOLA-Rufach-Elsaß

Während der Semesterferien hospitierte ich an Nationalpolitischen-
Erziehungs-Anstalten, kurz NPEA - im Volksmund Napola ge-
nannt. Meine oberste Dienststelle war in Berlin : Obergruppenführer
Heismeyer (alle NPEAs, Adolf-Hitler-Schulen, Führerakademien und
Universitäten). Potsdam als Beginn, dann Plön, Köslin (alles ehem.
Kadettenanstalten), zuletzt die jüngste NPEA in Rufach/Elsaß. Dort
absolvierte ich auch meine ersten Unterrichtsversuche, wurde Zugfhr.
(Klassenlehrer) und war von dem Internatsbetrieb u. d. Jungs begeistert.

lange die Menschheit existiert nach dem alten Bibelwort: Auge um Auge, Zahn um Zahn! Jede Armee kämpft um irgendetwas. Um das Vaterland! Um die Freiheit! Um Menschenrechte! Und was dabei herauskommt, sind Tote. Millionen Tote. Mit Walter habe ich nie mehr über diese Dinge gesprochen, um so mehr mit Ernst. Der ist, weiß der Himmel, wie er das geschafft hat, weder in der Penne noch bei den Pimpfen, der HJ und der LAH mit politischen Parolen und romantischen Idealen vollgepumpt worden. Der ist Realist."

„'n komischer, nee… 'n eigenartiger Charakter." Peters Gesichtszüge hellen sich etwas auf. „Hast du jetzt 'ne Zigarette? – Auf der einen Seite der personifizierte Landser, vielleicht paßt Landsknecht besser, Ernst, meine ich. Verfressen, verschlafen und ein typischer Maschendreher. Dazu der Dialekt und die Ruhe, direkt zum Aus-der-Haut-Fahren – und daneben der andere Ernst, der Hochdeutsch spricht, wenn er, wie du es nennst, philosophiert und dabei Vokabeln wählt, die zu dem Landser-Ernst passen wie Pralinen zum Senf."

„Stimmt! Und er sieht es so – das Problem dieses Krieges ist nicht England oder Amerika. Das Problem ist der Iwan! Eigentlich gibt es keinen Zweifel, was der Weltkommunismus will, ebensowenig was wir wollen, was der Nationalsozialismus möchte! Bücher sollte man lesen, und Ernst hat das getan, obwohl es gar nicht so einfach ist. Ich habe *Mein Kampf* ziemlich genau gelesen, denn was die Pauker angeboten hatten, waren Ausschnitte, dürftige. Genauso habe ich es mit Marx versucht, und auch von Lenin ist mir einiges bekannt. Wie gesagt, ich habe es versucht, doch habe ich nicht alles verstanden. Zu theoretisch, zu hoch. Die Praxis aber, die Praxis hier im gelobten Land des Kommunismus macht mehr klar als ein Jahr Schulungskurse."

„Sagt das der Ernst?"

„Nee, ich – ach so, wir waren beim Ernst. Der sieht es auch so. Ich wundere mich immer wieder, daß der noch mehr gelesen und auch verstanden hat. Aber das ist sein Tick!"

„Sieht man ihm gar nicht an."

„Ansehen nicht", lacht der Flachsblonde, „man merkt es nur, wenn man sich mit ihm unterhält. Habt ihr an der Napola nie über solche Dinge geredet?"

„Natürlich – nur durfte es kein Pauker mitkriegen. Leider sieht die Praxis anders aus."

„Genau das meine ich, Peter, die Praxis hier – du meine Güte – was hat der Iwan denn eigentlich erreicht, hm? Die sind doch noch genauso beschissen dran wie beim Zaren. Ich meine die breite Masse, das Volk. Sieh dir bei uns einen Landwirt an und vergleiche! Oder einen Arbeiter oder

Lehrer oder sonstwen. 'nen Hammer und 'ne Sichel, damit schaffen sie im wahrsten Sinne des Wortes ihre revolutionären Menschheitsideale. Mit dem Hammer eins auf die Birne, damit du spurst, und wenn nicht, rollen die Köpfe, und dafür ist die Sichel ein schönes Symbol. Spaß beiseite, Peter, wenn das, was wir hier tagtäglich sehen und erleben, die ganze Errungenschaft des Kommunismus ist, dann behüte Gott alle anderen Menschen und Völker davor, auch so beglückt zu werden."

„Jeder bekommt das, was er verdient."

„Sicher – aber ebenso sicher ist auch, wenn die uns mit ihrem Fortschritt beglücken wollen und diesmal, ganz im Gegensatz zur Zeit nach dem Ersten Weltkrieg, wo sie es mit Wahlreden und Parteiversammlungen versucht hatten und mit lokalen Revolutionen in Sachsen und im Ruhrpott, wenn die diesmal mit Panzerarmeen und Stalinorgeln durchrollen, dann gute Nacht. Und damit das nicht geschieht, trage ich mein Schärflein dazu bei, verballere einige Patronengurte und latsche mir die Hacken krumm. Ernst meint, der Unterschied in diesem Feldzug ist der, daß es eigentlich gar kein Krieg mehr ist, sondern Haß und bedingungslose Vernichtung. Hier geht es nicht mehr um politische Ziele, hier geht es um Ideologien!"

„Wie im Dreißigjährigen Krieg. Religion damals, Ideologie heute."

„Ernst würde sagen", grinst der Flachsblonde, „Idee oder Religion, beides heißt: bedingungslos glauben, wobei jegliche Toleranz ausgeklammert wird."

„Und das hast du damals auch Walter gesagt?"

„Nee – so schlau war ich da noch nicht."

„Und du bist also überzeugt, daß wir den Krieg gewinnen, Kücken!?"

Der Flachsblonde grinst wieder: „Ich ahne. Ich weiß nur, was wird, wenn wir ihn verlieren." Er schnippt die Zigarettenkippe mit dem Daumen ins Gras. „Ich wünschte, es wären ein paar Amis oder Tommis hier."

„Genügen dir die Russen nicht?"

„Quatsch! – Wenn die hier wären, würden ihnen vielleicht die Augen aufgehen, und sie würden nicht nur glotzen, sondern auch kapieren, was schlimmer ist – braun oder rot!"

Sie laufen eine Zeitlang nebeneinander her, jeder den Worten des anderen nachsinnend, bis der Flachsblonde plötzlich sagt: „Kannst du dich an die Geschichte mit dem Hund erinnern?" Und als Peter nicht antwortet: „Als Walter und ich auf Posten acht vor der Reichskanzlei standen und der Köter fast einen nationalen Notstand verursacht hätte – nein? Willst du mich verarschen, oder kennst du sie wirklich nicht?"

„Kann mich jedenfalls nicht erinnern."

„Nicht? – War 'ne tolle Sache – soll ich sie dir erzählen?"

„Wenn du nichts anderes vorhast und mir noch einen Glimmstengel spendierst."

Während sie sich die Zigaretten anstecken, grinst der Flachsblonde in Vorfreude, wird aber sofort ernst, als er merkt, wie ihm jemand seine Zigarette aus dem Mund zieht. „Verda…"

„Wannst erzählst, brauchst net zu rauch'n", feixt Ernst, tippt mit der Zigarette in der Hand an den Stahlhelm, bleibt stehen und nimmt wieder Abstand von Peter und dem Flachsblonden.

„Typisch", faucht der Flachsblonde.

„Typisch", verzieht Peter das Gesicht zu einem Lächeln. „Und was war das mit dem Hund?"

„Ach so – ja – also, Walter und ich standen vor der Reichskanzlei Doppelposten. Die Voßstraße war schwarz vor Menschen. Alles wartete auf den Führer. Für uns hieß das, weiterstehen, obwohl die Ablösung längst fällig gewesen war. Stehen mit angezogener Knarre. Stehen und nicht bewegen. Mit keiner Wimper zucken. Nichts Bestimmtes anstarren, nur daran vorbei, die Augen einpendeln lassen. Kennst es ja, wenn zum Beispiel ein Schweißtropfen Zentimeter für Zentimeter zwischen Nase und Wange abwärtsrinnt und am Mundwinkel zitternd hängenbleibt. Das juckt wie tausend Teufel. Und der nächste Tropfen ist schon unterwegs, und du möchtest aus dem Mundwinkel blasen, damit er wegfluppt, möchtest dich kratzen und kannst nicht! Oder wenn es gar zwischen Hals und Kragenbinde rieselt! Plötzlich kribbelt der ganze Rücken. Nicht sehr, nur so ein ganz klein wenig. Aber wenn man erst einmal darauf aufmerksam wurde, wenn man es merkte, wurde es immer schlimmer, und man spürte den Schmerz am ganzen Körper. Einziges Rezept: nicht daran denken – nur, das sagten stets die, die nicht auf Posten standen. Na ja – wie wurde ich eigentlich darauf aufmerksam? – Durch das Gelächter oder das Fluchen! Jedenfalls passierte der Hund die Absperrung und stolzierte auf dem freien Platz umher. Eine ganz gewöhnliche Promenadenmischung mit O-Beinen und Ringelschwanz. Einige Uniformen spritzten auf das Hundevieh los, klatschten, machten Pschscht! und Puuuuh! und hatten damit auch sichtbaren Erfolg… und zwar bei den Zuschauern, denn die lachten noch mehr und rissen doofe Witze. Spaß machte es auch dem Köter, und da er ein Berliner war, kläffte er kräftig zurück, setzte sich in aller Ruhe auf die unterste Eingangsstufe, kratzte sich, überlegte dabei und beäugte die Uniformierten, die sich nicht nähertrauten. Dann hoppelte er langsam Stufe um Stufe höher. – Vom Potsdamer Platz schwollen die Heil-Rufe

herüber. Das Hundevieh bekam es ob all der vielen Heil-Heil-Heilerei mit der Angst zu tun, nahm sein schlotterndes Hundeherz in seine vier Läufe, schwubbte die letzte Stufe hoch und stand plötzlich vor einem Holzpodest. Der Hund äugte nach oben. Zwei schwarzlackierte Knobelbecher, ein Paar Hosenbeine, und was darüber kam, war ihm zu hoch – das war ich! Der Köter fiebte, zog die Nase hoch und schnupperte verdächtig an meinem linken Stiefel. Mir wurde nun ich weiß nicht wie, jedenfalls war ich mehr als froh, als der Kamerad Ringelschwanz zu Walter hinüberteckelte. Walters Stolz waren seine Knobelbecher. Kurzschaftig und eng und von einem Glanz wie schwarzpolierter Marmor. Und dann geschah es. Dem Hund schienen Walters Stiefel auch besser zu gefallen als die meinen, und während die Wagenkolonne des Führers unter orkanartigen Heil-Rufen in die Voßstraße einbog, verspürte der Vierbeiner ein unwiderstehliches Rühren. Vor Angst, vor Ergriffenheit hob er kurzentschlossen seinen Hinterlauf und ließ es laufen – an Walters Salonknobelbecher! Erst das explosionsartige Hackenzusammenschlagen vor dem Präsentiergriff ließ den Streuner erschrecken, und er wetzte – während Hitler die Stufen zur Reichskanzlei hochschritt – O-beinig die Stufen hinunter."

„Und hat sogar aufs Grüß'n vergass'n", feixt Ernst, der plötzlich unmittelbar hinter Peter und dem Flachsblonden auftaucht.

„Quatsch! – Nicht nur das Volk und die LAH haben gelacht, sondern auch der Führer!"

„Bei mir net –"

„Wieso", fragen Peter und der Flachsblonde fast gleichzeitig.

„Bei mir hat der Adolf net g'lacht." Ernst ist todernst. „Obwohl – obwohl i aa so a Erlebnis hatte. Es war ähnlich und a Jahr oder zwoa vor deim Post'nerlebnis, Kück'n. Und es war aa a Hund! Sah haargenau so aus wie der deinige."

„Auch auf Posten acht, Ernst?"

„Na, der Post'n war mir zu anstreng'nd. Weiter hint'n im Gart'n war's."

„Was war da?"

„Da stand i Post'n. Eig'ntlich hab i g'sess'n, und dabei bin i eing'nickt."

„Du hast auf Posten gepennt?!"

„Naa, gedus'lt. – Und dann hat's g'plätschert, und i bin hochg'schoss'n! Mei Hos'n und mei Stief'l war'n naß, und a Hund mit O-Bein und an Ring'lschwanz is ab wie a Teifi! Gott sei Dank! –"

„Der hatte dich angepinkelt, Ernst?"

„Ja – Gott sei Dank, denn kurz drauf kam Post'nkontrolle. A schmeidiger Untersturmführer!"

„Und", grinst Peter.

„Und dem hab i Meldung g'macht."

„Von dem Hund?"

„Bin i deppert, Kück'n?! Naa, von weg'n dringendes Bedürfnis und so und konnt' doch mein Post'n net verlass'n. I b'kam sogar a Belobigung! ‚Säubern, Mann, und die nächste Wache frei!'"

Ernst feixt, Peter lacht, und der Flachsblonde schüttelt den Kopf: „Auf Posten gepennt und statt Bau eine Belobigung, und das alles hattest du einem Hund zu verdanken."

„Ja mei – Gott sei Dank hat der Untersturmführer mei Unterhos'n net untersucht, die war nämlich trock'n!"

Jetzt wiehern alle drei, und der Flachsblonde nickt Ernst zu, als wollte er sagen: In Ordnung – Peter ist wieder in Ordnung. – Peters Lachen endet abrupt. „Und trotzdem hat er es gewußt!"

„Wer?" fragt der Flachsblonde. „Was hat er gewußt?"

„Walter hat gewußt, daß er fällt! – Am letzten Abend vor dem Angriff hat er erzählt, von daheim, von seinen Brüdern, von der Penne und von den Mädchen. Hast du gewußt, daß er noch nie mit 'ner Frau im Bett gewesen war?"

„Walter?" Der Flachsblonde weiß nicht, ob er grinsen oder die Lippe an die Nase ziehen soll, und so läßt er beides. „Der – und noch nie – das ist ein Witz, Peter."

„Eben nicht! Ich habe auch gelacht, bei dem Verschleiß an Mädchen, aber er hat es selbst behauptet. Ohne Flachs!"

Jetzt zieht der Flachsblonde doch seine Schnute. *Komisch, oder auch nicht... Walter sah bombig aus und hatte an jedem Finger einen anderen Käfer – der brauchte keine krumme Tour, um sich anzuschleichen. Der lächelte, und der Vogel ging mit ihm aus. – Zu leicht – ohne jede Schwierigkeit – zu anständig – zu dumm? Oder lag es an der Penne? – Napola – alles sauber, hat sich was mit Bettakrobatik – sauber der Mann und rein die Frau. –*

„Komisch ist das schon", sagt er endlich, „aber ich glaube, Peter, von der Sorte gibt es noch mehr bei uns."

Er dreht sich um. Hinter ihm laufen Kuno und die Flunder. Schwer, derb und leicht griesgrämig der eine, langaufgeschossen, staksig und hellwach der andere. Beide achtzehn oder neunzehn Jahre alt. Weiter rechts traben Paul, Jong und Sepp. Keiner von ihnen zwanzig. Wann sollten sie? Als Pimpfen? Als Pennäler oder Lehrlinge? Mit achtzehn freiwillig zum Haufen. Wann? – *Höchstens beim Barras. 'ne Nutte vielleicht in Berlin? Dazu reichte der Wehrsold nicht. Eine Freundin zu Hause während des Heimaturlaubes? Oder auf dem Truppenübungsplatz? Oder hier 'ne Madka? – Zu jung fürs Bett, aber alt genug, um zu verrecken. – Und ich? Na ja, versucht schon, bei 'ner Anfängerin, die sich genauso dämlich angestellt hatte wie ich, und im Urlaub 'ne Soldatenfrau – und da war es mehr wegen der Bratkartoffeln.*

„Und er sagte noch", reißt ihn Peter aus seiner Betrachtung, „was war eigentlich mein bisheriges Leben? Kein Beruf, keine Freiheit, nie ohne Aufsicht, nie tun und lassen können, was man selbst einmal wollte, von eigener Entscheidung ganz zu schweigen. Nur Idealismus, und unsere Fahne flattert uns voran! Lohnt sich das?"

„Wieder so 'ne Frage, Peter, wie gehabt. Aber einmal hat er entschieden!"

„Ja – freiwillig zur LAH."

„Schmarr'n! Wanns di derwisch'n soll, dann kannst sogar bei der Heilsarmee sein, und es derwischt dich doch!"

„Stimmt, Ernst – aber sein letzter Satz war mehr als Resignation, das war –"

„Und was hat er gesagt?" fragt der Flachsblonde.

„'Wird Zeit, daß ich den Mist hinter mich bringe.'" Der Flachsblonde sinnt den Worten nach – ob es doch dieses Wissen gibt? „Und als ich ihn deswegen anfauchte, winkte er ab. ‚Laß', sagte er, ‚meine Mutter hat ja noch vier.'"

„Quatsch!" schüttelt der Flachsblonde seine Zweifel ab. „Vor dem Angriff hat jeder das große Flattern. Da wird zuviel gedacht und geahnt, und einer quatscht nur das aus, was alle fühlen und…"

„Hab ich doch schon irg'ndwann g'hört, Kück'n", brummt Ernst.

„Ja – und dann wird daraus das zweite Gesicht des Frontsoldaten. Steht in jedem Kriegsbuch. Gehört dazu wie der Senf zur Bockwurst, oder – oder glaubst du etwa auch an diesen Stuß?"

Peter stiert geradeaus, ernst, verkniffen, graugesichtig und murmelt: „Nee, Kücken – daran nicht!"

Haltet Abstand! Ihr Idioten!" brüllt Hans, und der Flachsblonde grinst den Kuno und die Flunder an: „Der meint euch!"

„Selber eener", antwortet die Flunder. „Wenn ihr ollen Köppe quatscht, dann is det Strategie. Wenn ick dem Kuno wat in die Birne kloppen will, denn bin ick 'n Idiot!"

„Bin i vielleicht oaner?" knurrt Kuno.

„Du nich, Kunochen – wir alle, Mensch, wir alle sin Idioten! Ausjemachte sojar!"

Hauptsache, es gibt etwas zu meckern, grinst der Flachsblonde. Wenn wir das nicht hätten – ist so 'ne Art Barometer für die Moral der Truppe. Blödes Schlagwort, aber logisch, überlogisch, wenn man daran denkt, daß die Flucherei schließ-

und dann kamen sie — Gegenangriff! Panzer
gegen Panzer und dazwischen die Grenadiere. Resultat:
Ein Panzerfriedhof!

Die Panzerschlacht
von Prochorowka
11.–13. 7. 1943

lich das Letzte ist, was dem Landser bleibt. Und wenn das Letzte nicht mehr geht, dann ist es mit der Moral Essig und mit der Truppe auch.

Es stinkt nach Öl und Rauch.

Die qualmenden Panzer sind russische T-34. Hans sagt etwas von 6. Garde-Armee. Doch jetzt ist es ein Panzerfriedhof. – „Dann ist uns der Panzer ein ehernes Grab…" – ob der Dichter einmal so ein ehernes Grab gesehen hat? – „Trifft uns die Todeskugel, ruft uns das Schicksal aaaaab …" – Todeskugel?! Todeskugel ist gut! Ein Pak-Volltreffer! Der Schädel des Fahrers ist weggeblasen, der Richtschütze zerfetzt, an den Stahlwänden kleben Fleischbrocken, und der Kasten brennt! Vielleicht kommt noch einer raus, wälzt sich am Boden, brüllt sich die Seele aus dem Hals, und das Öl brennt ihm das Fleisch von den Knochen! – „Ruft uns das Schicksal ab" – mein Gott, und ich habe das mitgesungen, laut und begeistert und innerlich ergriffen. Kann man so einen Text singen, ohne nachzudenken, ohne zu begreifen, daß so ein Text nur auf der Zunge ist, nicht im Hirn?!

Die Erde ist braungrau, hart, von der Sonne ausgetrocknet, von den Gewittern glattgeschwemmt.

Sie marschieren – und der Flachsblonde sieht nur seine Füße. Dreckigstaubige Knobelbecher mit eingekerbten Schrittfalten und rundbuckligen Stiefelspitzen. Darüber der Ansatz der grauen Überfallhose und die gleichmäßigen Bewegungen – links – rechts – links – rechts. Die Augen springen vom linken zum rechten Fuß und zurück, und dazwischen die knochentrockene Erde. Vor ihm die Treter von Ernst im gleichen, monotonen links – rechts. Daneben, wie eine Richtschnur, das eingedrückte Muster einer Panzerkette. Wäre eine gute Kameraeinstellung für die Wochenschau. Am unteren Bildrand, abwechselnd links und rechts eingeblendet und scharf von oben gesehen, die dreckigen Knobelbecher. Am oberen Bildrand, kleiner und bildraumwirksam, die Hacken von Ernst, die beim Abheben die halbrunden Ferseneisen zeigen. Vom rechten, unteren Bildrand nach oben zur Mitte, stark perspektivisch verkürzt, die Kettenspur. Die Erde in der Bewegung unscharf. Und als musikalische Untermalung nur Trittgeräusche. Hart und schwer, und ab und zu knirschen die Steine. Etwas gedämpfter das Pochen der Panzerkanonen und das leise Stottern von MGs. Kein Kommentar. Keine Siegesfanfaren. Keine Sondermeldung. Nur ein im Schrittrhythmus eingeblendeter Text: 5. Juli 1943 im Raum Beresow – 17.28 Uhr.

Es ist heiß. Der Blick des Flachsblonden klettert von den Stiefelabsätzen seines Vordermannes hoch über die fleckigen Tuchhosen zum Spaten, zum Seitengewehr und Brotbeutel und bleibt an der Feldflasche hängen.

Seine Lippen brennen. Er legt die Handfläche auf den Filzüberzug, spürt schwach das Glucksen und überlegt – *Soll ich, oder warte ich noch?*, und während er unschlüssig abwägt, hört er das rumpelnde Orgeln der Ari! Die Stiefelabsätze von Ernst bewegen sich im gleichen Tempo weiter, und der Flachsblonde grinst. Das Orgeln hat nichts zu sagen. Nur wenn es leise, wenn es spitz aufhechelt, dann nichts wie mückemücke! ‚Ohrentraining‘, sagte damals Ernst zu dem Flachsblonden, als er zum erstenmal ins Feuer lief und beim Orgeln schwerer Brocken einen Flachmann machte, während die Alten seelenruhig weitergelatscht waren. Beim kurzen Sauston lagen die anderen flach, nur dann wollte er weiterlaufen. Wollte – es hatte ihn einfach von den Beinen gerissen, war aber Gott sei Dank gutgegangen. ‚Ohrentraining! Das, was du kaum hörst, mehr ein Fauchen als ein Jaulen, das mußt du heraushören! Mit Instinkt reagieren, und nicht mit Verstand!‘

Das russische Störfeuer klopft die ganze Gegend ab. MG-Feuer flackert auf.

Ernst stülpt sich den Stahlhelm auf den Schädel und deutet nach rechts. Die Kompanien verlassen die Panzerspuren und schwenken nach halbrechts. Der Flachsblonde zieht die Oberlippe hoch und überlegt – *Die Stoßrichtung ist nach wie vor geradeaus, doch wir… Sollten da noch Iwans…?* – und dann hört er das steile Herabschneiden, wirft sich hin und nimmt den Kopf zwischen die Arme. *Granatwerfer! Auf ein Neues! Jetzt heißt es wieder wetzen und Stehaufmännchen machen.* – In dem welligen Gelände ist kaum etwas zu sehen. Er schielt noch weiter nach rechts, zu den Tigern, die hinter ihnen waren. Sie haben die Türme gedreht. Mündungsfeuer blitzt! Im Vorwärtsrennen sieht er die Einschläge, wirft sich wieder hin und beobachtet über den Lauf seiner Tokarew, wie die Panzer langsam weiterrumpeln. Er wendet den Kopf – Hans winkt mit der MPi – flache Bodenwellen – vor ihm stemmt sich Ernst hoch und brüllt: „Dort is Deckung!"

Der Flachsblonde rennt in langen Sätzen. Infanteriegeschosse flutschen wie aufgeregte Hummeln. Er läuft in einem Zug und läßt sich in die Deckung fallen. Es ist ein breiter Graben, nur halbfertig ausgehoben. Ernst feixt: „Bist aa schon da?"

Der Flachsblonde hockt mit angezogenen Knien, das Gewehr quer darübergelegt, den Kopf aufgestützt, und er japst nach Luft.

„Des sollt a Panzergrab'n werd'n", hört er Ernst, „ham net weitergebudd'lt, war wohl zu weit hint'n."

„Scheiß auf den Graben."

„In, Kück'n, in den Grab'n, aber – a bessere Deckung gibt's kaum." Er macht eine Pause und schüttelt kritisch den Kopf. „Nur – wann der Iwan drauf eing'schoss'n is, dann hat er uns! Verstehst mi?" Und ob er versteht. Paul steht an die Grabenwand gelehnt und hämmert in kurzen Feuerstößen. Hans läuft weiter und winkt dabei. Sie rennen an Peter vorbei, der wie Paul an der Deckung steht und schießt. Am Ende des ausgebauten Grabenstückes hockt sich Ernst auf den Boden und schmunzelt: „Zigarettenpause."

Als sich die Flunder und Kuno dazusetzen wollen, flucht er: „Nehmts an Glimmstengel und verdruckt euch. Wird zu eng!"

Hans kommt zurück. „Herhören! – Kurze Verschnaufpause, bis die Panzer dran sind. Dann raus aus der Mausefalle und mit Karacho über die freie Pläne!" Die Männer nicken und rauchen. Hans setzt sich und überprüft seine MPi.

„Wieder a neue Stellung?" fragt Ernst.

„Nein, sollen nur noch einzelne versprengte Haufen sein. Wenn wir das", und er deutet mit dem Kopf zum Russen, „aufgerollt haben, schwenken wir wieder in die allgemeine Stoßrichtung ein." Er lächelt. „Hat den Vorteil, daß wir dann nicht mehr die ersten sind."

„Wird's a ruhige Nacht?"

„Glaube ich nicht. Entweder setzt der Iwan Gegenangriffe an, oder wir marschieren weiter. Müssen dranbleiben und Tempo machen."

Die Panzerkanonen krachen laut und hart.

„Ist gleich soweit!" Hans steht auf und sieht über die Deckung. – „Los, meine Herren!"

Das Abwehrfeuer ist nur schwach, und als die Tiger in die russische Behelfsstellung einbrechen, gibt es für die Russen nur zwei Möglichkeiten: entweder stiften gehen oder abschnallen! Zuerst versuchen sie nach hinten auszubrechen, und dazu müssen sie aus ihren Deckungen. Paul feuert zuerst, dann belfern links und rechts die 42er, und die Garben schlagen die rennenden Männer auseinander. Doch sie versuchen es immer wieder und werden regelmäßig schon nach wenigen Metern vom Feuer erfaßt. Als die Grenadiere an der Stellung sind, kommen ihnen die ersten Russen mit erhobenen Armen entgegen. –

Der Flachsblonde beobachtet aufmerksam. Die Gardeschützen sind kräftige Burschen, manche ohne Stahlhelm, kurzgeschoren, die helle Stirn von den sonnenverbrannten, verdreckten Gesichtern abgesetzt, als trügen sie weiße Stirnbinden. Sie schleppen Verwundete mit. Einer hält sich mit beiden Händen den Bauch. Blut quillt durch die Finger. Er grinst und nickt dem Flachsblonden zu. Der grinst zurück, nimmt die Zigarette aus dem Mund und steckt sie dem Russen zwischen die Zähne. *Meine Fresse,* denkt er dabei und sieht dem Gardeschützen nach, *der*

"Aaaaabstand"
Kursk Juli 1943

hat einen Bauchschuß, den Leib quer aufgeschlitzt, preßt die Wunde mit den Händen zusammen und grinst und qualmt. Was sind das für Kerle! –

Ernst kniet bei einem stöhnenden Offizier. Zwei Russen stehen daneben. Sie haben den Verwundeten in einer Zeltpan hergeschleppt, ihre Gesichter sind ängstlich-besorgt, und sie starren unverwandt auf den Stöhnenden. Ernst formt vor dem Mund die Hände zu einem Trichter und brüllt: „Saaaaaaaniiiii!"

„Wo hat es ihn erwischt, Ernst?"

„Frag lieber, wo's den net derwischt hat."

„Scheint beliebt zu sein", deutet der Flachsblonde zu den beiden Gardisten. „Eigentlich selten. Kümmern sich sonst wenig um ihre Vorgesetzten."

Zwei Sanitäter beugen sich über den Verwundeten.

„Was ist mit dem Mann?" Der Zugführer steht plötzlich im Kreis, wendet sich Ernst und dem Flachsblonden zu und faucht: „Was gibt es zu glotzen! Schert euch zu eurem Haufen!"

Im Weiterlaufen hört ihn der Flachsblonde noch sagen: „Verbindet den Mann. Die beiden Iwans können ihn zum Verbandplatz tragen."

„Der müaßt schon tot sein", murmelt Ernst.

„Ja, wenn es einer von uns wäre, aber die Iwans sind zäh. Hast du den mit dem Bauchschuß gesehen?"

„San Hundling – fast net zu glaub'n."

Die Tiger halten. Die Luken sind geöffnet. Die Besatzungen hocken auf den Kästen, manche stehen daneben und unterhalten sich. Ein Panzermann bietet Scho-Ka-Kola an. Der Flachsblonde revanchiert sich mit Heimatzigaretten.

„Habt ja mächtig hingerotzt", grinst er. Die Schokolade ist warm und klebt an den Fingern.

„Kunststück", antwortet der Schwarzkittel, „wenn man keine Pak-Riegel zu knacken hat, ist der Krieg fast ein Spaziergang."

„Heute morgen war es anders. Habt ihr viele Verluste?"

Der Panzermann nickt. Vom Turm kommt eine Stimme: „Und bei euch? War sicher noch schlimmer. Wir haben die Gefallenen vor der Bunkerstellung gesehen."

Der Flachsblonde blickt hoch. Der Kommandant, ein Obersturmführer, ist jung und milchig und weißblond. Eine germanische Sonderausgabe des Reichsführers-SS, aber ein Kücken, ein richtiger junger Spund. Glatte Haut, und frisch rasiert sieht er aus, fehlt nur, daß er nach Kölnisch Wasser duftet. Nur die Augen – die Augen sind alt. Das Ritterkreuz hängt etwas schief. Die Hand, die die Zigarette hält, ist fast so schlank wie die eines Mädchens.

„Bist du schon lange beim Haufen?"

Was sagt der – du? So ganz selbstverständlich und familiär, als gäbe es keine Dienstgrade und keine Orden? Der befiehlt bestimmt nicht seinem Fahrer: Rottenführer Schmittke! Motor anwerfen und langsam anfahren! Der sagt: Knüppel los, Heinrich.

„Seit Charkow, Obersturmführer!"

„Wohl mit dem zusammen?" Die Mädchenhand deutet auf Ernst.

„Jawoll! Obersturmführer!" -- *Woher der das nur weiß, oder hat er sofort erkannt, wann und wie zwei zusammenpassen? –* „Aber der ist noch länger dabei! Seit Beginn des Rußlandfeldzuges. Ich war vorher beim Wach-Bataillon!"

Der Panzerführer lächelt wie ein Lausbub und hebt, als er von einem Nebenpanzer angerufen wird, leicht die Hand, winkt lässig und sagt: „Tschüß, mein Lieber, halt die Ohren steif. Es kommen noch lausige Tage."

Der Flachsblonde staunt Löcher in die Luft. – *‚Tschüß, mein Lieber' – wie ein Schwuler –* „Heil Hitler" *hätte auch nicht zu ihm gepaßt – ein typischer Zivilist. Ein Lausbub in Uniform – dazu das Ritterkreuz und die müden, alten Augen.*

„Warst mit dem auf der Schulbank, Kück'n?"

„Schulbank? – Wieso?"

„Na von weg'n dem Du und ‚Tschüß, mein Lieber'!"

Der Panzerschnäpser, der ihnen die Schokolade angeboten hatte, lacht. „Das ist bei unserem Alten so üblich." Und ein Rottenführer ergänzt: „Der sagt zu jedem du."

Ernst schüttelt den Kopf und feixt: „Koa Disziplin – so is der Kriag nimmer zu gewinnen!"

Sie lachen. –

„Es geht weiter, Leute!" ruft Paul.

Sie nicken den Panzermännern zu, und der Flachsblonde sagt, schon im Antraben: „Wenn wir euch brauchen, rufen wir euch!"

Und Ernst kann es sich nicht verkneifen: „Tschüüüß, ihr Liiieben!"

Eine Zeitlang ist es ein fast gemütliches Durch-die-Gegend-Latschen. Dann schwillt das Feuer vor ihnen wieder an, und sie horchen auf. Die Tiger rumpeln vorbei. Pak rollt vor. Die russische Ari schießt Störfeuer mit schweren Kalibern.

Der Flachsblonde läuft hinter Ernst als Letzter der Gruppe und kaut langsam und mechanisch an einem harten Stück Brotrinde. *Von wegen nur noch einige Widerstandsnester,* flucht er, *wir sind immer noch nicht durch. Hören denn diese verdammten Scheißstellungen überhaupt nicht mehr auf? Wenn man denkt, jetzt haben wir es gepackt, jetzt läuft der Iwan, bumms, da liegt man wieder mit der Schnauze im Dreck vor der nächsten Stellung!*

Die Tiger-Kanonen bellen auf! Der Flachsblonde ist erschrocken von dem plötzlichen Losballern und spuckt den Brotrest aus. Die Einschläge verdichten sich! „Scheiße", murmelt er im Schweinsgalopp, „wieder derselbe Zauber!" – Das Abwehrfeuer steigert sich und wird zum pausenlosen Rumoren. Die Tiger knüppeln mit Vollgas, und die Grenadiere arbeiten sich sprungweise vor.

Der Flachsblonde hechtet in einen flachen Trichter. Er keucht. Er stiert die Erde an und hört das Hämmern seines Pulsschlages. Schweißbäche rinnen über sein Gesicht. Die Hände sind feucht. Schwerfällig wälzt er sich auf die Seite, zieht ein Bein an und stemmt sich auf den rechten Unterarm. Vorsichtig hebt er den Kopf und blickt über den Trichterrand. Vor ihm liegen drei Männer. Einer schreit. Weiter links qualmt ein Panzer in dicken, schwarzen Wolken. Die Kanone hängt schlapp über der rechten Kette. Der Flachsblonde ruft die Männer an: „Heeeeee! – Kriecht zurück! – Hierheeeer!"

Einer zieht den Verwundeten ruckartig an den Armen, Meter für Meter. Bei jedem Ruck ein spitzer Schrei! Der Dritte bleibt liegen. Der Flachsblonde sieht das ihm zugewandte Gesicht, dunkel verfärbt, verbrannt. Er kriecht hoch, faßt den Verwundeten mit an und zieht ihn in den Trichter.

„Und was ist mit dem draußen?" fragt er.

Der Pionier, ein Sturmmann, wendet sich um und will wieder hoch. Der Flachsblonde hält ihn zurück.

„Hat es ihn schwer erwischt?"

Der Pionier will etwas sagen, die Lippen bewegen sich, aber er bringt keinen Ton heraus und nickt nur mit dem Kopf. Ein Landser rennt auf den bewegungslos Liegenden zu, wirft sich neben ihm hin, zieht ihn sich über den Rücken und kriecht seitwärts und verschwindet in einem Trichter. Das war einer von uns – Hans?

„Bleib hier bei ihm, warte bis die Sanis kommen, klar?"

Der Flachsblonde rennt los bis zu dem Trichter, in dem Hans mit dem Verwundeten verschwunden ist. Ein eingefallenes Gesicht, weit geöffnete Tarnjacke, darunter am grauen Rock mit dem Unterscharführerstern auf dem schwarzen Spiegel das EK 1, Sturmabzeichen und Verwundetenabzeichen, und die Beine… – *Wie beim Hannes*, denkt er, *da helfen keine Verbandspäckchen.*

„Wir müssen ihn liegenlassen." Hans wickelt das nächste Verbandspäckchen auf. „Die Sanis kommen gleich, Kumpel. Die bringen dich zurück."

Er sieht den Flachsblonden an: „Und wie sieht es bei uns aus?"

„Gut! – Aber, die rennen vorn weiter. Wir müssen!"

„Wir müssen – machs gut, Kumpel."

Eingefallene Wangen. Große Augen. – Die zerfetzten Beine – wenn er rechtzeitig zurückkommt, dann Amputation – wenn – vielleicht wäre es besser, er bliebe liegen – zwei Prothesen – Rollstuhl – wenn, wenn er überhaupt durchkommt!

Die Trichter liegen enger. Das Maschinengewehrfeuer rattert. Die Panzerkanonen pochen pausenlos!

Der Flachsblonde rennt an einem brennenden Tiger vorbei. Ein Panzermann liegt wenige Schritte daneben, verbrannt, zusammengeschrumpft, nur die Hände und die Unterarme lassen erkennen, daß dies einmal ein Mensch gewesen war. Der Flachsblonde schluckt und wirft sich in Deckung. *Verfluchter Stahlsarg. Wir können zumindest noch versuchen, die Fliege zu putzen, wenn es kracht, aber die – die sitzen in ihrem Kasten, hören nichts als ihren Motor, sehen kaum etwas, und wenn es rummst, dann ist es reiner Zufall, wenn sie rechtzeitig herauskommen. Nee,* schüttelt er sich, *dann doch lieber latschen.*

Das russische Feuer verlegt weiter nach hinten.

Im Weiterlaufen sieht er Paul winken. Infanteriefeuer zirpt! Deckung! Luft pumpen – hoch – Augen zu und los! Panzerkanonen scheppern! MGs belfern! *Hinlegen – auf – hinlegen – auf – oft geübt, oft verflucht, jetzt mache ich es freiwillig, automatisch und ohne brüllende Kommandostimme! Freiwillig? – Natürlich würde ich am liebsten liegenbleiben, freiwillig. Warum stehe ich eigentlich auf und renne weiter? Bleib liegen, du Idiot! Bleib…* Er wirft sich einige Meter neben Paul, sieht den kleinen Erdhaufen, auf dem das Maschinengewehr liegt, rollt sich auf die Seite, zieht den Handspaten aus dem Koppel und schiebt vorsichtig Erde vor den Kopf. Als sein Maulwurfhügel fertig ist, dreht er sich wieder auf den Bauch und grinst zufrieden. Paul ruft ihn an, aber er versteht nicht und fragt: „Was ist los?!"

„Sepp! – Sepp hat es erwischt!"

Die Augen sind von Dreck und Schweiß verklebt, und er wischt mit dem Gesicht über den Unterarm. *Sepp – Sepp?* „Woooooo?"

„Links von dir – liiiiinks! Kannst du ihn sehen?!"

„Jaaaa – er bewegt sich!" *Verdammter Mist, wieder einer, und bei diesem Feuer ist nichts zu machen – warten – ich kann nur warten.* Und es scheint ihm eine Ewigkeit, bis das Infanteriefeuer nachläßt. Er stemmt sich hoch und ruft Paul zu: „Ich lauf zum Sepp!"

Und dann sieht er ihn. – Sepp liegt auf dem Bauch, die Hände unter dem Leib, die Beine angezogen, verkrümmt.

„Wo, Sepp – wo hat es dich erwischt?"

Sepp stöhnt.

„Bauch?" Der Flachsblonde liegt neben ihm und versucht ihn auf die Seite zu drehen. Sepps Hände sind blutverschmiert. Die Augen fest zusammengekniffen. Der Mund schief verzerrt mit hochgezogener Oberlippe. Der Flachsblonde richtet sich etwas auf, öffnet das Koppel, schiebt Tarnjacke und Hemd hoch und tastet den Rücken ab, tastet über die Rippen zum Bauch. Klebrig, feucht, warm. Zwei Wunden. Sieht so aus, als sei es ein Durchschuß.

„Hast du ein Glück, Sepp."

„Was is'n?" Ernst hockt auf den Stiefelabsätzen.

„Durchschuß – denke ich."

Ernst hebt den Stöhnenden etwas an und legt ihn auf die Seite. Sie drücken Verbandsmull auf die Wunden und wickeln die Binden fest.

„Ruhig liegenbleiben, Sepp. Die Sanis sind schon unterwegs."

„An saftig'n Heimatschuß hast", lacht Ernst. „Lazarett, Genesungsurlaub. Was willst mehr?"

Sepp versucht ein Lächeln.

„Wenn du a Iwan wärst, Sepp, dann würd'st zum Verbandsplatz lauf'n und a zackig's Lied dabei gröhl'n."

„Bin aber koaner."

„Naa", grinst Ernst. „Aber an Glimmsteng'l magst schon?"

„Ernst, ein Krad!" schreit der Flachsblonde und winkt und brüllt: „Saniiiii! – Saaaaniiii!"

Der Kradmelder dreht ein, hebt die Hand und hält.

„Hast du die Sanis gesehen?"

Der Melder schiebt die Brille hoch und deutet nach hinten: „Die haben heute Hochsaison. Hat es euern Kumpel schwer erwischt?" Ernst schüttelt den Kopf: „Durchschuß! Hat später höchst'ns Sodbrennen beim vuil'n Fress'n. Kannst'n mitnehmen?"

Der Kradmelder zieht die Brille wieder über die Augen. „Ich nehme ihn auf dem Rückweg mit – dauert nicht lange", und fährt an.

„Wie in der Kirch'n so still."

„Still? – Na, die machen nach einem ganz schönen Feuerzauber! Unsere Panzer sind am Iwan, deswegen haben wir jetzt Ruhe. Hast du gehört, Sepp? Der Kradmelder nimmt dich nachher mit."

„Und wir haun ab." Ernst steckt ihm noch eine Zigarette hinter das Ohr. „Pfüet di – und treib's net zu arg dahoam, hörst?" Sie winken. Sepp grinst und hebt schwach die Hand.

Ernst und der Flachsblonde traben gemächlich nach vorn. Die Panzer haben das Feuer eingestellt und walzen in die Stellung. Die 42er hämmern.

Dazwischen wummsen Handgranaten und geballte Ladungen. Vor der ersten Feldstellung treffen sie ihre Gruppe.

Die Flunder bleibt erschrocken stehen und stottert etwas. Tote – eigene Gefallene.

„Mach weiter, Flunder!" Der Flachsblonde nimmt den Berliner am Arm. „Nicht hinsehen. Das sind welche vom 3. Bataillon. Wir haben wieder einmal Schwein gehabt."

Er umgeht die Menschenknäuel, stolpert über einen Stahlhelm und flucht. MG-Kästen liegen herum, Gewehre und MPis und überall Tote, zerfetzt, zerschossen, von Panzerketten zerquetscht. Es stinkt, und der Gestank klebt an der Zunge und beißt sich im Gaumen fest. Sie laufen an einem abgeschossenen T-34 vorbei. Eine Kette hängt wie eine riesige Schlangenhaut in einem Graben. An der Grabenwand hockt zusammengerutscht ein toter russischer Offizier. Ein gefallener Deutscher liegt vor ihm auf dem Rücken mit halb erhobenen Armen, als wollte er sich ergeben. Zwei Russen hängen zur Hälfte über der Grabenwand. Die Flunder hält wieder an und hebt den auf die Brust gesunkenen Stahlhelm des Offiziers an.

„Mein Jott! Dem fehlt det janze Jesicht!"

„Wenn dem nix fehl'n tät, wär er doch net tot, du Depp!" Kuno schüttelt den Kopf, und Ernst feixt über die endlich einmal sprachlose Flunder.

Sssssssiiihh – Wrmm!

Die Grabenwand klafft auf. Ernst schimpft und wischt sich Erdbrocken vom Hals. Hans rennt vorbei und schreit: „Die sind auf die eigene Stellung eingeschossen! Nehmt eure Schweißfüße in die Hand, und bewegt euch!"

Sie hetzen durch die Einschläge. Werfen sich im steilen Herabfauchen hin, warten das Auseinanderplatzen ab, rennen weiter, angespannt im Warten auf das nächste Aufhecheln. Ernst deutet auf geknackte Bunker. Tote Pioniere liegen davor. Die Erde ist schwarzverbrannt. Es stinkt fürchterlich.

„Flammenwerfer!" keucht Ernst. „Grauslig, wia die –"

Iiiiuuuuuhhh – Wromm! – Wrämm!

Schrill kreischt es, zerreißt die Luft und wirft mit hartem Wrumm die Erde hoch. Der Springbrunnen ist noch nicht gefallen, da steigt der nächste. Unaufhörlich tanzen die Einschläge!

„Faß an, Kück'n!"

Karli, ein Mann vom Zugtrupp, sie kennen ihn alle. Er ist von Beruf Stimmungskanone und Witzexperte. Jetzt ist sein Gesicht kalkweiß, wie die

Zähne, die zitternd aufeinanderschlagen und sich in die rissigen Lippen verbeißen. Ernst sinkt zusammen, kriecht förmlich in die Erde und drückt mit der Hand auf den Stahlhelm des Flachsblonden.

„Runter, Kück'n."

Er schlitzt mit seinem feststehenden bayerischen Messer, das er immer im Stiefelschaft trägt, vorsichtig Karlis Tarnjacke an Schulter und Oberarm auf. Der will hoch und schreit.

„Splitter! Oberarm und Ripp'n. Hast noch Verbandszeug?" Ernst wickelt fest und schnell. Die Mullbinden sind noch schneller wieder durchgeblutet. Sie hören nur das Fauchen und den ersten Einschlag. Der Rest geht unter im Prasseln von Erde und Dreck. Sie pressen sich zusammengekauert an die Grabenwand und horchen auf das Hecheln und Auseinanderfetzen. Der Flachsblonde kneift die Augen zusammen. Es riecht nach ölverbrannter Erde. Seine Beine stemmen sich gegen einen halbverkohlten Toten. *Der Gestank – das Feuer – die verdammten Nerven – die Hitze – das Warten. Und das Warten ist das Schlimmste. Warten – horchen – warten – nichts tun können, nichts sehen, nur hören, riechen und warten – hilflos warten und hoffen, daß es nicht ausgerechnet dort einschlägt, wo man hockt!* Er will sich ablenken und denkt krampfhaft an Bücher und Filme von den Trommelfeuern des Ersten Weltkrieges. *Die hockten damals oft tagelang in ihren Unterständen und warteten und hofften, und manch einer ist durchgedreht, manch einer wurde so versturt, daß er nichts mehr hörte und empfand, und manch einer mochte sogar auf den erlösenden Volltreffer gewartet haben.* Doch seine Vorstellungen helfen nicht. Bei jedem steilen Herabstoßen preßt er den Kopf fest an die Grabenwand, drückt die Schultern höher und zieht die Beine noch enger an den Körper. Nach jedem Einschlag hebt er den Kopf wieder, entspannt die Schultern und läßt die Beine erschlaffen. Es ist ein ständiges An- und Entspannen, und nach einer Weile bleibt nur die Anspannung. Und das Feuer rummst und poltert wie pausenloser Gewitterdonner, nur härter und zerreißender, und das Feuer nimmt noch zu. Schlagartig!

Die deutsche Artillerie ist aufgewacht!

Endlich, denkt der Flachsblonde und versucht die Oberlippe an die Nase zu ziehen, *endlich* – und als das irrsinnige Aufkreischen der Nebelwerfer in sein Gehirn dringt, versucht er sogar zu grinsen.

Der Feuerorkan rast und tobt!

Steinbrocken prasseln! Splitter singen! Der halbverbrannte tote Russe und die Knobelbecher des Flachsblonden sind zugeschüttet. Von der Grabenwand rutscht das Erdreich. Ein drecküberzogener Stahlhelm kommt näher. Das Gesicht darunter wie von grauem Puderzucker überstäubt. Ei-

Dunst!
Kursk
1943
K. Pfd.

131

ne ebenso dreckige Hand und eine weiße Zigarette und eine rauhe Stimme: „Magst oane?"

Der Ernst – Mann, hat der Nerven! In diesem Feuerzauber denkt der ans Rauchen! Aber es tut gut. Der Rauch beruhigt, oder ist es nur Einbildung, weil man etwas zu tun hat? Der Flachsblonde hustet. Die Lippen sind aufgesprungen, die Zunge klebt, der Gaumen kratzt. – Wieder regnet es Steine und Dreck. Sie hocken Gesicht an Gesicht, und Ernst feixt. Rauch schwelt zwischen seinen Zähnen. Eine Faust mit der Feldflasche hebt sich, und der Flachsblonde zieht wieder die Oberlippe hoch – *Wollte ich doch auch, trinken, natürlich! –*, und er hängt die eigene Flasche ab, hebt sie ebenfalls hoch, ruft „Prost!", und beide grinsen sich an. Wenn es zuschlägt, drehen sie die Köpfe und pressen ihre Gesichter an die Grabenwand. Wenn die Dreckdusche aufhört, wenden sie sich wieder einander zu, glotzen sich an, nehmen einen Schluck und versuchen zu grinsen. Und das Warten ist nur noch halb so schlimm, auch das gespannte Horchen, das Riechen und Nichts-tun-Können. Sie sind nicht mehr allein. –

Im Graben ist Bewegung.

Der Flachsblonde blinzelt über die Schulter. Zwei Sanis schleppen eine Zeltpan, aus der zwei Beine in langen Stiefeln herausbaumeln. Muß ein höherer Offizier sein. Die Grabenwand vor den Sanis staubt auf und rutscht zusammen. Als sich der Dreck etwas verzogen hat, laufen die Sanis ruhig weiter. Sie kommen näher. *Karli! – Mein Gott, Karli…* Und er schreit Ernst an: „Der Karli – Ernst!"

Wo der Verwundete gelegen hatte, ist ein Schutthügel. Sie kriechen hin und graben mit ihren kurzen Feldspaten, bis ein Stück Tarnjacke auftaucht, dann der Oberarm, die Schulter, der Halsansatz. Zerrissenes Fleisch und Dreck. Der Unterkiefer fehlt. Ernst wirft eine Schaufel voll Dreck auf den Fleischbrei, drückt sich wieder an die Grabenwand und schlägt mit dem Spatenblatt verzweifelt auf die Grabensohle. Immer wieder und immer im gleichen Rhythmus. Der Flachsblonde sieht eine Weile zu, legt dann die Hand auf die Faust seines Freundes und schüttelt den Kopf. –

Die Sanis steigen über den Schutthügel. Die aus der Zeltpan baumelnden Offiziersstiefel schleifen über den Boden. Wieder zuckt es auf und bricht trocken auseinander! Der hinterste Sani sackt in die Knie. Die Zeltpan schlägt in den Dreck. Der zweite Sani ist mit einem Satz bei dem Knienden, wendet sich um, schlägt die Zeltpan hoch, läßt das Tuch wieder fallen, nimmt seinen Kumpel huckepack und läuft schwerfällig weiter. Ein Einschlag wirft eine Riesenschaufel Erde auf die beiden. Der Flachsblonde

kneift die Augen zusammen: *Himmel, Arsch und…* – die Sanis verschwinden wie Schatten im nächsten Grabenstück – *Die haben Nerven, mein lieber… mein Gott – und wofür? – Hätten sie abgewartet, lebte vielleicht der Offizier noch, und der Kumpel wäre nicht verwundet. Vielleicht. –*

Das Feuer läßt etwas nach, und der Flachsblonde horcht angestrengt. Ja,
das Feuer ist schwächer, zumindest das russische, denn die deutschen Do-
Werfer-Batterien kreischen noch immer ihre Wut in den Himmel!

„Wo wuillst'n hin?"

Der Flachsblonde rennt die wenigen Meter zu der Zeltpan, wirft einen
Blick hinein und läuft zurück. Ernst zündet zwei neue Glimmstengel an.
Er fragt nicht. Sie hocken und rauchen und hören den Einschlägen zu, die
vor ihnen auseinanderrummsen. Ernst klopft Tarnjacke und Hose ab und
hängt sich die MPi um den Hals.

„Bist jetzt g'scheiter, Kück'n?"

„Nee – ein Hauptsturmführer – kenne ihn nicht."

Sie sammeln, und Hans ist zufrieden. Keiner fehlt.

Es wird schnell dunkel.

Die Kompanien winden sich in langen Schlangen durch die tiefgestaf-
felte Bunkerstellung. Brennende Panzer beleuchten die zerschlagenen
Bunker, die halbverschütteten Laufgräben, die zerfetzten Toten. Vor dem
Pak-Riegel qualmen abgeschossene Tiger und Sturmgeschütze. Vor den
Erdbunkern liegen die meisten deutschen Gefallenen. Ein schmaler Strei-
fen Himmel glüht in tiefem Krapplack.

Der Abend bringt wenig Kühlung.

An der linken Frontseite knallen noch immer Panzerkanonen. Ernst
flucht vor sich hin: „Net amol auf'd Nacht geb'ns a Ruh." Niemand antwortet. Verwundete latschen zurück, müde, langsam, schwerfällig. Der
Flachsblonde wundert sich, daß er keine Gefangenen sieht, und fragt einen Verwundeten. Der beißt sich auf die Lippen und knurrt: „Die wollten
lieber verrecken."

In den letzten Stellungsgräben hocken und liegen die Männer der 3. Kompanie. Die nicht gehfähigen Verwundeten warten auf die Verpflegungs- und
Munitionsfahrzeuge, die sie in der Nacht mit zurücknehmen sollen. Panzer
stehen in dunklen Pulks zusammen und warten auf Sprit. Die Grenadiere
queren die Gräben und laufen auf die freie Pläne. Kochgeschirre klappern
blechern. Gasmasken scheppern am Spatenblatt. Keiner spricht.

Die Nacht ist drückend und warm wie der Tag. Sie schwitzen.

„Eingrabeeeen!"

Hans dirigiert seine Männer und verteilt die Posten.

„Wir müssen die Panzer sichern, bis sie Sprit gefaßt haben. Danach geht's weiter!"

Ernst schneidet dicke Brotkanten ab, legt Fleischscheiben darauf und verteilt sie. Eine zweite Fleischbüchse stellt er griffbereit zwischen die Stiefelspitzen. Sie kauen schweigend, nehmen kleine Schlucke aus den Feldflaschen und starren in das Flackern der Ölbrände.

„Treibstofflager", murmelt Ernst, „die brennen noch stund'nlang."

„Und sie stinken."

„Aber du siachst was."

„Ja, wenn sie angreifen sogar ganz gut."

„Glaub net so recht dran."

„Und warum nicht?"

„Ham z'vuil Schlag' eing'steckt. Die verdaun's net so schnell."

Ernst rülpst satt und verteilt Zigaretten. Der Flachsblonde nimmt einen letzten Schluck, gurgelt, dreht die Feldflasche auf den Kopf und sagt: „Feierabend. Wird Zeit, daß Nachschub kommt." Er versucht krampfhaft, die Augen offenzuhalten. Er ist müde, hundemüde und nickt mit dem Kopf, bis der Stahlhelm auf die auf den Knien verschränkten Unterarme aufschlägt. Ernst feixt, hebt die heruntergefallene Zigarette auf, drückt die Glut aus und steckt die lange Kippe seinem Freund hinter das Ohr.

Sie sind noch acht. Hans, der lange Gruppenführer, ist der Älteste. Was seine Dienstzeit anbelangt, ist er für seine Gruppe ein Methusalem. Als er vor der Reichskanzlei Männchen baute, drückten die anderen ihre Nasen noch an der Fensterscheibe platt, um eine Eisenbahn oder eine Burg mit Rittern zu bestaunen, und lutschten süße Lollis. Für die Jungen ist der Lange der Inbegriff der LAH. Jeder Vergleich mit ihm endet in einem Minderwertigkeitskomplex. Also lassen sie es. Etwas allerdings wundert sie. Etwas paßt nicht zu dem Langen. Zwar hängt seine Brust voller Orden, und auf dem Oberarm haben weitere Panzervernichtungsabzeichen kaum noch Platz, aber auf seinem Kragenspiegel glänzt nur ein Stern und der noch ziemlich matt. Dieser armselige, einsame Stern stört sie, stört sie schon ziemlich lange, denn er ist zu wenig, ihrer Meinung nach sogar viel zu wenig. Und wenn sie ihren Gruppenführer mit den Offizieren vergleichen, dann schneiden diese schlecht ab, um nicht zu sagen miserabel. Ernst äußerte einmal, der Lange könne weder mit seinen Vorgesetzten noch mit den Kämpfern in der Heimat. Als typisches Frontschwein würde er sich mit den ihm fremden geschriebenen und ungeschriebenen Gesetzen außerhalb der

Front nicht ganz zurechtfin-
den, und so stünde seinen Be-
förderungen stets etwas im
Wege, meist er selber. Pech für
den Langen. Glück für die
Gruppe, für Paul und Jong,
den Zwillingen. Für Peter, bei
dem seit Walters Tod irgendei-
ne Sicherung durchgebrannt
ist. Für die Flunder und seinen
geduldigen Zuhörer Kuno
und für Ernst, ausgeglichen,
ruhig und verfressen wie immer, und für den Flachsblonden.

Walter Weißleder ✝
Nasova i.Feld

Dori, den Pendler zwischen
vorn und hinten, sehen sie
nur nachts. Er wird erwartet
wie der Weihnachtsmann,
denn er karrt nicht nur Munition, sondern vor allem Verpflegung. Und außerdem
weiß er stets das Neueste. Ei-
ne Panne hat er höchstens, wenn er wieder nach hinten gondelt. Der
Spieß sieht das zwar anders – aber der Spieß muß es schließlich wissen!

Der fünfte Tag

6. Juli 1943

Das Kettenquietschen der Panzer weckt ihn. Er schielt auf seine Armbanduhr: kurz nach Mitternacht. Ernst hält ihm das Feuerzeug vor die Nase und grinst: „Hinter'm Ohr."

„Ohr? – Wieso Ohr?" fragt der Flachsblonde verwundert. Ernst zieht ihm die Kippe vom Ohr und steckt sie zwischen die Lippen des Flachsblonden. „Paff'n kannst allein?"

Tiger rumpeln vorbei. Der Flachsblonde verzieht das Gesicht – jedesmal, wenn er das häßliche, klirrende Kettenrasseln hört, sträubt sich etwas in ihm, vom Rücken hoch über das Genick in den Hinterkopf. Seine Haut zieht sich zusammen, und er kommt sich vor wie ein Hund, dem sich der Pelz aufrichtet, nicht aus Wut, sondern aus Angst. Ein Beiwagenkrad heult auf, und eine Stimme ruft: „Aufsteeeeehn, ihr Penner! Die Heinzelmännchen sind daaaa!"

„Des is der Dori!" Ernst steht auf und brüllt zurück: „Doriiiiiii! Hier sanma!"

Das Krad brummt wieder auf, kommt näher und hält. Eine Gestalt schwingt sich vom Fahrersitz und schiebt die Brille über den Stahlhelm.

„Daß'd uns so direkt g'fund'n hast, Dori – so ohne Panne! Was sagst du denn dazua, Kück'n?"

„'ne Meisterleistung, Ernst, oder…"

„Zufall", feixt der Münchner, „reiner Zufall."

„Stimmt also", brummt Dori.

„Was stimmt?"

„Stimmt haargenau, was die von der 3. mir gesagt haben, daß unser Haufen vor den Panzern liegt und daß zwei nicht zu übersehende Blödmänner dabei sind." Dori grinst. „Die Personenbeschreibung hätte nicht besser sein können."

Steyr-Kübelwagen halten. Männer rennen. Kochgeschirre klappern. Aufgeregtes, unterdrücktes Stimmengewirr.

„Muni und Fressalien sind angekommen", sagt Dori und deutet auf die dunklen Wagensilhouetten.

„Und das sagst du erst jetzt?!" schimpft der Flachsblonde und will losrennen. Ernst hält ihn zurück.

„Gib dem Dori a Heimatzigarett'n, Kück'n."

„Ja, aber –" Er zündet die Zigarette an. Ernst hockt umgekehrt im Fahrersitz, der Flachsblonde lehnt am Rücksitz. Dori hantiert im Beiwagen und stellt endlich vier MG-Kästen auf den Boden und legt einige russische MPi-Trommeln daneben.

„Nachschub für Paul und Peter."

Zwei Kommißbrote folgen und zwei Büchsen.

„Sonderverpflegung aus deinem Wäschebeutel, Ernst."

Zwei Kochgeschirre – Ernst bekommt hungrige Augen und leckt sich die Lippen – und wieder die unbeteiligte Stimme Doris: „Dickgulasch für die Herren!" Vorsichtig hebt er einen Wasserkanister aus dem Beiwagen und flüstert: „Tee, meine Herrschaften! Ich konnte leider den Kanister nicht vollmachen, wäre aufgefallen. – Und nun die Überraschung! Seht her, ihr Krummstiefel, was euch der liebe Onkel Dori noch mitgebracht hat!" Er streckt die Arme aus und hält Ernst und dem Flachsblonden auf den Handtellern Zitronen entgegen. Als die beiden endlich ihre Sprache wiedergefunden haben, schlägt der Flachsblonde Ernst auf die Schulter und lacht: „Dori macht dir Konkurrenz! Paß auf, der schlägt dich noch!"

Ernst nickt, wiegt den Kopf wie ein Nachtwandler und murmelt: „Sowas, mei Liaber, sowas hätt i dem Dori nie zugetraut!" Dabei vergißt er nicht, die Konserven in seiner Gasmaskenbüchse zu verstauen.

Zuerst füllen sie ihre Feldflaschen, zerschneiden die Zitronen und drücken sie vorsichtig durch die Flaschenhälse. Dann nimmt jeder einen langen Schluck, füllt erneut nach und verschraubt sorgfältig seine Flasche. Dann schneiden sie Brot klein und bröckeln es in ihr Kochgeschirr. Dori ruft nach der Flunder, und als der Berliner endlich angetrabt kommt, faucht Dori: „Nimm den Teekanister und verteile das Gesöff. Wärst du früher gekommen, hätten die beiden", und er deutet auf Ernst und den Flachsblonden, „nicht so viel gesoffen." Er zündet sich noch eine Heimatzigarette an und sieht aufmerksam zu, wie Ernst und der Flachsblonde den Gulasch vernichten.

„Nach am langen Spaziergang an der frisch'n Luft schmeckt's b'sonders guat", schmatzt Ernst, und der Flachsblonde lacht: „Besser als in Bjelgorod, wie?"

Ernst überhört die Pflaume und stößt Dori an: „Magst aa was, Dori?"

„Nee", lacht der, „habe mich schon bedient. Und jetzt macht Platz. Ich muß noch zum Chef. Verpflegungsfahrer war ich nur privat."

Er tritt an die Maschine, schwingt sich lustlos in den Sitz und tritt an. „Bin gleich wieder zurück!"

Ernst stippt mit auf seinem Messer aufgespießten Brotstücken die Gulaschsoße vom Boden seines Kochgeschirrs, schnalzt mit der Zunge und rülpst zufrieden. Der Flachsblonde ißt ruhig weiter. – *Alter Freßsack – mit welch affenartiger Geschwindigkeit der ein ganzes Kochgeschirr voll Gulasch wegputzt und ein halbes Brot dazu!* – Er grinst, leckt seinen Löffel sauber und steckt ihn in den Brotbeutel.

„Möchtest du noch meinen Rest, Ernst? Ich bin voll wie ein Zementsack."

„Hm, bevor du's wegschmeißt?"

Der Flachsblonde zündet sich eine Zigarette an – *Hätte ich glatt vergessen – wollte ich schon mittags erledigen!* – er schnallt ab, holt aus dem Brotbeutel das grauweiße Einschlagpapier von Mutters Kuchenpaket und hockt sich hin.

„Herrschaftszeit'n! Muaßt ausgerechnet hier schei…" Ernst stellt die Kochgeschirre auf die Seite und flucht dabei weiter vor sich hin. Der Flachsblonde grinst erleichtert, wirft einen Spaten voll Erde auf seine Erleichterung, schnallt wieder um, klemmt den Spaten in das Koppel, das Blatt genau vor dem Bauch und meint: „Jetzt habe ich wieder Durst."

„Freili! – Fress'n, sauf'n und große Hauf'n in die Landschaft setz'n! Brauchst sonst noch was?"

Dori kommt zurückgerauscht und ruft: „Alles klar?!"

Schützenpanzer rollen vorbei.

„Und was gibt es an Neuigkeiten, Dori?"

„Dreh mir eine, Ernst, unser Kücken braucht seine Aktiven noch. – Also, wir sind durch, so heißt es jedenfalls, und zwar so an die fünfzehn Kilometer, und alle russischen Stellungen wurden sauber geknackt."

„Nur du hast g'fehlt."

„Siehst ja, Ernst, ging auch ohne mich."

„Fünfzehn Kilometer", staunt der Flachsblonde und kratzt sich am Kinn. „Das ist wirklich ein Loch."

„Ein Riesenloch! Beim ‚Reich' und den ‚Totenköpfen' hat es ebenfalls geflutscht. Am schwersten soll es die ‚Großdeutschland' gehabt haben."

„Des hams ihr'n neuen Panzern zu verdank'n."

„Und die Verluste, Dori?"

„Ziemlich happig. Vor allem bei den Spitzenkompanien."

Der Flachsblonde spürt einen Kloß im Hals und räuspert sich: „Hm-km – hm-km – und wie geht es weiter?"

Feuerstellung
Juli 1943
K. Pfo.

Dori macht einen langen Zug, läßt den Rauch genießerisch mit vorgeschobenem Unterkiefer über die Oberlippe in die Nase ziehen, inhaliert und stößt den Rauch wieder ruckweise aus.

„Panzer und Sturmgeschütze knüppeln mit Vollgas Richtung Obojan. Wir trollen hinterher, und was die Panzer übriglassen oder nicht erwischen, na ja, ihr wißt schon. Die überrollten Iwans können nicht mehr zurück, und von Gefangenschaft halten sie neuerdings auch nicht mehr viel."

„Geht also jetzt leichter."

„Ja", nickt Dori, „aber nur bis der Iwan neue Reserven herangezogen hat. Dann seid ihr wieder dran!"

„Wieso?"

„Wieso", äfft Ernst den Flachsblonden nach. „Stell dich net dümmer, als du sowieso schon bist, Kück'n! Jetzt hoaßt's latsch'n, wann wir Glück ham, wird g'fahr'n, und derweil'n karrt der Russ' Reserven vor. Wo er die herhat, woaß i net, aber wann die da san, dann behark'n sich die Panzer, und wir hams mit der Infant'rie z'tun. So ung'fähr wird's doch, Dori?"

„Genau so – außerdem liegen noch ein paar Drecknester vor uns und ein Panzergraben und eine Eisenbahnlinie und…"

„Au weh – und sonst nix?"

„Und Obojan!"

„Kann des Scheißkaff schon nimmer hör'n."

„Dann sage eben Psjol-Knie", witzelt Dori.

„Jetzt leckst mi – was is'n des wieder für a Schmarr'n?"

„Dasselbe, Ernst, einmal ist es der Ort, zum anderen die Landschaft. Soll eine wunderschöne Gegend sein mit einem Plätscherbach, dem Psjol. Spaß beiseite, ich haue ab. Nehme noch zwei Verwundete mit. Macht's gut." Er läßt die Maschine an und dreht einige Male das Gas auf.

„Bis später! – Soll ich euch etwas Besonderes mitbringen?"

„An Urlaubsschein!"

Sie lachen. Dori winkt, legt den Gang ein, gibt Gas und wendet das Krad in einer so engen Kurve, daß sich der Beiwagen hebt.

„Wenn das sein Freund der Schirrmeister gesehen hätte!"

„Braucht der gar net. Dori kriagt immer an Anschiß!"

„Sind zwei komische Vögel."

„Die brauch'n sich, Kück'n. Der oane is ohne den andern nur a halbe Portion."

Sie schlendern zur Gruppe, und Ernst knallt die beiden MG-Kästen auf den Boden: „Für Peter und Paul – vom Dori."

Hans sieht auf und sagt: „Könnt gleich mithelfen!"

Sie gurten Munition, und Ernst schimpft über Dori und über das geist-tötende Patroneneindrücken. Sie lachen.

Die Nacht ist warm.

Die Kompanien marschieren.

Ernst und der Flachsblonde laufen nebeneinander. Links vor ihnen die Flunder, Kuno und Peter. Rechts Paul und Jong und an der Spitze der lange Hans. Sie tragen alle Überfallhosen. Der Vorteil: Der Dreck kommt nicht so schnell in die Knobelbecher. Der einzige Konservative ist Hans. Bei ihm stecken die grauen Tuchhosen nach alter Väter Sitte vorn gefal-tet in den Stiefelschäften. Er hat unheimlich lange Beine, und durch die kurzgetragene Tarnjacke wirken sie noch länger. Im Gegensatz dazu die Flunder. Seine Tarnjacke hängt wie ein kurzer Mantel bis tief an die Oberschenkel. Der Flachsblonde grinst – *Wie die langen Tuchröcke der Wehrmacht, die sogenannten Kaiser Wilhelm-Gedächtnisröcke mit aufgenäh-ten Wäschebeuteln, auch Unfallverhütungsjacken genannt, schützen die Knie vor Sonnenbrand!* – Kuno dreht sich immer wieder um. Sie streiten sich wieder. Peter hält sich raus. *Ob er wieder mit verkniffenem Gesicht mar-schiert, ernst und grau und stur vor sich hinstiert und an Walter denkt?* – Paul *und Jong laufen im gleichen Schrittrhythmus, schweigsam, eingependelt, gleich groß, gleich schlank, gleich stur, eine Einheit. Was sie zusammenhält, ist ihre Spritze, ihr Maschinengewehr.* – Tja, *und der Ernst und ich. Ernst latscht wie-der wie ein Indianer, als einziger barhäuptig, die Wuschelhaare schweißver-klebt. Woran der wohl denkt? An Fressalien? An München? An ein kühles Weißbier? Durst hat der immer. Notfalls trinkt er sogar Tee mit Zitrone.*

Monoton und langweilig ist diese Latscherei, aber besser, als gegen Bunker-stellungen anzurennen. An die Hitze ist man langsam gewöhnt. Auch der Durst ist erträglich – wenn man nicht gerade an Bier denkt und an einen kühl-schattigen Biergarten.

„Du, Kück'n?"

„Ja?"

„Du hast doch den Walter am best'n kennt von uns, stimmt's?"

„Mag sein. Ich lag während der Rekrutenzeit und im Wach-Bataillon mit ihm auf einer Bude. Waren oft zusammen. Pionierkurs in Spreehagen. Filmaufnahmen in Babelsberg. Winterhilfswerk-Sammlung in Berlin vor dem Ufa-Palast. Walter rechts, ich links, in der Mitte Zarah Leander! – Wie kommst du eigentlich jetzt auf Walter?"

„Woaß net. Hab g'sehn, wie er g'fall'n is. So stell'n sich die dahoam an Held'ntod vor. Im Vorwärtsstürmen an Schlag vor die Birn und aus is! Lei-der, Kück'n, hat net a jeder so a Glück. Die meist'n verreck'n jämmerlich!"

„Und warum deine Frage nach Walter?"

„Ja mei, Kück'n, des is so a Sach. – Walter, der war für mich so der typische Vertreter vom Nachwuchs, ich moan, von auß'n wie von innen. Bei dem hat eigentlich alles g'stimmt, von der kinderreichen Familie zum Napola-Schüler. Sauber, woaßt, was i moan? So durch und durch anständig. Wanns net so g'schwoll'n klingen tat, würd i sag'n rein, verstehst mi? Rein in seinen Gedank'n und Ideen. Rein und klar in seiner Haltung und Überzeugung. Nachwuchs, Kück'n! – Elite, net aus der Retort'n, sondern aus'm Harz! Da war er doch her? – Ja, und ausg'rechnet so an blitzsauber'n, anständig'n Bursch'n hat's derwischt! Dabei lauft genug Kroppzeug rum, aber naa, ihn hat's derwischt. Is des Gerechtigkeit?"

„Jetzt machst du das, was du mir immer vorwirfst: ‚Spinnst'd, Kück'n?' – Spinnst'd, Ernst? Du kennst doch den alten Spruch: Die Besten fallen zuerst, was durchkommt, ist Mist!"

Ernst feixt und wischt sich den Schweiß von der Stirn: „Demnach müaßt i durchkommen, stimmt's?"

„Quatsch! So war das doch nicht gemeint."

„Trotzdem. Ich sterb im Bett. Des is gewiß!"

„Und woran, du Hellseher?"

„Weil i zu vuil g'fress'n und Weißbier g'soff'n hab."

„Und ich? Weißt du das auch?"

„Is net schwer – du stirbst am Grüb'ln – vielleicht erstickst'd aa, wannst dei Lötsch'n zu oft an dein Riechkolb'n ziachst."

Sie grinsen sich an. – Endlich sagt der Flachsblonde: „Komisch, Ernst. Weiß du, was ich wissen möchte?" Und als Ernst nicht antwortet: „Wissen, wie das so nach dem Krieg sein wird. Stell dir vor, der Krieg wäre vorbei, und wir würden uns fünf oder zehn Jahre später treffen."

„I denk, du willst Pauker werd'n. Dann is doch alles klar. Du bist an am Gymnasium." Er schüttelt den Kopf und verbessert sich: „Naa, an der Napola natürlich, bist verheirat, hast Nachwuchs, an Buam und a Madel, wie vorg'schrieb'n, schimpfst über Steuern und über dei Schwiegermutter und hebst an jed'm Erst'n dei Zaster ab."

„Und du hast die Tochter eines Brauereibesitzers geheiratet und lebst von ihrem Vermögen."

„Oder vom Bier – des is besser."

Der Flachsblonde wird ernst: „Ohne Flachs – meinst du, daß wir, daß unsere beschissene Generation überhaupt ein normales, ein bürgerliches Leben führen könnte?"

Ernst überlegt und juckt sich die Nase. „Ja mei – wird wohl sein müss'n, obwohl i mir des so recht noch net vorstell'n kann. Zuerst wird uns was

fehl'n. Die zackig'n Vorgesetzten, die Granat'n, der Dreck, der Kunsthonig und – apropos: Vorgesetzte gibts überall, und Zackige gibt's aa im Zivilleben. Im Zweif'lsfall übernimmt dei Frau den g'wohnt'n Anschiß." Er unterbricht sich und überlegt, und jetzt wird es problematisch, denn er versucht es in Hochdeutsch. „Der Saukrieg hat etwas in uns kaputtgemacht. Irgendwie haben wir alle einen Wackelkontakt. Die durchgebrannten Sicherungen kann man zwar auswechseln, die defekte Leitung bleibt, und das ist oder wird wahrscheinlich unsere Krankheit. Souvenir, Kück'n! Den Knacks schleppen wir unsern Lebtag mit herum. Das beste Beispiel gibt der Erste Weltkrieg. Als die damals nach Hause kamen, hatten sie denselben Defekt. Nichts gelernt, außer schießen und totschlagen. Was sollten sie tun? Also ab ins Freikorps! Dort wußten sie Bescheid: schießen und totschlagen. Im Reich war es nicht viel besser. Soldaten auf beiden Seiten. Auf der einen die ewigen Landsknechte, auf der anderen die, die die Schnauze vom Soldaten- und Kriegspielen voll hatten. Vaterlandstreue und vaterlandslose Gesellen."

„Kommunisten?!"

„Net alle. Die meisten waren Sozis. Im Endeffekt aber kam es auf das gleiche heraus, nämlich sich gegenseitig die Schädel einzuschlagen. Die am meisten Glück hatten, waren vielleicht die, die in die Reichswehr übernommen wurden. Die hatten dann so etwas wie ein Ersatz-Zuhause. Außerdem waren sie parteineutral, also ein Staat innerhalb des Staates. Meiner Meinung nach kaisertreue Spätzünder."

„Auch keine besonders schöne Zeit."

„Du sagst es, Kück'n. Den Krieg verloren, keine Arbeit, nichts zu fressen, Inflation – was bleibt da noch außer schimpfen und zuschlagen? Im Grunde gab es nur zwei Parteien: eine kaisertreue, die von der vergangenen Friedenszeit vor 1914 träumte, und die andere, die eine neue, bessere Zukunft wollte. Konservativ und revolutionär. Siehst du da einen Kompromiß?"

„Nein – aber das *war*! Mich interessiert *unsere* Zukunft. Mit achtzehn, zwanzig Jahren sind wir schon innerlich verkorkst. Ob wir je aus den grauen Klamotten herauskommen werden?"

„Du ganz b'stimmt net", feixt der Münchner. „Als Lehrer kommst zur Napola. Da hast immer a Uniform. Studienrat Kück'n in Braun und a Hak'nkreuzbind'n am Arm. Nebenamtlich Reserveoffizier bei der Leibstandarte. Tradition muß sein. Vielleicht – vielleicht wirst sogar Schulleiter – in – in Obojan zum Beispiel."

Er lacht über seinen Witz und schlägt dem Flachsblonden mit der flachen Hand klatschend auf den Stahlhelm. „Herrschaftszeit'n, is des a Sach, Direktor Kück'n in Obojan – und dann erzählst du dei'm Nachwuchs, wie du hergelatscht bist und von der großen Schlacht um Kursk. Drauß'n schneit's. Ihr hockt am Kamin. An der Wand hängt dei Stahlhelm und der Degen von der LAH, und du trinkst a Münchner Bier zum Feierabend." Er lacht wieder. „Und – und wannst nimmer weiter woaßt, dann ziehst dei Lötsch'n."

„Hör auf, du alter Spinner!"

„Und einmal im Jahr gibt's Urlaub! Dann darfst heim ins Reich. Die Posten an der Reichskanzlei präsentieren, und du denkst: Is aa nimmer das, was es zu meiner Zeit war."

Dem Flachsblonden fallen die Lachsalven seines Freundes langsam auf die Nerven, und er faucht: „Wie man nur so viel Blödsinn verzapfen kann."

„Blödsinn?" Ernst ist plötzlich todernst. „Blööödsinn? Du glaubst wirklich, ich rede nur Blödsinn? Du bist doch sonst so g'scheit, Kück'n. Wenn wir den Krieg gewinnen, dann werden wir hierher abkommandiert oder ans Eismeer oder in die Sahara. Dorthin wirst als Apost'l verfrachtet. Denen hast du Kultur beizubringen. Zuhause, im Reich, da sitzen die gleichen Bonzen, die heut schon die Stellung bis zum letzten Mann halten. In Berlin aufm Ku'damm promenieren die heutige'n Druckpost'nspezialist'n. Du promenierst in Obojan. Ich b'such dich dann zum Jahrestag der Befreiung Obojans."

Der Flachsblonde zieht die Oberlippe an die Nase.

„Komisch – von der Seite habe ich die Geschichte noch gar nicht betrachtet. So wie du die Sache siehst, scheint meine Zukunft gesichert. Kulturapostel in Obojan. Ab und zu einmal zum ideologischen Auffrischungs- und Fortbildungskurs ins Reich befohlen. Dort werde ich auf den neuesten Stand der Dinge gesetzt beziehungsweise auf Vordermann gebracht und von irgendeinem braunen Dünnmann überprüft, ob ich noch richtigliege. Zum fünfundzwanzigsten Dienstjubiläum gibt es eine Einladung zum Reichsparteitag. Meine Tochter wird BDM-Führerin in Obojan und übernimmt dann die Frauenschaft und mein Sohn, der…"

„Der is bei der LAH, weil er so dumm is wia du."

„Mensch, Ernst, deine Perspektiven sind zum Kotzen. – Und – und wenn wir den Krieg verlieren?"

„Dann bist aa in Obojan. Als Fremdarbeiter im Steinbruch!"

Sie trotten im Gleichschritt und rauchen und hängen ihren Gedanken nach und schwitzen.

Das Gelände ist hügelig. Der Boden knochentrocken und rissig-aufgesprungen. Ab und zu spärlicher Graswuchs, niedrige Buschreihen und lichte Nußbaumwäldchen. Nichts Hartes. Nichts Markantes. Kaum Kontraste. Weich, sanft, fast langweilig ist die Landschaft. Eine Abwechslung bietet die linke Frontseite. Dort runden sich die Hügel höher, dort schwillt das Feuer und pochen die Panzerkanonen. Dort erwacht schlagartig die deutsche Artillerie und rollt über den ganzen Horizont.

Kradmelder jagen vorbei. Einer hält weit vorn beim Kompanieführer, wendet, fährt zurück und ruft den Grenadieren etwas zu. Ernst winkt. Das Krad bremst ab und hält.

„Wollte mir nur einen Glimmstengel abholen."

„Und desweg'n bist zum Chef, Dori? Hat der dir koane g'schenkt?"

Dori lacht und klopft sich die Oberarme und die Brust. Es staubt, und Ernst schimpft, während er die Zigarette dreht.

„Moanst, mit Dreck schmeckt's besser?"

„Hans winkt", stößt der Flachsblonde den Münchner in den Rücken. „Wir müssen weiter!"

„Lauf schon zua, Kück'n", und zu Dori gewendet: „Und wie lautet dei Sondermeldung?"

„Der Iwan sitzt wieder fest. Das Nest heißt Gresnoje oder so ähnlich. Bei der „Reich" gibt es Dunst!"

„Und was geht des uns an? Guat, daß wir net da drüb'n san."

„Denkste, Ernst. Auf zum Marathonlauf, dann links einschwenken und zur Miniaturkesselschlacht ansetzen. Kapischko?"

„Himm'l, sakra! Wo's bei uns grad so schön ruhig g'wesn is."

Dori rückt die Brille zurecht, hebt lässig die Hand zum Deutschen Gruß und ruft im Anfahren: „Viel Vergnügen bei der Keilerei."

Im Weiterlaufen deutet Ernst zur rechten Frontseite und knurrt: „Jetzt fangens dort aa noch an!"

Der Flachsblonde antwortet nicht, sondern denkt nur: *Hauptsache, bei uns ist es noch ruhig.* Er versucht, seinen Atemrhythmus dem verschärften Marschtempo anzupassen. Sie laufen keuchend und verbissen und hören das Feuer und wundern sich darüber, daß ausgerechnet in ihrem Frontabschnitt noch Sonntagsruhe herrscht.

Knapp zwei Stunden später wundern sie sich nicht mehr.

Knapp zwei Stunden später hämmern die Maschinengewehre, dröhnen die Tiger-Kanonen und pocht die Pak!

Knapp zwei Stunden später rennen die russischen Gardeschützen in das Flankenfeuer der Spitzenkompanien der Leibstandarte!

Am späten Nachmittag ist alles vorbei.

Am späten Nachmittag ist Gresnoje genommen. Die Front der 6. russischen Gardearmee ist zerschlagen. Von den Gardeschützenregimentern

Bei Obojan
Juli 1943

51, 52, 151 und 152 existieren nur noch die Nummern. Der Weg nach Obojan – und damit der in den Rücken der sowjetischen 1. Panzerarmee – ist frei!

Doch von alledem wissen die Männer der Gruppe des langen Hans nichts. Müdegelatscht, müdegekämpft, ausgebrannt und abgespannt hokken sie zwischen den Mauerresten eines dachlosen, ehemaligen Stalles. Die Sicherungen vom 1. Zug liegen weit im Vorfeld.

In den Ruinen des kleinen Wohnhauses, überragt vom Viereck des Kamins, hat sich der Zugtrupp einquartiert. Der Ziehbrunnen im Hof ist noch intakt, doch Hans warnte davor, das Wasser zu trinken, lächelt aber, als er die kochgeschirrbewaffneten Männer sieht, die sich barfüßig um den Brunnen setzen und langsam und genußreich das Wasser über die geschwollenen Füße rinnen lassen. Ernst hat eine große Schüssel aufgetrieben, verbeult und etwas angerostet, aber groß genug, um nicht nur die eigenen Treter zu kühlen, sondern auch die seines flachsblonden Freundes. Sie hocken einander gegenüber, massieren die Fußsohlen und stöhnen „Aaah" und „Ooh" und „Mei, wia tut des guat".

„Ick möcht nur wissen, wie de det immer so orjanisierst, Ernst", wundert sich die Flunder.

„Zufall", brummt der Münchner mit einem schnellen Seitenblick auf den Berliner. „Die Schüss'l hat mi ang'lacht, was sollt i mach'n?"

„Det is ja meine Rede, Mann. Warum muß se dir ausjerechnet anjrinsen und nicht mir?"

Sie lachen, und Ernst schielt wieder zur Flunder.

„Hast noch was zum Beiß'n, Flunder?"

Der Berliner verzieht das Gesicht: „Brot ha ick, sonst nischt."

„Dann hol dei Brot. I geb dir was drauf", und als die Flunder kehrt macht: „Bring den Kuno mit, hast g'hört!"

Die Flunder verzieht zum zweitenmal das Gesicht, diesmal freudig, und will seine Stiefel anziehen.

„Laß deine Stinkröhr'n steh'n. Die klaut koaner." Ernst öffnet seinen Brotbeutel, stellt eine noch halb gefüllte und eine ungeöffnete Konservenbüchse neben sich auf den Boden, holt die in einem feuchten Lappen eingewickelte Butter aus der Gasmaskenbüchse, prüft wie immer, bevor er eine Brotzeit hält, die Schärfe seines Messers, feixt zufrieden und schneidet zwei fingerdicke Brotscheiben ab. Als der Berliner und Kuno antraben, kauen Ernst und der Flachsblonde schon mit vollen Backen.

„Was is?" ruft Ernst den anderen zu. „Wollt ihr nix?"

Paul und Jong legen ihr MG ab und setzen sich um die Waschschüssel.

Nur Peter winkt ab und reinigt wortlos sein Gewehr weiter. „Schmier dem Peter a Brot, Kück'n."

Der Flachsblonde verstreicht die weiche Butter, legt Büchsenfleisch auf und drückt es etwas fest. Er nimmt einen Fuß aus dem Wasser, überlegt, setzt den Fuß wieder zurück und reicht das Brot der Flunder.

„Nimm, Flunder, und gib es Peter mit einem schönen Gruß vom Ernst." Und Peter nimmt das Brot. Die Flunder sagt irgend etwas zu ihm, schlägt ihm freundlich auf die Schulter und lacht. Beide kommen zurück, und Ernst brummt: „Na also – hab beim Ess'n gern die ganze Familie am Tisch."

Zwischen der Hofmauer und einem alten Obstbaum steht eine Pak.

Die Kanoniere sehen der Waschschüsselrunde zu und bekommen große Augen und einer ruft: „War bei euch schon der Nachschub?"

„Nee", winkt die Flunder ab, „wir sind Selbstverpfleger!"

„Wir", mault Kuno, „Wiiiar? Du moanst den Ernstl. Wannst den net hättst, gäb's Karo einfach, belegt mit deiner Dreckpfot'n."

„Oder Ochsenmaulsalat", lacht Jong.

„Und da hättest du den dicksten Brotaufstrich", unterstützt Paul seinen Freund.

Die Flunder vergißt zu kauen und holt tief Luft.

„Wo ist denn unser Gruppenchef?" fragt der Flachsblonde schnell, und die Flunder, um ihre gepfefferte Entgegnung gebracht, kaut resigniert weiter.

„Beim Zugführer." Ernst wischt sein Messer zwischen Daumen und Zeigefinger ab und greift zur Feldflasche. „Dort überleg'ns jetzt, wies uns in der Nacht b'schäftig'n, nachdem der Tag so ruhig war."

„Ruhig nennst de det, du oller Flachser?"

„Wer Fleisch spendiert, Flunder, der darf alles, sogar flachsen." Der Flachsblonde nestelt an seiner Tarnjacke. „Die letzte Schachtel Heimatglimmstengel, Herrschaften!" Fast andächtig öffnet er sie und bietet im Kreis herum an. „Raucht sie mit Verstand."

„Mit was?" Kuno feuchtet das Zigarettenende zwischen den Lippen an.

„Mit dem, was de nich hast, Kuno", antwortet die Flunder, froh darüber, wenigstens einem etwas zurückgeben zu können.

Sie rauchen, bewegen wohlig die Fußzehen. Ernst planscht, verdreht dabei die Augen und knurrt kehlig wie ein zufriedener Hund, der sich im taufrischen Gras wälzt. Weit rechts von ihnen verknistert das, was die Granaten von Gresnoje übriggelassen haben. Die Front ist ruhig, der anbrechende Abend warm und friedlich, Ernst stochert mit der Messerspitze in seinen Zähnen herum. Endlich steht er auf und sagt: „Nehm deine Hax'n aus der Schüss'l, Kück'n." Er nimmt den Blechbehälter, schwenkt das Wasser und schwappt es einige Meter weit aus.

„Bin gleich wieder da", sagt er und stakt auf nackten Sohlen zum Brunnen, um die Schüssel zu säubern. Alle sehen zu. Der Flachsblonde grinst in die Runde und sagt: „Was der wohl noch mit der Schüssel vorhat – das denkt ihr doch, oder? Ich kann es euch sagen. Wenn heute Nacht die Verpflegung vorkommt, dann klaut oder faßt der für 'ne ganze Gruppe Sonderration, und für uns heißt das eine Freßorgie, klar?"

„Ernst is 'ne Naturbejabung, und dafür jibt es keene Orden und keene Beförderung."

„Stimmt, Flunder. Hast diesmal sogar recht", lacht Paul. „So einer wie der Ernst müßte in den Generalstab, dann hätte die Armee immer zu fressen, und Kohldampf wäre ein Fremdwort."

„Statt dessen sitzt irgendein Idiot im Stab, zwar auch ein Genie, aber nicht wie der Ernst im Organisieren, sondern im Radfahren."

„Genau, Jong, haargenau, und der Ernst wirft als unterbezahlter Rottenführer sein Talent vor die Säue."

„Moanst uns mit die Säu, Paul?" grinst Kuno und streckt seine frischgewaschenen Füße wie zum Appell Paul unter die Nase.

„I bewahre", wendet der sich erschrocken ab, „bist fast so sauber wie Dori."

„Wia Dori? Des is a Beleidigung, mei Liaber."

„Laßt mir den Dori zufried'n", schimpft Ernst und stellt die Schüssel zum Trocknen schräg an einen Steinbrocken. „Ohne Dori gibt's auf'd Nacht koan Schnaps net."

„Schnaps? – Wat hör'n meine entzündeten Ohren? Traut sich denn die Marketenderei so weit nach vorn?"

Brüllendes Gelächter – nur die Flunder ist verblüfft über den von ihm so unfreiwillig hervorgerufenen Lacherfolg.

Die Panzerjäger sehen wieder herüber und schütteln die Köpfe.

„Flunder", lacht der Flachsblonde, „du bist der Größte! Schnaps von der Marketenderei als Frontzulage, meine Fresse, bist du ein Illusionist!" Er beugt sich zu dem Berliner und legt den Zeigefinger an die Lippen. „Nicht weitersagen! Geheime Kommandosache! Der Schnaps ist natürlich von der Marketenderei. Besser: Er *war* bei der Marketenderei! Vielleicht sitzt gerade jetzt ein Zahlmeister vor seinen Listen und versucht herauszubekommen, wo zwei Flaschen Wodka und zwei Bullen Cognac abgeblieben sind."

„Ick vastehe", freut sich die Flunder, „die hat der Ernst ooch jeklaut!"

„Psst! Flunder! Eben nicht geklaut! Du bist Soldat, und beim Barras wird nicht geklaut, sondern organisiert!" Der Flachsblonde schüttelt den Kopf und zuckt mit den Schultern. „Hoffnungslos, so ein Reichshauptstädtler! Die Flaschen haben den Ernst genauso herausfordernd angeglotzt wie vorhin die Schüssel, kapiert?"

Sie johlen vor Vergnügen.

„Also", erklärt der Flachsblonde, „die Flaschen liegen in Doris Wagen, und wenn der heute nacht vorfährt, dann – na, Flunder?"

„Ick bin doch nicht doof, wa? Denn kipp'n wir eenen hinter die Halsbinde, hahahaha", stimmt der Berliner in das Gelächter der anderen mit ein.

„Verträgst denn überhaupt an Schnaps? I denk, bei euch gibt's nur a Spreewasser?!"

Die Flunder fährt herum: „Schnauze, Kuno! Als ick jetauft wurde, und det hat mich mein Oller jezwitschert, wa, da war im Taufbecken Klarer, vastehste? Klarer Korn! Aber dir, Kuno", sein Kopf stößt vor wie ein angriffswütender Raubvogel, „dir hamse die Birne in Kuhmist jestippt und…"

„Macht die Gewehre klar!" Hans steht neben der Gruppe, breitbeinig und die Arme in die Seiten gestützt, das Gesicht verzogen zwischen Lachen und mitleidigem Verständnis. „Erst die Waffen! Dann könnt ihr fressen, saufen und streiten", er deutet auf die nackten Füße, „oder eure degenerierten Plattfüße pflegen!" Jetzt lächelt er sein Kasernenhoflächeln. „Wäre ein Bild für die Wochenschau! Des Führers Leibstandarte im Heldenkampf! Barfuß wie die Zulukaffern! Konservenbüchsen – geklaute natürlich –, leere Feldflaschen, verfressen wie die Zahlmöpse vom Heeresverpflegungsamt, versoffen wie Bierkutscher und Waffen verdreckt und verschlammt wie bei der Müllabfuhr!" – Er setzt sich auf einen Steinbrocken, dabei fällt sein Blick auf die Schüssel. Er beäugt erst den Blechnapf, blickt dann zu Ernst, nickt, grinst und zündet sich eine Zigarette an. „Wir bleiben hier. Verpflegung und Munition wird vorgefahren. Wann, das wissen die Sterne. Pennen ist die Hauptsache. So viel und so schnell wie möglich und so leise wie nur möglich! Fragen?" – Als keiner etwas sagt, steht er auf, stakst zur Stallmauer, sucht einen Platz, schnallt ab, legt das Sturmgepäck als Kopfkissen zurecht, legt sich mit verschränkten Armen auf die Seite und zieht leicht die Beine an.

Hoch mit den Ärschen!" Die Stimme von Hans klingt belustigt. Ernst flucht. Der Flachsblonde hockt sich schweigend auf. Die Flunder reibt sich wie ein kleiner Junge die Augen. Paul und Jong schauen in den Himmel. Peter steht am Gewehr, und Kuno schnarcht ungerührt weiter.

„Beim Zugtrupp Verpflegung empfangen!"

Augenblicklich sind alle munter, schnappen Kochgeschirre und Brotbeutel und flitzen zu der zerschossenen Bauernkate. Dort stehen die Männer in einer langen Schlange, unterhalten sich, rauchen und fragen die vordersten nach der Speisekarte. Gänsebraten? Eisbein mit Kraut? Forellen blau oder getrüffelte Ameisenleber? – Es gibt wieder Gulasch.

„Warst du Chefkoch im Kempinski?"

Der Küchenbulle staunt wie die Fettaugen in seiner Gulaschkanone: „Ich – warum?"

Die Flunder kichert: „Von wejen der Abwechslung im Speiseplan."

„Brauchst es ja nicht zu fressen", knurrt der Koch.

„Ist das von demselben Pferd wie gestern?" deutet Paul mit dem Zeigefinger auf den Gulasch. Der Koch flucht und schlägt mit seiner Kelle zu. Der Finger aber ist schneller und deutet nun auf die Uniformbluse oberhalb der Küchenschürze. Soßenkleckse und Fleischreste!

„Typisch Küch'nchef", grinst Ernst, „statt 'nem EK hat der Gulasch an seiner Held'nbrust." Dabei füllt er die Kochgeschirre und reicht sie dem Flachsblonden. Der verschwindet, leert sie in die Waschschüssel, rennt zum Brunnen, spült die Kochgeschirre aus und stellt sich wieder in die Reihe der wartenden Männer. Die anderen lenken den Koch ab.

„Gestern war weniger Hund drin!"

Der Koch kocht vor Wut und knurrt.

„Hörst de det, Paul? Jleich fängt er an zu bellen."

Paul und Jong reichen ihre vollen Kochgeschirre an den Flachsblonden weiter. Der Koch schwitzt und brüllt: „Unterschaaaarführer!"

Die Flunder stößt Kuno an: „Jetzt ruft er nach Papa! Paß uff, Kuno, jetzt setzt et Haue!" Sie lachen.

Ein Unterscharführer ruft: „Ruhe, der Sauhaufen!"

Ein Panzerjäger stellt fest: „Diese schneidige Stimme haben wir heute doch glatt beim Angriff vermißt."

„Wer war das!" Die Unterscharführerstimme belfert eine Oktave höher: „Vortreten, der Mann!"

„Wer war das!" brüllt Paul, und Jong dreht sich um und ruft in die wartende Schlange: „Wer war das! Vortreten, der Mann!"

„Wer war das!" wiederholt der Flachsblonde noch ein wenig atemlos, und die Flunder schreit: „Vortreten, der Mann!"

„Vortreten, der Mann!" brüllen alle durcheinander. „Vortreten!"

Der Unterscharführer nimmt dem Koch die Kelle aus der Hand, legt sie weg und sagt gefährlich leise: „Iiiiihr wollt mich verscheißern? – Iiiiihr? – Wollt? – Da seid ihr schief gewickelt." Er sagt es klar und scharf akzentuiert, und plötzlich donnert er in vollster Lautstärke: „Wer war das! – Weeeeer!"

„Ich glaub', der war's", sagt Ernst ganz ruhig, und als der Furier ihn anfaucht: „Sie glauben, Mensch? – Reden Sie deutlich, Mensch! Weeer?", sagt Ernst sehr zackig: „Ich glaube, Unterscharführer, an das Reich, an den Führer, an den Sieg und an...", und er deutet seelenruhig auf den Koch: „Und der war's!"

„Siiiiie – Sie Pfeife wollen behaupten – Siiiie glauben..."

„Der Koch war es", bezeugt ein Pak-Kanonier, und Paul schlägt die Hakken zusammen und meldet: „Kann ich bestätigen! Habe es deutlich gehört!"

„Stimmt! Der Koch war es!"

„Der Koch!"

„Ruhe!" donnert der Furier. „Euch sollte man Scheiße zu fressen geben! Ich..."

„Wer brüllt denn hier wie ein angestochener Stier?" Ein schlanker Untersturmführer taucht am Gulaschpott auf, mustert kurz die anstehenden Männer, wirft einen abschätzenden Blick auf den bekleckerten Koch und den hochroten, schwer atmenden Furier und sagt endlich mit ausdruckslosem Gesicht: „Waren Sie das etwa, Penski?"

Der Furier nimmt Haltung an. „Der Sauhaufen will mich..."

„Die Männer", unterbricht ihn der Untersturmführer ruhig, „wollen endlich ihr Essen. Sie haben es sich schwer genug verdient, und Penski, leiser, viel leiser, der Iwan braucht nicht zu hören, daß es bei uns Abendbrot gibt."

Der Furier schlägt die Stiefelabsätze knallend zusammen und brüllt: „Jawoll! Untersturmführer!"

„Leiser, Penski – dafür etwas schneller. Ist das klar?!" Und zum Koch gewendet: „Schwingen Sie Ihre Kelle, Mann! Und mehr Fleisch und weniger Brühe, sonst schwingen *Sie* morgen MG-Kästen." – Er nickt den Männern zu, lächelt sein freundlichstes Lächeln, verschränkt die Hände auf dem Rücken und sagt noch: „Das wär's – bringen Sie mir auch etwas von dem Gulasch, Penski."

Des war's", feixt Ernst. Er stellt die Waschschüssel mit Gulasch an der alten Stelle ihres Fußbades auf die Erde, klemmt sein Kochgeschirr mit der normalen Portion zwischen die Knie, schneidet Brot in kleine Stükke und rührt es unter den Gulasch. Ein leiser Pfiff, und langsam und genießerisch schaufelt er den Gulasch zwischen die Zähne.

„Egal, ob Roß oder Hund, es schmeckt", und als er die volle Schüssel sieht, feixt er wieder und sagt: „Gebt nachher den Panzerjägern was ab. Die ham guat mitgemischt!"

Sie sitzen wie beim gemeinsamen Bad im Kreis um die Schüssel herum. Die normale Kochgeschirration war etwas dürftig, mit dem Zusatzschlag aus der Schüssel reicht es und macht satt, und ein gefüllter Bauch und eine Verdauungszigarette und die Welt, ihre Welt, ist wieder in Ordnung.

Die Nacht ist klar und hell. Am Himmel knattert ein Flugzeug, klakkernd und ratternd wie eine alte Nähmaschine. Der Flachsblonde blickt hoch und schubst Ernst an. „Bjelgorod, Ernst, weißt du noch? Der schöne Gulasch?"

„Woaß schon", lacht der Münchner, „diesmal kimmt er zu spät!"

Die russische Aufklärungsmaschine, vom Geräusch her Nähmaschine, wegen ihrer sprichwörtlichen Pünktlichkeit auch U. v. D. genannt, verknattert irgendwo in der Ferne.

Ernst hebt schnuppernd die Nase, und die Flunder witzelt: „Wie ick det sehe, riechst du 'nen juten Nachtisch, wa?"

Ernst zuckt nur die Schultern, brummt etwas von Freßsack, steht auf, zieht die Tarnjacke zurecht und beäugt wieder den Himmel.

„Was hat'n der Ernst?" fragt Kuno, und der Flachsblonde erwidert: „Dem gefällt die Nacht nicht. Zu hell. Zu klar. Und zu ruhig. Direkt ideal zum Kriegspielen. Entweder wir bleiben hier, dann hat der Iwan Zeit gewonnen und wirft Reserven vor, oder…"

„Oder wir tun etwas! Auf alle Fälle wird es bei der Mütze voll Schlaf von vorhin bleiben", beendet Paul den Satz.

Ernst schlendert zu der Stallmauer, wo ihr Gepäck liegt, setzt sich, lehnt den Rücken an die noch warmen Steine und dreht eine Zigarette. Die anderen tun es ihm nach, hocken oder legen sich hin, rauchen oder versuchen zu schlafen. In Wirklichkeit warten sie, warten auf das Entweder-Oder, auf das, was Ernst schnuppernd angedeutet und der Flachsblonde ausgesprochen hat.

Auf der freien Fläche zwischen Stall und Wohnhaus liegt gulaschverschmiert die alte Waschschüssel.

Der sechste Tag

7. Juli 1943

Der weitere Verlauf der Schlacht um Kursk ist klar, für die Strategen jedenfalls, und die Fähnchen auf den Generalstabskarten warten nur darauf, vor- oder zurückgesteckt zu werden. Manche Fähnchen liegen auch auf dem Fußboden oder im Papierkorb. Sie haben ausgedient, weil die Kompanien, Bataillone, Regimenter und Divisionen fehlen. Der einfache Landser weiß weder etwas von den weiteren strategischen Schachzügen noch von den Fähnchen. Sein Horizont reicht bis zum Zug. Bei der Kompanie flimmert es bereits, und beim Bataillon reißt der Film. Die Grenadiere brauchen auch nicht zu denken. Sie haben nichts weiter zu tun als das, wofür andere ihren Grips anstrengen. Machen jedoch die Denker einen Fehler, hat ihr Gegendenker schneller oder gar besser gedacht, dann gibt es auf der Generalstabskarte ein Fähnchen weniger, und man muß sofort angestrengt darüber nachdenken, woher schnellstens ein neues Fähnchen zu nehmen ist. Ersatzfähnchen sind zwar vorhanden – noch –, leider aber in sehr begrenzter Stückzahl. Das Umstecken eines Fähnchens geht allerdings leichter als die Umgruppierung einer Division oder der zeitgenaue, schwerpunktmäßige Einsatz eines Panzerregimentes im Hügelgelände zwischen Bjelgorod und Kursk.

Von der ganzen Steckerei haben der lange Hans und seine Männer keine Ahnung, und das ist gut so. Einen blassen Schimmer, einen Riecher hatte Ernst, als er die Waschschüssel liegenließ, um an der Stallmauer ein Krätzchen voll Schlaf zu nehmen.

Eine knappe Stunde später sind sie auf dem Marsch.

Dori hockt am Steuer. Ernst dreht Zigaretten auf Vorrat. Der Flachsblonde kaut Fingernägel. Sie hören Doris neuesten Wehrmachtbericht: „Ich war wieder bei meinem Freund, dem Strippenheini. Wir haben Skat gespielt und Musik gehört. Tja – und da erklang wieder dieses blöde Lied: „Ich weiß, es wird einmal ein Wunder geschehn" – unser Lied, ihr wißt schon, das von dem verpfuschten Abschiedsabend in Berlin. Toll, die Zarah! Tolle Stimme! Toller Film!"

„Dori, Dori", murmelt Ernst, „is des dei ganze Neuigkeit?"

„Warte es doch ab, Mensch! Jetzt habe ich den Faden verloren."

„Den verlierst allweil, wannst a Zigarett'n möcht'st."

Dori wartet auf die Selbstgedrehte, klemmt sie in den Mundwinkel, pafft ein paar Züge vor sich hin und sagt: „Also folgendes: Wir sind endgültig durch! Heute nacht wird gefahren, was das Zeug hält. Morgen wird auch gefahren, was das Zeug hält."

„Und der Iwan? Rennt denn der aa so schnell mit?"

„Quatsch, Ernst!" winkt Dori ab. „Die ‚Totenkopf'-Division, die bisher rechts von uns festlag und unsere Flanke deckte, wird abgelöst und knüppelt hinter uns durch nach links und übernimmt die Spitze. Dafür wird die Division ‚Das Reich' rechts von uns vorstoßen."

„Sauber, a strategische Meisterleistung. Was links von uns war, des muaß nach rechts, und was rechts war, des muaß nach links! Und wir? Was hams mit uns vor? Müaß'n wir rückwärts fahr'n, oder – oder gemma in Urlaub?"

„Das verstehst du nicht, Ernst", lacht der Flachsblonde. „Umgruppierung nennt man das. Es sind taktische Manöver, sie sollen die eigenen Absichten verschleiern und den Gegner verwirren."

„Verschleiern, Kück'n, verwirr'n – wann i des schon hör. Was gibt's denn zu verschleiern und zu verwirr'n? Dem Iwan is es doch scheißegal, mit wem er sich rumschlag'n muaß, und ob aufm Ärmelstreif'n ‚Adolf Hitler' steht oder ‚Das Reich' oder ‚Totenkopf'-Division. Außerdem seh'n s' den Streif'n unter der Tarnjack'n sowieso net."

„Hört doch erst einmal weiter", unterbricht Dori. „Wir bleiben in der Mitte, und wir fahren langsamer als die anderen und warten, wer zuerst den Iwan stellt. Die fahren mit Vollgas und wir im Zuckeltrab."

„Und dann?" fragt der Flachsblonde.

„Und dann! – Kück'n, du wirst nimmer g'scheit! Dann geht der Mist von vorne los!"

„In Kursk gibt es Urlaub."

„Kann leicht sein, Kück'n – und danach hoaßt's wieder auf ein neues."

„Raus aus dem Schlamassel, rein in den Schlamassel."

„Genau, Dori – und des geht so lang, bist'd an kalt'n Arsch hast."

„Aber – Dori, was ist mit Obojan?"

Dori bremst hart und schimpft über die Zuckelei: „Pennbrüder! Anfänger! Möchte nur wissen, wo die vorn an der Spitze ihren Führerschein gefunden haben."

„Obojan – Dori, Obojan! Was is mit dem Drecknest? Unser Kück'n will dort Schulleiter wer'n."

Dori verdreht den Hals und sieht den Flachsblonden überrascht an: „Schulleiter in Obojan? – Wollt ihr mich vergackeiern?"

Ernst lacht und der Flachsblonde flucht.

„Nix für ungut, Dori, sollt a Witz sein, aber bei Obojan san mir steh'nblieb'n."

Dori fährt wieder an und schüttelt den Kopf. „Von Obojan habe ich nichts mehr gehört. Irgendwie stinkt da etwas im Puff."

„Also Funkstille?!"

Dori zuckt die Schultern und antwortet nicht.

Die Sonne meint es wieder gut. Der Tag wird heiß und der Mot-Marsch zum müden Kriechen. Der einzige Vorteil besteht darin, daß sie nicht zu laufen brauchen. Es will kein Gespräch mehr aufkommen. Jeder döst vor sich hin. Ernst versucht zu schlafen. Weit links von ihnen hängen dunkle Rauchwolken. Im Näherkommen erkennen sie Einzelheiten. Das Gelände ist übersät von Waffen und Gerät. Sie sehen zerschlagene und auseinandergerissene Panzerwracks, Pak-Geschütze, Artillerie, Fahrzeuge – und die Menschen! Das, was einmal Menschen waren. Die Trümmer qualmen, glimmen und knistern.

Der Flachsblonde starrt mit offenem Mund. Dori fährt fast im Schritt, und die Zigarette in seinem Mundwinkel ist ausgegangen. Ernst massiert kratzend sein Kinn. Sie fahren und starren, und es dauert lange, bis sie ihre Sprache wiederfinden, und eigentlich sind es ein Brummen von Flugzeugen und ein leises, dumpfes Rummsen, die ihre Erstarrung lösen.

„Gilt das uns?" fragt der Flachsblonde.

„Naa", beruhigt ihn Ernst, „des is zu weit rechts von uns. Klingt nach Ari."

„Aber, ich dachte", schiebt der Flachsblonde die Oberlippe an die Nase und zeigt mit der Hand auf die Trümmer, „ich dachte, wir sind durch! Wer greift denn da wen an?"

„Wollt, Kück'n, wollt angreifen! Des war a Schönheitsfehler, a Rech'nfehler, a strategischer Irrtum oder so was ähnlich's."

„Das waren russische Reserven." Dori wischt sich den Schweiß von der Stirn und den Tropfen von seiner Nasenspitze. „Eben weil wir durch sind, hat der Iwan in das Loch werfen müssen, was er in aller Eile zusammenkratzen konnte."

„A glatt's Himm'lfahrtskommando war des, glatter Selbstmord. Die san geg'n unsere Panzerpulks gerannt wia Besoffene geg'n a Mauer."

„Ich habe keine Verwundeten gesehen. Keine Gefangenen kamen uns entgegen."

„Stimmt, Kück'n." Ernst kratzt sich wieder am Stoppelkinn. „Und des is noch net lang her, und – und des hat aa net lang gedauert."

„Und du meinst, unsere Panzer haben das geschafft?" zweifelt der Flachsblonde. „Ich sehe aber keinen einzigen deutschen Panzer. Keine eigenen Verluste? Nicht einmal ein beschädigter Kasten? – Also – ich kann mir nicht helfen, ich finde das komisch."

„Alle Achtung, Kück'n, i siach aa nix!"

„Aber wer, Ernst, wer hat denn dieses Fiasko angerichtet?"

Ernst zuckt die Schultern. Dori weiß auch keine Antwort und starrt in den Panzerfriedhof, und der Flachsblonde zieht die Oberlippe an die Nase. Das Brummen am Himmel hält an, auch das dumpfe Rummsen.

Sie können nicht wissen, daß es einem einzigen Augenpaar zu verdanken ist, daß sie nicht ahnungslos vor die Rohre eines russischen Panzerpulks gefahren sind. Schlimmer noch! Die Russen wußten, daß sie zu einem Entlastungsangriff antreten mußten, zu einem verzweifelten, der keinen anderen Sinn hatte, als Zeit zu schinden, um die zerrissene Front zu flicken. Die LAH wäre völlig überraschend in der Flanke erfaßt worden, wenn – ja wenn nicht ein deutscher Fliegerhauptmann zufälligerweise die russische Panzeransammlung gesehen hätte, wenn er nicht sofort die akute Gefahr für das vorstoßende Waffen-SS-Korps erkannt und wenn er nicht seine Gruppe Schlachtflieger – ohne lange zu fackeln, ohne umständliche Anfragen nach Startgenehmigung und Auftrag – alarmiert und zum Einsatz dirigiert hätte. So aber hatte sich an der Flanke der Waffen-SS am 8. Juli 1943 sowjetischerseits eine Tragödie abgespielt! Sechzig Panzer des sowjetischen 2. Gardepanzerkorps und mehrere Schützenbataillone wurden allein aus der Luft angegriffen! Bordkanonen gegen T-34! Splitterbomben gegen die Infanterie! Während die Grenadiere der Waffen-SS die aufgestoßene Tür noch weiter öffneten und in die Weite des Raumes vorstießen, erfolgten die Vernichtungsangriffe der deutschen Staffeln auf die russischen Gardebrigaden. Eine knappe Stunde später gab es keine Flankenbedrohung mehr. Die russischen Schützen-Bataillone waren zerschlagen, fünfzig abgeschossene T-34 verqualmten im Gelände.

Die Sonne blitzt durch das Blätterdach. Die Fahrzeuge stehen im Schatten. Die Männer warten.

‚Die Hälfte seines Lebens wartet der Soldat vergebens.' Der Spruch ist wahr, und der Spruch ist gut, wenigstens in ihrer Situation. Solange sie warten, haben sie nichts anderes zu tun, und das Andere konnte nur schlechter sein.

Der Flachsblonde liegt neben dem Wagen. Er fühlt sich zerschlagen und unendlich müde, obwohl erst wenige Tage vergangen sind, seit Dori in dem Panjedorf mit der Nachricht von dem bevorstehenden Unternehmen „Zitadelle" für Magenflattern gesorgt hatte. Damals hatte er neben Ernst und dem Kommissar faul im Schatten gelegen und durch das schadhafte Hausdach in den Himmel geblinzelt. Wie lange ist das her? – *Komisch, denkt er, komisch, daß man das Gefühl für die Zeit so schnell verlieren kann. Mag es daran liegen, daß ein Tag so beschissen wie der andere ist oder daß man einfach keine Zeit für die Zeit hat? Aber jetzt – jetzt habe ich doch Zeit, denn Warten heißt doch nichts anderes als Zeit totschlagen? Aber die Zeit ist mir wurscht. Das Warten ebenso, auch wie es weitergeht, und ob wir heute nach Kursk kommen werden oder überhaupt nicht, ist mir eigentlich auch wurscht. –* Im Schatten ist es richtig schön.

Sommer – Sonne – Wochenend… „Wochenend und Sonnenschein und dann mit dir im Wald allein" – *Idiotischer Schlager! Hat sich was mit Wochenend und Sonnenschein und mit dir allein. –* Ich liege auf dem warmen Boden, schlage die Zeit mit Nichtstun tot, denke blöde Gedanken, warte auf etwas, wovon ich nichts weiß, glotze Löcher in den unschuldigen Himmel, und ein Lied jokelt mir durch die Birne, das zu meiner Situation paßt wie 'ne Filmschauspielerin in einen Panzer. *Ich sollte lieber meine Fußlappen wechseln oder einen Brief schreiben. Schreiben – mein Tagebuch darf ich nicht vergessen! – Komisch – man verplempert Stunden, Tage, Wochen, und was kommt dabei heraus? Fahren, latschen, essen, trinken, rauchen und Iwans totschießen. Und wenn man Glück hat, gibt es drei Wochen Heimaturlaub. Die ganze Warterei ist nichts anderes, als auf den Urlaub warten, und die verplemperte Zeit ist das notwendige Übel für drei Wochen Leben!* Drei läppische Wochen. Einundzwanzig lange, kurze Tage und Nächte und – und wenn man Zeit hat, so wie jetzt ich zum Beispiel, denkt man an den nächsten Urlaub und malt sich aus, wie man die Tage, wie man jede einzelne Stunde ausnutzen und auskosten wird. Und diese Vorfreude ist die moralische Kraft, die den ganzen Kerl zusammenhält. Jämmerliche einundzwanzig Tage! Daran klammert man sich mit allen Fasern seiner Sehnsucht, denkt, fühlt und hofft wie ein kleiner Junge, der im Nebenzimmer ungeduldig und zum Platzen gespannt auf den Augenblick wartet, wo es klingelt und Mutter ruft: ‚Das Christkind war da! Du kannst hereinkommen!' – Dreihundertvierundvierzig Tage Dreck und Schweiß, Schnee und Eis, Regenmärsche und Matschangriffe, Trockenübungen, Anschiß und Appell, Karo einfach und Kunsthonig. Dreihundertvierundvierzig Tage Vorfreude und Hoffen auf den Augenblick, wo mir der Spieß den Urlaubsschein in die Hand drückt und sagt: ‚Zu meiner Zeit hätten Sie auf den Wisch gewartet bis zum hundertsten Geburtstag des Führers, aber heute? Naja, hauen Sie ab, Mensch, und wenn Sie jemand fragt, bei welcher Einheit Sie sind, dann sagen Sie bei der Heilsarmee, aber um Gottes willen nichts von der LAH!' – Und dann mache ich die zackigste Ehrenbezeugung und die korrekteste Kehrtwendung und raus! Nichts wie raus! – Das ist es, das ist der schönste Augenblick im Leben eines Landsers, schöner als jede Beförderung, schöner als jeder Orden! Genieße diesen Augenblick! Genieße jede Sekunde! Für drei Wochen bist du ein Mensch, kannst endlich selber über dich und deine Zeit verfügen, bist nur für dich und für niemanden sonst auf der Welt verantwortlich, kannst das tun, was du willst, und nicht, was andere dir befehlen! – Tief durchatmen – frei atmen – und das trostlose Panjekaff ist plötzlich nicht mehr so trostlos und die Dorfstraße nicht mehr so dreckig und die Scheißlandschaft nicht mehr so scheußlich. – Die Welt sieht einfach anders aus. Sogar die Läuse zwicken fröhlicher. Du packst deine Klamotten, und die Kumpels schnattern durcheinander, geben Ratschläge und Adressen und Geheimtips, wie der Urlaub verlängert werden kann, und du quatschst und lachst mit und klopfst wie sie die schönsten Sprüche und hörst zu und hörst doch nichts, weil deine Gedanken bereits davongaloppiert sind. Endlich lehnst du dich im Beiwagen zufrieden zurück, die Klamotten auf den Knien, winkst, brüllst und lachst, und der Fahrer hat ein Einsehen und gibt Gas. – Mann, ist das ein Gewimmel! Die Fronturlauber stehen, sitzen, hocken und liegen auf dem Bahnsteig, reißen Witze, lachen, johlen, dreschen Skat und übertreffen sich gegenseitig mit ihren Urlaubsphantastereien. Alles ist eitel Freude und Sonnenschein, selbst der Sturm auf die Waggons. Natürlich will jeder mit, und jeder kommt auch mit, und es ist egal, ob man sitzt, steht, hockt oder hängt. Es geht nach Hause! Nur das zählt! – Langsam schaukelt man sich ein. Geflucht wird nur, wenn der Zug aus unerfindlichen Gründen auf freier Strecke hält. Dann kriecht so etwas wie Angst hoch, die Angst, daß im letzten Augenblick noch etwas schiefgehen könnte. Sobald der Zug wieder rollt, ist alles vergessen, und die Sprüche werden wieder laut. In einem Abteil sitzt ein Witzexperte und läßt die dichtgedrängt stehenden Zuhörer nach jeder Pointe lachend explodieren. Im Nachbarabteil wird der x-te Grand angesagt, das soundso vielte Kontra gewonnen oder verloren. Irgendwo singen sie selbsterdachte neue Strophen, meist mehr als nur unanständige. Es ist eine Stimmung, als führe man zur Siegesparade nach Berlin. – Langsam wird es ruhiger. Ein Weiser hatte seine Erkenntnis nicht länger für sich behalten können und verkündete: ‚Pennen heißt die Parole. Ihr müßt für drei Wochen auf Vorrat schlafen. Zuhause ist jede Stunde Schlaf verschenkte Zeit!' – Also pennt man, und zeitweise ist der Chor der Schnarchtöne nicht weniger laut als der Krach der Skatspieler und das Gejohle der Witzrunde.

Nichts stört. Nichts kann dich aus der Fassung bringen. Nichts kann deine Freude dämpfen, und nichts kann deine Illusionen zerstören. Du bist froh, zufrieden und innerlich gelöst, nach dreihundertvierundvierzig Tagen innerlich ausgeglichen und glücklich. – Umsteigen in Berlin! Ziemlich fassungslos und erstaunt registrierst du die vielen Uniformen, die hier herumschwirren. Geschniegelt und gebügelt, sauber und korrekt und manchmal elegant, und du beäugst deine Klamotten und denkst daran, wieviel Arbeit die Zuhause damit haben werden, bis Rock und Hose wenigstens einigermaßen ausgehfähig sein werden. Und du wunderst dich darüber, daß draußen so viele fehlen und hier so viele überflüssig herumstolzieren, und verstehst nicht, daß du in deiner schäbigen, schlotternden Uniform die schweren MG-Kästen schleppen mußt, während die nur Handschuhe tragen. Du bist froh, wenn du endlich im nächsten Fronturlauberzug sitzt und gen Süden zuckelst. Hier bist du unter deinesgleichen, trägst den gleichen fleckigen Rock, sprichst die gleiche Sprache, miefst den gleichen Mief, auch wenn die Entlausungsanstalt das Schlimmste abgestellt hat, ißt aus derselben Büchse, rauchst aus derselben Schachtel und fieberst wie alle deine Mitfahrer der Heimatstadt entgegen. Und das Fieber verstärkt sich, je vertrauter die Landschaft wird, die am Abteilfenster vorüberfliegt, und du erlebst nach der Aushändigung deines Urlaubsscheines den zweiten Höhepunkt, wenn das Wahrzeichen deiner Heimat, wenn die Veste zu erkennen ist. – Deine Stadt! Und die Zeit ist anders. Und das Wetter ist anders, auch wenn es zur Begrüßung schifft wie zu Noahs Zeiten. Und du bist anders, und du stolzierst durch die Halle, stößt die Schwingtür auf, stehst auf den Treppen vor dem Bahnhofsplatz, stellst dein Gepäck ab, schiebst dein Krätzchen aus der Stirn und holst tief Luft. Es ist ein unbeschreiblicher Augenblick, wieder Zuhause zu sein. Das läßt sich nicht formulieren, das läßt sich nur erleben! Und der Weg nach Hause die Mohrenstraße hoch, am Hofbrauhaussaal vorbei, wo du mit Klaus und Hansi die ersten und letzten großen Tanzveranstaltungen erlebt hast, die Rennbahn entlang und an der Eisdiele vorbei, langsam und gleichsam alles neu aufnehmend und weiter zum Markt. Du bleibst stehen und guckst, und es ist dir, als seist du nie weggewesen, und du hebst die Nase und schnupperst und bemerkst den kleinen Unterschied zum Früher: Der Bratwurstduft fehlt. Du grinst – Wie sollte er auch im vierten Kriegsjahr! –, und du marschierst, nein, du schlenderst am Prinz Albert-Denkmal vorbei und am Brunnen und biegst in die Ketschengasse ein. Der alte Zollhof – Opas Tabakladen – seine Stammkneipe – der Brunnen – und – und du siehst deine Großmutter, die gerade Milch holt. –

So war es im letzten Urlaub gewesen. –

Die erste Woche ist dann Urlaub, wirklicher Urlaub. Was dann kommt, ist schon wieder Essig. Man beginnt die Tage zu zählen, die noch bleiben, und der Rest ist Magendrücken. – *Jetzt warte ich wieder, und es wird eine verdammt lange Warterei werden, denn der letzte Urlaub, das war nach dem Kratzer in Charkow. Im April. Das ist erst drei Monate her. Hoffnungslos, von wegen nach Kursk gibt es Urlaub. Ich habe noch ein dreiviertel Jahr Zeit. Wieder das saublöde Wort Zeit. Wird Zeit, daß ich penne.* –

Er schließt die Augen und wartet. Als es nichts wird mit der Schlaferei, stützt er sich auf die Unterarme und starrt seine dreckigen Stiefelspitzen an.

„Hätt'st schlaf'n soll'n, Kück'n." Mit diesen Worten setzt sich Ernst zu ihm.

„Können vor Lachen."

Ernst nickt verständnisvoll.

„Is wia verhext. Wannst Zeit zum Schlaf'n hätt'st, dann geht's net, und wannst koane hast, fall'n dir die Glotzer zua. Is schon a Kreuz."

Der Flachsblonde sieht ihn aufmerksam an, ob außer der philosophischen Schlafbetrachtung noch etwas Vernünftiges kommt, aber Ernst schweigt und besieht sich angelegentlich die Gegend.

Die Sonne steht hoch am Himmel, weißglühend wie eine riesige Höhensonne, und der Flachsblonde wünscht sich, es wäre eine, denn dann könnte man sie abschalten. Die Bäume lassen müde und faul ihre Blätter hängen. Nicht der leiseste Windhauch mildert die Backofenhitze. Weit oben am Himmel, der so hell ist, daß beim längeren Hinsehen die Augen schmerzen, kreisen zwei kleine, dunkle Punkte. Der Flachsblonde grinst – zwei Bussarde spielen Hasch mich. Die haben es gut, die schwitzen nicht, und wenn es ihnen doch einmal zu warm wird, huuiiiii und runter im Sturzflug. Er verliert die Vögel aus den Augen und rümpft die Nase und starrt wieder seine Stiefelspitzen an und plötzlich gähnt er, kaut zwei-, dreimal, schluckt, spürt ein leichtes Kratzen im Hals. Sein Kopf wird schwer, und er läßt sich zurückfallen.

Ernst rüttelt ihn wach und deutet nach oben. Der Flachsblonde blinzelt am Blätterdach vorbei in den weißharten Himmel. Dunkle Punkte… Flugzeuge! – Andere stoßen aus der Helle auf sie zu. Spitzes Jaulen! Dumpfes Pochen! Helles Pattern! Aufblitzen! – Rauchwolken – dröhnendes Brummen – Hochziehen – trudelnder Sturz und ein Rauchpilz auf der Erde!

„Mann, ist das ein Krach!"

„Und dabei kannst'd schlafen. Des geht schon a Zeitlang so."

Landser stehen am Waldrand, beobachten und unterhalten sich aufgeregt.

„So eine Schlachterei habe ich noch nicht erlebt", staunt der Flachsblonde und setzt sich auf.

„In dem Scheißeinsatz is all's einmalig", kommentiert Ernst. „Das Trommelfeuer, die Stellungssysteme, die Panzermassierungen und heut die Luftschlacht. Kück'n, i hab' so des ungute G'fühl, des wird nix mit dir."

„Mit mir?"

„Ja – mit dem Schulleiter in Obojan."

Sie lachen.

„Nun sei mal ehrlich, Ernst, was willst du eigentlich nach dem Krieg anstellen?"

Der Münchner beobachtet einen russischen Schlachtflieger, der, einen langen Rauchschwanz hinter sich herziehend, im Tiefflug die eigenen Linien zu erreichen sucht.

„Ich – i woaß net recht, Kück'n."

Ein deutscher Jäger stößt von hinten wie ein Raubvogel zu. Vom Leitwerk des Russen platzen Teile ab. Am Rumpf ein helles Aufblitzen, und was von der Maschine übrig ist, torkelt auf die Erde zu. „Vielleicht was Technisches. Was mit Autos oder Radios zu tun hat. Geld is mir wurscht. Hauptsach', es g'langt zum Ess'n und Trink'n." Er scharrt mit der Stiefelspitze halbrunde Kreise in den Waldboden. „Du hast's guat. Du willst Pauker werd'n. Ich – ich will gar nix, hab koa Ziel, und wann i was will, dann is des Zeit! Zeit möcht ich hab'n, für mich! Verstehst? Neb'n der Arbeit Zeit zum Les'n, Zeit für an Biergart'n. Tun und lass'n können, was mir Spaß macht, ohne Hetz, ohne Muß. Zeit für a Lieblingsb'schäftigung. Zum Beispiel Schallplatt'n hör'n." – Er wechselt das Standbein und zieht mit dem anderen Fuß Halbkreise. „Ja – i glaub, des is all's. Ruhe und Zufriedenheit. Eins mit sich und der Welt, des g'langt mir." – Er stößt den Flachsblonden leicht in die Seite und feixt: „Jetzt bist enttäuscht. Hast mehr erwart't, stimmt's?"

„Nein, Ernst – es ist genug, vielleicht sogar zuviel." Er zieht die Oberlippe an die Nase. – „Jedenfalls ist deine Zukunf kaum vorstellbar, wenn du das siehst!" Und er deutet ohne den Blick zu heben, mit dem Kopf nach oben, wo die blaßverwehten Rauchspuren durch scharfgezeichnete neue ersetzt werden.

Paul und Jong hocken wie Zwillinge nebeneinander und beobachten schweigend die Luftkämpfe. Kuno und die Flunder unterhalten sich lauthals in der ihnen eigenen Art, die ein Nichteingeweihter mit einem hitzigen Wortwechsel kurz vor einer Prügelei verwechseln würde. Peter reinigt zum x-tenmal sein Maschinengewehr. Dori liegt unter seinem Wagen und pennt.

Der Flachsblonde wirft einen Blick auf seine Kumpels und zieht wieder seinen Flunsch. – *Hannes würde bei Paul und Jong hocken. Uni würde die beiden Streithammel noch mehr aufheizen, und Peter wäre nicht allein, wenn Walter und Sepp – wenn – wäre – wenn…* „Ende der Vorstellung, Kück'n!"

Der Flachsblonde spürt den leichten Handschlag von Ernst auf seiner Schulter und schreckt hoch.

„Komm, Kück'n – wir müass'n den Dori weck'n!"

Am späten Nachmittag flackert an ihrem rechten Flügel Ari-Feuer auf. Es ist nur ein schwaches und weitentferntes Rumpeln, nicht weiter aufregend, eine Marschbegleitung, mehr nicht. Die Grenadierkompanien marschieren gruppenweise in langen Reihen im gewohnten Trott. Wenn eine der tief eingedrückten, fast schluchtartigen Geländefurchen, sogenannte Balkas, die Männer zum Ausweichen und zur Umgehung zwingt, werden die Marschreihen wie bei einer Ziehharmonika zusammengedrückt, um danach die alten Abstände automatisch wiederherzustellen. Als das Ari-Feuer plötzlich heftiger poltert, horchen die Männer auf. Manche wenden den Kopf, andere bleiben kurz stehen, rufen ihre Vorder- oder Hintermänner an, deuten nach rechts, tauschen Vermutungen aus und laufen dann weiter im gleichen Tempo wie vorher – um nichts klüger, nur aufmerksamer und angespannter. Manche, wie gesagt nicht alle, denn es gibt auch einige, die seit dem Anschwellen des Feuers nicht darauf warten, daß in jedem Augenblick auch zwischen ihnen die Einschläge auseinanderspritzen, die zwar auch registrieren: Ari-Feuer weit rechts ab, bei denen aber das Weitab bedeutet: Kein Grund zur Aufregung, ist ja nicht bei uns! Die dritte Kategorie von Männern, die bedauert, daß nur am rechten Flügel etwas los zu sein scheint, die darauf brennen, dem Russen an die Gurgel zu gehen, mit aufgepflanztem Bajonett und einem „Hurraaaaaa" auf den Lippen, die gibt es nur in der Wochenschau und in Büchern. Der Flachsblonde jedenfalls kennt derart kriegsgeile „Hurra"-Patrioten in seiner näheren Umgebung nicht. Als tief am Horizont dunkle Punkte auftauchen und irgendeiner, der es nicht lassen kann, überflüssigerweise „Fliegerdeckung!" brüllt und die langen Marschreihen blitzartig links und rechts auseinander in Deckung flitzen, verblassen alle Unterschiede zwischen jungen und alten Fronthasen, ängstlichen Hosenschlotterern und filmreifen Draufgängern. Die Männer pressen sich an den Boden, nehmen die Köpfe zwischen die Arme, oder wie es in der Landsersprache so treffend heißt: stecken die Schnauzen in den Dreck, und warten darauf, daß der Spuk möglichst schnell und möglichst harmlos vorübergeht. Als der Angriff ohne nennenswerten Schaden – den Erdboden zieren nur einige Mulden mehr – vorbei ist, stehen sie auf, formieren die gewohnte Marschreihe und zockeln weiter.

Ein MG stottert. Ein zweites fällt ein. Ein drittes, viertes – Granatwerfer pluppern – Hans winkt mit der MPi – und die Gruppen fächern auseinander.

„Und ich dacht, der Iwan läuft", flucht Ernst.

„Nur nicht schnell genug", ergänzt der Flachsblonde. „Wir holen ihn immer wieder ein."

Als die ersten Einschläge vor ihnen die Erde hochwerfen, drückt Ernst seine Zigarette aus und verstaut die Kippe in der Hosentasche. „Wär fast a ruhiger Tag gewordn – aus is."

Der Flachsblonde grinst ihn an: „Fast, Ernst – man soll eben den Tag nicht vor dem Abend loben."

Sie liegen am abgeflachten Ende einer Balka und feuern. Das Schußfeld ist in dem stark zerfurchten, welligen Gelände nicht ideal, und so konnten die ersten russischen Angriffswellen verhältnismäßig nah herankommen, bevor die Russen von dem konzentrierten Feuer der 42er Maschinengewehre erfaßt und zusammengeschossen wurden. Der Flachsblonde schätzt die Entfernung auf 200 bis 250 Meter und schießt mit seinem russischen Scharfschützengewehr ruhig und genau. Ernst beobachtet und grinst: „Wie aufm Schießstand!"

Als nach einer kurzen Angriffspause die nächste Welle auftaucht, werden die Russen von den in irrsinniger Schnelligkeit aufrasenden MG-Garben über ihre toten Kameraden geworfen. Es ist furchtbar und erschütternd zugleich, mit welcher Sturheit sie immer wieder angreifen, um mit unabwendbarer Sicherheit vom deutschen MG-Feuer erfaßt zu werden. Die Bilder gleichen sich. Eine neue Welle taucht auf. Die Angreifer versuchen über die vor ihnen hingemähten Gefallenen und Verwundeten zu steigen und einige Meter Raum zu gewinnen.

Das Stakkato der Maschinengewehre läßt sie stoppen, taumeln, schlägt sie auseinander und übereinander. Die Pulks der Leiber vor den deutschen Grenadieren werden höher und tiefer. In den Angriffspausen ziehen Paul und Peter neue Gurte ein, laden durch und warten auf die nächste Welle. Sie kommt so sicher wie das Amen in der Kirche, und wieder peitschen die MG-Garben auf! Die Schreie der Verwundeten vor der Balka werden immer mehrstimmiger und verstärken sich zur dissonanten Raserei.

„Für heut' hast dei Soll erfüllt!"

Der Flachsblonde antwortet nicht. Er läßt den Kopf auf den Gewehr-schaft sinken. *Wahnsinn! Wahnsinn, wie diese Idioten ihre Leute wie Viehher-den vor unsere Läufe treiben! Wahnsinn, wie die sich zusammenschießen lassen. Stur, vernagelt, verblödet wie…* Das Fauchen läßt ihn zusammenzucken! Die ersten Einschläge krepieren links von der Balka auf der freien Pläne. Hans brüllt nach Leuchtkugeln. Der Zugführer rennt vorbei und schreit: „Die schießen zu kurz! Unsere eigene Ari schießt uns in den A…"

Wenn jetzt der Iwan –! Der Flachsblonde blickt mit zusammengeknif-fenen Augen über den Lauf. – *Nichts – ist denn das die Möglichkeit? In die-sem Augenblick, wo sie eine Chance haben, weil uns die eigene Ari in Deckung zwingt, ausgerechnet jetzt tun sie das nicht, was sie stundenlang vergebens versucht haben!* Eine Leuchtkugel zischt hoch. Weit rechts an der Spitze der Balka, wo das deutsche Feuer am heftigsten zuschlägt. Der Zug-führer flucht noch immer und jagt gleich zwei Leuchtkugeln kurz hin-tereinander in den erschrockenen Himmel. Die Artillerie stellt schlag-artig ihr Feuer ein! Ruhe. – Die Männer sehen über die Deckung – die plötzliche Stille ist unheimlich. – Sie suchen mit den Augen, wo es nichts zu suchen gibt und wenden, wie auf Kommando, die Köpfe nach links. Panzer!

Sind das Panzer von uns? Oder russische? –
Rrscht – Wrumm! Wrumm!
Russische Pak! – Unsere Panzer greifen an! –
„Raus!"
Der Schrei ist hoch und schrill, und als der Flachsblonde endlich be-greift, sieht er die Männer schon außerhalb der Balka auf die vor ihnen liegenden Russenpulks zurennen. Er will sich hochstemmen, hört das häßliche Reißen und rutscht sofort wieder zurück – beim Einschlag reißt er den Mund weit auf, drückt den nach hinten gerutschten Stahl-helm wieder in die Stirn, kriecht aus der Deckung, rennt – hechtet wie-der in Deckung – horcht – *Das ist nicht die deutsche Ari, das ist der Iwan!* Im Weiterhetzen sieht er wieder Leuchtkugeln hochzischen. Er hört die russischen Ratsch-bumm, das hohle Pochen der deutschen Panzerka-nonen und dazwischen das Stöhnen und Schreien der verwundeten Russen. Und er sieht sie, die Toten und die noch Lebenden, und was er sieht, stülpt ihm fast den Magen um. Er springt über verkrümmte Lei-ber, will ausweichen, tritt in Weiches, Glitschiges, rutscht aus, fängt sich wieder, stößt an Waffen, stolpert über Gesichter mit weitoffenen Augen, würgt, hustet, keucht, spuckt aus, wirft sich im Aufspritzen zwischen die Toten, preßt die Augen zusammen, zuckt auf im he-chelnden Pfeifen, im krachenden Zuschlagen, denkt nichts, fühlt

nichts, schluckt nur immer wieder, um das aufsteigende Kotzen zu verhindern, rennt, wirft sich hin, rennt – rennt. –

Die Toten werden von den Granaten zum zweitenmal zerrissen, werden hochgewirbelt, werden zerhackt, schlagen mit dumpfem Klatschen auf andere Tote. Den Granaten ist es gleich. Den Toten ist es gleich, nur den Verwundeten nicht. Doch deren Schreie werden vom Feuer geschluckt.

Der Flachsblonde blickt in zwei wasserhelle, durchsichtige Augen, die ihn starr und unbarmherzig anglotzen. Er sieht nur die toten Augen, sieht überall nur tote Augen, stürzt hoch, rennt weiter, und es ist ihm egal, wo und wann die Granaten einschlagen. Er will weg! Nur weg von den Augen! Weg von den toten Augen! Er hetzt keuchend vorwärts wie eine Maschine, ohne daß er das, was seine Beine tun, steuern will oder kann. Er rennt an eigenen Landsern vorbei, hört im Unterbewußtsein MPi-Feuer, registriert das ratternde Peitschen der Maschinengewehre, springt über Gefallene und stolpert endlich über das steil aufgerichtete Rohr eines Granatwerfers. Graugrüne Gestalten und wieder weitaufgerissene Augen. Ebenso automatisch, wie er gerannt ist, schießt er! Die graugrünen Gestalten taumeln! Die weitaufgerissenen Augen verschwinden.

„Kückeeeeeen!"

Der Schrei hallt in ihm nach wie ein Echo – Kückeeeen – Kückeeeen! Er kneift einige Male die Augen zusammen, als wäre er zu lange auf einem Kettenkarussell gekreiselt, bemerkt unmittelbar vor seiner Gewehrmündung zwei glattlederne Stiefelsohlen. Daneben liegen zwei Russen, der eine still, der andere bewegt ein Bein, als wolle er im Liegen noch weiterlaufen. Der Flachsblonde will hoch, spürt einen Widerstand am Fuß, wendet den Kopf und bemerkt das Granatwerferrohr.

„Du willst wohl des Ritterkreuz! Depp, damischer!"

Ernst liegt plötzlich neben ihm und stößt die Luft durch die Zähne. „So was Narrisches wia dich! Rennst als erster auf die Granatwerferstellung los wie a Gladiator auf a Schafherd'n und fallst um wie a Sack! Hab' denkt, dich hat's derwischt!"

Der Flachsblonde versucht ein Grinsen. „Ich bin nur über das Rohr gestolpert und…"

„Des war dei Glück. Der da", Ernst deutet auf die Stiefelsohlen, „hat g'schoss'n, und die ander'n wollt'n." Er blickt sich um. „Die lauf'n, Kück'n. Los! Gemma!"

Im Aufspringen wirft der Flachsblonde einen kurzen Blick auf den verwundeten Russen. Er bewegt sein Bein nicht mehr, liegt still wie seine beiden Kameraden.

Ernst brüllt: „Schieß, Kück'n! Schiiiieß!", und feuert dabei.

Einige Russen versuchen zurückzulaufen. Sie rennen schräg nach links. Dort sind Bodenwellen, dort ist Deckung. Dort steigen plötzlich Dreckfontänen!

Paul schießt in kurzen Feuerstößen. Peter schreit nach Munition. Hans ruft: „Gradeaus! – Zu den Bäumen!"

Komisch, denkt der Flachsblonde, *die Bäume habe ich überhaupt nicht gesehen, und wo – wo ist denn die Kompanie?* – Er wendet sich um und sieht die anderen Gruppen hinter sich. Er erschrickt – *Wir sind Spitze! Meine Fresse – wir sind ja die ersten!*

„Eeeeernst! Wir sind die ers…" Er wirft sich hin, hört das Zirpen der Infanteriegeschosse und blinzelt nach vorn. Knappe fünfzig Meter vor ihnen tauchen Russen auf. Im gleichen Augenblick belfert Peters Maschinengewehr und läßt sie taumeln.

Hans schreit wieder: „Weiteeeeer!"

Drei Russen. Der erste liegt. Der zweite hockt. Der dritte kniet. Der erste starrt erschrocken. Der zweite blinzelt mit den Augen. Der dritte versucht zu grinsen.

Ernst stößt den Liegenden leicht mit der Stiefelspitze an und zuckt mit dem MPi-Lauf. Der Flachsblonde beobachtet aufmerksam, wie die drei langsam aufstehen, die Hände halb erhoben. Ihre Blicke gehen unruhig zwischen ihm und dem Münchner hin und her und bleiben schließlich an dem MPi-Lauf hängen. Er muß grinsen – *Wie bei einem Tennismatch, bei dem die Zuschauer den Ball mit Blicken verfolgen und die Köpfe hin- und herschwenken.* Ernst nickt, als die Russen abschnallen, und hebt wieder den Lauf. Die Gesichter der drei werden grau. *Die denken jetzt, sie werden erschossen!* Der Flachsblonde zieht seinen Flunsch, hebt den Arm und winkt mit dem Daumen nach hinten. „Dawai – dawai – haut ab nach hinten!"

Die drei sehen sich an, und ihre Gesichter gewinnen die Farbe zurück. Sie laufen zögernd und langsam und unsicher los. Einer wendet sich um. Ernst winkt mit der MPi und ruft: „Schleich di, Iwan – für euch is der Kriag aus." Dabei lacht er, tippt den Flachsblonden mit dem Zeigefinger an, deutet dann auf die Russen und feixt: „So san mir die Iwans am liabst'n, Kück'n."

Der lange Gruppenführer erreicht als erster den Buckel mit den Bäumen. Er weist sofort die MGs ein und jagt eine Leuchtkugel hoch. Der Zugführer, der wenig später mit einer sMG-Bedienung herankeucht, lacht, als der Lange ihm zuruft: „Damit unsere Ari sieht, wo wir sind, und uns nicht wieder mit Iwans verwechselt."

„Bestens", lacht der Zugführer und deutet mit einer Handbewegung auf vier russische Granatwerfer und zwei Maschinengewehre, die völlig intakt auf dem Hügel in Stellung stehen. „Die hätten uns viel Ärger machen können." Von den Bedienungsmannschaften fehlt jede Spur.

Paul schießt als erster. Peter fällt ein und zuletzt das schwere Maschinengewehr. Hans und der Zugführer liegen nebeneinander und beobachten die Feuerwirkung auf die zurückflutenden Russen. Auch der Flachsblonde schießt, und Hans hält ihm kopfnickend die Faust mit dem erhobenen Daumen entgegen. Als die ersten Granaten über den Hügelbuckel orgeln und weit voraus einen Vorhang von Einschlägen legen, hockt sich Ernst auf seinen Stahlhelm und fingert nach seinem Tabakbeutel.

„Zeit für an Glimmsteng'l, Kück'n. Uns're Ari hat ausg'schlaf'n." Der Flachsblonde lehnt mit dem Rücken an einem Baumstamm, nimmt den Stahlhelm ab, wischt mit dem Unterarm über Gesicht und Haar und holt tief Luft. Ernst reicht ihm eine angezündete Zigarette und verzieht bei jedem Feuerstoß der MGs das Gesicht, als wolle er sagen: ,Net so laut, net so hastig, wo soll'n die Russ'n denn noch hinlauf'n?! Entweder vor unser Visier oder ins Sperrfeuer!'

Der Flachsblonde raucht in tiefen Zügen. Zwischendurch zieht er die Oberlippe an die Nase: *Sind die Granatwerferleute einfach stiften gegangen, oder mußten sie zusammen mit der Infanterie gegen unsere Balka anrennen? Komisch, die Dinger stehen da, als wären sie vergessen worden, dabei ist dieser Buckel einfach eine ideale Feuerstellung. Die hätten uns glatt einige Stunden aufhalten können.* – Er schüttelt zweifelnd den Kopf. – *Unverständlich, völlig idiotisch, rennen wie Besoffene gegen die Balka, statt hier in aller Ruhe zu warten, bis wir uns an dem Buckel die Schädel einstoßen. Das begreife, wer will. Es gibt bei denen noch mehr Blödiane als bei uns, und Menschen spielen sowieso keine Rolle, sie haben ja genug davon.* Die Stimme des Zugführers reißt ihn aus seiner Betrachtung: „Waren Sie nicht der erste in der Granatwerferstellung? – Gut – gute Leistung!"

Der Flachsblonde weiß nicht, wie und was ihm geschieht. Er steht ziemlich verblüfft da und stottert nur ein: „Jawoll! Untersturmführer!"

Der Zugführer schiebt den Stahlhelm zurück und sagt: „Das war's, Männer! Wir graben uns im Vorfeld ein. Der schwere Zug und die Pak müssen auf den Hügel."

Die deutsche Artillerie jagt weit in das Vorfeld noch ein paar Lagen und stopft.

Der Boden ist durchgetrocknet, seine Oberfläche hart wie Zement.

Die Grenadiere fluchen. Hans treibt sie beim Eingraben an wie ein Sklavenaufseher. Nur Ernst feixt. Als ihn der Flachsblonde deswegen anpflaumt, von wegen saudummes Lachen bei dieser Schufterei, und so wie er den Laden kennt, geht es weiter, sobald die Deckungslöcher fertig sind, grinst der Münchner noch breiter: „Die Pak, Kück'n – wenn die Pak nauf muaß, dann geht's net weiter, im Gegenteil, dann wart'n wir auf was, und außerdem freut's mi", und er deutet mit dem Spaten auf Hans, der seinen Platz gefunden hat und damit beginnt, sein Loch zu buddeln, „daß der am tiefst'n grab'n muaß, denn der is der Längste."

Typisch, seufzt der Flachsblonde, *typisch Optimist. Wenn der in Lichterfelde nachexerzieren mußte, freute er sich, daß es ihm gelungen war, einem Ausbilder den Ausgang zu vermasseln.*

Der Abend ist schwül.

Die Männer hocken oder liegen in ihren Löchern. Hans ist weiß Gott wo, wahrscheinlich beim Kompaniechef. Kuno und die Flunder reinigen die MGs und unterhalten beziehungsweise streiten sich. Peter säubert das Schloß, verkniffen, ernst, schweigend. Paul und Jong pennen. Ernst macht Brotzeit, und der Flachsblonde sieht ihm zu. Eigentlich hört er mehr, als er sieht, und ist froh, als Ernst die Büchse umlegt, das Brot wegpackt, sein Messer am Gras abwischt und mit der Zunge ziepend seine Zähne säubert.

„Bist'd krank?"

„Warum?"

„Weilst nix ißt! – Magst wenigst'ns an Glimmstengel?"

Da waren doch noch die Zigaretten von Zuhause? Wo habe ich die hingesteckt – ja hier – sind sogar noch einige drin.

„Hast du Feuer?"

Ernst duckt sich tief im Loch, um die Heimatzigaretten anzuzünden. Sie rauchen aus der hohlen Hand, und wenn sie sich nun eine Zeitlang nichts zu sagen haben, dann liegt das daran, daß Ernst auf eine Antwort wartet.

„Was hast du gefragt, Ernst?"

„Ob'd krank bist! Koan Hunger net und dafür drauflosg'stürmt wie a Selbstmörder. Zwar moant unser Zugführer, du wärst a Held, und wahrscheinlich kriagst noch an Orden dafür, aber ich hab keine Lust, einem Helden hinterherzuwetzen und ihm die Russen vom Leib zu halten."

Wenn er Hochdeutsch spricht, oder es zumindest versucht, dann ist es ihm ernst, und der Flachsblonde versteht das. Er nimmt einen tiefen Zug und murmelt: „Habe durchgedreht. Es waren die verdammten Augen."

„Aug'n?" Ernst ist verblüfft. „Hab ich richtig g'hört? Aug'n?"

„Ja, Augen! Ich wollte weg! Einfach nur weg von den Augen!"

„Mann, Kück'n! Weg von den Aug'n! Jetzt versteh ich, daß du durchgedreht hast. Aug'n ham dich g'stört. Aus is – dich hat's wirklich derwischt. Paß auf, daß du net anstelle von am Orden die Patient'nnummer von a Irr'nanstalt an deiner Held'nbrust trägst. So was – Aug'n." –

Sie schweigen sich an, bis leise Schnarchtöne den Flachsblonden grinsen lassen. *Der nimmt meinen Beinahe-Tod ja sehr gelassen hin. –* Er lehnt sich in sein Loch zurück und beobachtet die Glut seiner Zigarette, das helle, rötliche Aufglimmen, wenn er zieht, den glühenden Ring, der immer schmaler wird und sich langsam in das Papier frißt. Er schmeckt den Rauch, und es ist wie früher, wie Zuhause in den ersten Abendstunden, die Ruhe, das Mit-

„Rücken"
Sommer 1943

sich-alleine-Sein, das Glühen der Zigarette und die Musik – „Der Wind hat mir ein Lied erzählt" – „Sie will nicht Blumen und nicht Schokolade" – „Was du mir erzählt hast von Liebe und Treu" – – –

Die Schnarchtöne von nebenan werden intensiver und gurgeln und rasseln in fauchender Gleichmäßigkeit. *Perfekt*, grinst der Flachsblonde, *selbst sein Schnarchen ist perfekt. Wenn ich den Ernst nicht hätte… Komisch, alle Welt redet von Kameradschaft. Was ist das eigentlich, und vor allem, was ist wirklich dran? Im Grunde genommen sieht es so aus: Man findet einen Kumpel, mit dem man sich versteht, vielleicht auch zwei. Die anderen? Mit denen lebt man, ob man will oder nicht, gewöhnt sich an das Zusammensein, wie man sich an alles gewöhnt. Manche gehen. Neue kommen. Ändern tut sich nichts. Viele bleiben immer allein, trotz der vielgepriesenen Frontkameradschaft, allein, auch wenn sie niemals wirklich allein sind. Reine Glückssache, ob man einen* richtigen Kumpel findet, und vom Kumpel zum Freund ist noch ein weiter Weg. Zufall, wie alles vom Zufall abhängt in diesem Krieg. Wenn ich mir zum Beispiel die Gruppe ansehe, klar, ich kenne alle, und sie kennen mich, wie man sich von der gemeinsamen Kasernenhofgymnastik eben kennt, von der Stube, von den Lehrgängen, von der Wache. Beim Ausgang trennen sich bereits die Interessen. An der Front ist man dann immer zusammen. Man weiß, wie wer schnarcht, wer Schweißfüße hat, wer was am liebsten ißt und trinkt, wer auf blond, braun oder schwarz steht, wer eine Freundin hat oder gerne hätte, wie es Zuhause aussieht, wovon einer träumt, welchen Tick er hat und so – aber kennen? Die anderen Kameraden vom Zug oder von der Kompanie sind Namen mit und ohne Rang, mit Unter und Ober, Namen mit Du oder der Dienstbezeichnung mit Sie! Dabei ist die Waffen-SS noch ausgesprochen fortschrittlich. Es gibt keine Herren mehr wie beim Heer, der Luftwaffe und Marine, bei denen der Mensch erst beim Oberschützen beginnt, beim Herrn Oberschützen! Der einfache Mann ist Schütze, Flieger, Matrose. Mit dem ersten, mit dem kleinsten und unbedeutendsten Titel wird oder ist man ein Herr! Bei uns gibt es keine Herren! Der Schütze ist zwar nach wie vor Schütze Arsch, der Sturmmann wenigstens ein Mann, der Rottenführer bereits ein Führer – obwohl er nichts zu führen hat – und dann die lange Reihe von Führern, vom Unterscharführer bis zum Oberstgruppenführer. Das ist neu – aber hat sich dabei auch etwas geändert? Dem Schützen Meier ist es egal, ob der Herr Unteroffizier ihm den Allerwertesten aufreißt oder ein Unterscharführer ihm das gleiche besorgt. Ob Herr oder nicht Herr, der Pflaumenaugust, der Waschlappen, Traumtänzer und Bettnässer ist stets der ohne Litzen, ohne Sterne und Schulterstücke, und ob der Schütze Meier den Herrn Feldwebel gehorsamst bittet, vorbeigehen zu dürfen, oder den Oberscharführer fragt: ,Darf ich vorbeigehen?' – Das Fazit sieht gleich aus! Bei beiden muß er sich für das beabsichtigte Vorbeigehen erst einmal stärken. Er muß pumpen oder Liegestützen drücken! Im Endeffekt ist Herr oder nicht Herr reiner Formalismus. Und wo bleibt die Kameradschaft? Bei den Litzen und Sternen hört sie jedenfalls auf. Es gibt gute und schlechte Vorgesetzte. Ein hervorragendes Abschlußzeugnis der Junkerschule Braunschweig, eine gute Nummer beim Kommandeur, ja selbst das Ritterkreuz sind keine Garantien dafür, daß die Männer "durchs Feuer gehen", wie es so treffend heißt. Für ihn durchs Feuer gehen! Umgekehrt muß oder müßte es sein! Für seine Männer müßte der Führer durchs Feuer gehen, sollte man nicht in die alte friderizianische Einstellung zurückverfallen, wonach ein Kerl vor seinem Offizier mehr Angst haben muß als vor dem Feind. – Der gebräuchlichste Ausdruck, die verbreitetste Bezeichnung für einen Zug, eine Kompanie, ein Bataillon ist: der Sauhaufen! Und für den gewöhnlichen Landser: Sie Träne, Sie Beutegermane, Sie Fußkranker der Völkerwanderung, und wie die Ehrentitel sonst noch lauten.

*Gibt es eine Belobigung oder gar einen Orden, dann ist der ehemalige Garten-
zwerg plötzlich ein Mann – aber nur dann. Wie gesagt, es gibt solche und solche Führer. Die Landser, das Vereinfachen gewohnt, teilen sie in drei Katego-
rien ein: erstens urwüchsige, ordensgeile Draufgänger, zweitens auf Rang und
Ärmelstreifen eingebildete Stutzer und drittens korrekte, gerechte und durch
und durch anständige. Aber Kameraden? – Sag mal zu einem Hauptsturmführer: Hallo, Kamerad! Was glaubst du, wie der dich zur Minna macht, wenn dich
schon ein geringerer Ober, ein Oberscharführer, drei Kilometer hinter der Front
anscheißt, weil du nicht vorschriftsmäßig grüßt, weil dein Gruß, wie er sich aus-
zudrücken pflegt, kein deutscher Gruß ist, sondern den Wasserstand in deiner
Birne anzeigt. Ist der Spieß dein Kamerad, der dich auf die Größe eines Embryos
zurechtbrüllt, weil deine Knobelbecher in Ruhestellung nicht so glänzen wie zur
Wachablösung in der Reichskanzlei? Oder ein junger Untersturmführer, der
vier Tage nach der Schlacht um Charkow Flachrennen à la Lichterfelde veran-
staltete, um den Sauhaufen wieder auf Vordermann zu bringen? War der Kompaniechef ein Kamerad, als er zur Durchführung eines „Deutschen Tages" mit
seinen Führerkameraden zwar den Ernst zur Organisation benötigte, sich aber
nicht entblödete, ihn wegen unsoldatischen Aussehens vor all seinen Gästen fer-
tigzumachen, um anschließend das zu saufen und zu fressen, was eben dieser
Halbsoldat besorgt hatte und wozu er als Gastgeber nicht im entferntesten in der
Lage gewesen wäre?*

*Gewöhnlich nennt dich nur einer Kamerad, wenn ihm die Kacke bis zum Hals
steht, wenn er etwas von dir will. Bezeichnenderweise redet ein Landser einen
anderen, ganz gleich von welcher Einheit oder Waffengattung er auch sein mag,
nie mit Kamerad an. Er sagt Kumpel. Aber Kumpelei? Nein – das klingt nicht.
Die vielzitierte und oftgepriesene Kameradschaft als Inbegriff für die Schweiß-
naht der Granaten und des gemeinsamen Fronterlebnisses, scheint mehr ein jo-
viales Zugeständnis der höheren Dienstgrade zu sein, wenn nicht gar eine
kriegsliterarische Erfindung. Wenn ein Major zu einem anderen Herr Kamerad,
man beachte: Herr Kamerad sagt, so mag das angehen, aber ein Landser zu einem anderen? Selbst die Frage: „Kamerad, hast du eine Zigarette für mich?"
wäre atypisch. „He, Kumpel, hast du 'ne Kippe für mich?", das ist realistisch.
Nimmt ein Landser tatsächlich einmal das Wort „Kamerad" in den Mund – ich
kann mir nicht helfen – ist irgendwie ein spöttischer, verhohnepiepelnder Unterton dabei. Kamerad, lauf du, ich schieß! Vorwärts, Kameraden, wir müssen
zurück! Oder die makaberste Anwendung: Die Kameraden mit der anderen
Feldpostnummer – der Iwan! Man wird das ungute Gefühl nicht los, daß der
Glorienschein, der um den Begriff Kameradschaft gewunden wurde, mehr ein
verklärtes Erinnern der Nachkriegszeit ist und war als selbstverständliche Gegenwart. Das frage- und antwortlose Für-einander-da-Sein, das selbstlose Ste-*

hen zu dem anderen, das an der Front geboren und durch sie gekittet wurde, ent-
stand erst danach, wurde am Stammtisch, im Kriegerverein und beim Regi-
mentstreffen, gleichsam in memoriam zum unantastbaren, soldatischen Gut.
Aber – war jedem Stammtischbruder die Kameradschaft an der Front genauso
selbstverständlich und unantastbar gewesen wie in der bierfreudigen Stamm-
tischrunde? Werden auch wir, werde auch ich nach dem Krieg an einem Bier-
tisch im Kreise guter, alter Kameraden in romantischer Verklärung von den
Kriegszeiten schwärmen, wo der Mann noch etwas galt und man sich auf nichts
so felsenfest verlassen konnte wie auf die Kameradschaft? Und während das Ra-
dio „Alte Kameraden" schmettert und es den alten Kameraden in den Beinen
zuckt, werde ich dann dem Kameraden Schmidt zutrinken, dem ehemaligen
Sturmbannführer Schmidt, in seeligem Gedenken an die Zeit, als ich für ihn bestenfalls ein Neandertaler, auf alle Fälle aber eine Null gewesen war?

Der Flachsblonde zieht die Oberlippe an die Nase – Quatsch mit Soße!
Kameradschaft ist nichts anderes als Menschlichkeit. Menschlichkeit im Grau-
en des Unmenschlichen. Und Menschlichkeit ist weder an eine bestimmte Zeit
noch an eine bestimmte Waffengattung oder gar an eine besondere Einheit ge-
bunden, sondern an den Menschen. Solange es trotz der Unsinnigkeit des Krieges und trotz der Uniformität des Soldatseins noch Menschen gibt, ist der Glaube an das Gute im Menschen nicht reiner Illusionismus oder theoretische Philosophie.

Es ist gut zu wissen, daß es in diesem Schlamassel noch menschliche Regungen
gibt, und es ist wurschtegal – mir jedenfalls –, ob man Humanität oder Kameradschaft dazu sagt.

Der Flachsblonde schüttelt seine Gedanken ab und gähnt.

Die Nacht ist ruhig.

Von einigen kurzen MG-Feuerstößen und ein paar flackernden Leuchtkugeln
abgesehen, könnte man denken, der Krieg sei auch am Einschlafen. Der Flachsblonde streckt sich, wieder gähnend, wie ein Hund, und da sein Dek-
kungsloch zu kurz ist, schiebt er die Beine über den Rand. Das tut gut –
wie in Opas Lehnstuhl. Er verschränkt die Arme unter dem Kopf und starrt
in den Himmel und wundert sich, daß ihm plötzlich keine Gedanken
mehr durch den Kopf schwirren, daß ihn nicht, wie gewohnt, irgendein
Problem am Wickel hat, daß er nichts anderes tut, als einfach nur dazulie-
gen, ruhig, ausgeglichen, entspannt und zufrieden. Es ist wie am Lager-
feuer oder am Meer, wenn man in die flackernden Holzscheite sieht oder
dem gleichmäßigen Spiel der Wellen zusieht, ohne daß man dabei denkt,
ohne daß die Gedanken etwas anderes tun als auszuruhen. Der Verstand
hat Pause. Das verkorkste Innenleben kommt wieder ins Gleichgewicht.
Kurzurlaub vom Ich.

Er liegt mit weitgeöffneten Augen und vergißt, die Oberlippe an die Nase zu ziehen.

Die Verpflegungsbullen scheinen Urlaub zu machen. Dori hat vor mehr als zwei Stunden Munition angefahren und als Sonderzulage zwei Kommißbrote, etwas Kunsthonig und pro Mann fünf Zigaretten mitgebracht. Die Männer fluchen. Erst ein paar Tage Einsatz, und schon gibt es Endkampfverpflegung. Wie soll das erst werden, wenn sie wochenlang im Dreck liegen?

Dori hockt bei Ernst und dem Flachsblonden, verdreckt und schlampig, und sieht aufmerksam dem Münchner zu, wie der mit süßsaurem Gesicht den Kunsthonig vernichtet.

„Schmeckt grauslich, der Hundertfünfundsiebziger", so nennt er den Honigersatz, „und seit Lichterfelde is er aa net besser g'wor'n."

„Und warum frißt du trotzdem das Zeug?"

„Mei, Dori, wannst nix anders hast."

Dori stößt verstohlen den Flachsblonden an: „Und warum hast du nichts anderes? Bist doch sonst nicht so genügsam."

Ernst verstaut sein Brot und winkt ab. Doris Grinsen wird immer breiter: „Bist du schon satt, Ernst?"

„Bis hierher!" Der Zeigefinger schwebt waagerecht unter der Nase. „Zum Überlauf'n."

„Dann können wir ja endlich, Kücken. Schneide Brot ab." Dori betastet seine Tarnjacke, und sein Grinsen wird zum gesichtshalbierenden Lachen, als er sagt: „Hier, Kücken, das ist unser Brotaufstrich!"

Ernst bestaunt die Konservenbüchse. Sein Unterkiefer klappt nach unten. Er hält die Luft an. Endlich faßt er sich und lacht: „So a Hundling, der Dori. Laßt mi an dem warmen Bruder fast erstick'n und hat dabei mei Schink'nbüchs'n mitbracht. Aber wannst denkst, i war satt, mei Liaber, dazua g'langt's allweil noch." Er teilt den Schinken in acht Scheiben. „Da, Kück'n, geb den ander'n ihr'n Teil. Sie soll'n ihr'n Kunstdünger zum Nachtisch schleck'n!" Und mit vollen Backen kauend und sehr nachdenklich bemerkt er: „Pressiert langsam mit'm Nachschub!"

Der siebte Tag

8. Juli 1943

Nachdem der liebe Gott den Himmel und die Erde erschaffen und auch die liebe Sonne nicht vergessen hatte, beschloß er nach sechs Tagen pausenloser Schufterei, einen wohlverdienten Ruhetag einzulegen – den Sonntag. Der siebente Tag der Schlacht um Kursk ist weder ein Ruhetag noch ein Sonntag. Und er ist heiß!

Vereinzelt am Himmel klebende Wolkenschwämme geben nur ab und zu etwas Schatten. Die zusammengeschrumpften Kompanien, Bataillone und Regimenter wälzen sich in weit auseinandergefächerten Schlangen durch das hügelige, von tiefen Senken durchzogene Gelände. An der rechten Flanke wirbeln Panzer und Sturmartillerie lange Staubfahnen auf. Noch weiter rechts rumpelt schwach, aber ununterbrochen das Ari-Feuer, das die Grenadiere bereits am vergangenen Tag begleitet hatte. Mittlerweile weiß jeder Landser, daß der Iwan dort in verzweifelten Angriffen versucht, ihre Flanke einzudrücken. Die Besatzung eines Panzerspähwagens der „Totenköpfe", die auf Sprit wartete, hatte erzählt, daß sie von bayerischen Infanteristen abgelöst worden waren. Die mußten nun halten, damit die schnellen Verbände der Waffen-SS zum Psjol-Knie durchstoßen konnten.

Die Grenadiere nehmen die Neuigkeit mit der ihnen eigenen Sturheit auf und latschen weiter. Was und wo das Psjol-Knie ist, weiß keiner. Es ist auch egal ob Knie, Drecknest, Fluß oder Höhenzug. Mit Namen war stets dicke Luft verbunden. Sie verstehen nur nicht, warum sie sich die Absätze krummlatschen müssen, wo man doch auch fahren könnte.

Die Kompanie, zu der auch die Gruppe des langen Unterscharführers gehörte, bildet das Schlußlicht des Regimentes. Darüber sind alle froh, am meisten Ernst, der sich angesichts dieser beruhigenden Tatsache über den

Sommerspaziergang freut. Und der Marsch ist fast ein Vergnügen. Die Männer grinsen. Alles geht leichter, wenn man weiß, daß die ganze Division vor einem ist. In den letzten Tagen war es umgekehrt gewesen, da bildeten sie die Spitze, und die ist das halbe Abonnement auf die Zeitung, als schwarzumrandetes Viereck mir dem Eisernen Kreuz über dem Namen. Wie gesagt, ist Ernst am frohesten darüber. Er ist tief in Gedanken versunken. Der Flachsblonde beobachtet ihn und kann sich denken, welche Probleme der Münchner zu lösen versucht, wie er seine Chancen abwägt, um sich unauffällig abseilen zu können. Der wartet auf einen Gedankenblitz, auf die Gelegenheit, um an den Nachschub zu kommen. An der Spitze – unmöglich, aber am Schwanz und somit in direkter Nähe der Fleischtöpfe Lukulls? Er muß nur noch in Erfahrung bringen, wo die Küchenbullen, wo die Verpflegungsfahrzeuge herumzockeln, besser noch, wo die Marketenderei zu finden ist. Wäre das geschafft, dann müßte es nur noch dunkel werden. Der Flachsblonde stört das Nachdenken seines Freundes mit keinem Wort. Er trottet schweigend neben dem Münchner her, innerlich belustigt und gleichzeitig gespannt, wie Ernst die Masche drehen wird. Er lächelt, wirft sein Gewehr über die andere Schulter und sieht in den Himmel, in das strahlende Weißblau, das von kleinen, weißen Wollknäueln betupft ist, betrachtet dann die Landschaft, die durchaus nicht so trostlos ist, wie man sich im allgemeinen ein Kriegsgelände vorstellt. Wenn es kracht, ist jede Landschaft Mist, ob Vogesen oder Argonnerwald, Flandern oder die Somme. Die Gegenwart, die flachen Hügel, die Nußbaumwäldchen und die Balkas sind idyllisch, fast schön und erinnern an Franken, nur die rotdachigen Dörfer, die spitzen Kirchtürme und die kurvigen Straßen fehlen, bei denen man sich fragt, warum sie nicht geradeaus führen, sondern sich um jeden Acker herumwinden müssen. Auch die Überlandleitungen fehlen, aber sonst – nichts Rauhes, Einsames, Eintöniges und Melancholisches, nichts, was man sich im landläufigen Sinn unter Rußland vorstellt. Freundlich ist das Land – oder es könnte es sein, wenn die Menschen nicht wären, die Landser, die Ari, Pak, Panzer und Sturmgeschütze. Wenn – ein verdammtes Wort. Man sollte es aus dem Wörterbuch streichen. Wenn, dann gäbe es kein aber, und vieles wäre weniger problematisch.

Die flach eingedrückten Kettenspuren, rissig aufgesprungen, sind so etwas wie ein Weg. Mehr Spuren im Dreck, staubige, flachgewalzte und eingekerbte Grasnarben, aber ein Weg, und der führt, und wo es eine Richtung gibt, marschiert es sich leichter.

„Wer zieht in der Hitze und Sonnenbrand…
Wer streckt dort die müden Glieder…"

Direkt zum Singen, zum lauten Schmettern des Refrains:

„Ja, das ist die Garde, die unser Führer liebt, ja liebt,

Seine Leibstandarte, die da stirbt, doch sich nie ergibt! Tärätätä…"

Der Text ist zwar Blech, wie gewöhnlich, aber die Melodie geht in die Knochen. Das wußte schon das 1. Garderegiment zu Fuß, die Potsdamer Wachparade, deren Lied es ursprünglich einmal gewesen war. Der Flachsblonde summt leise vor sich hin. Nach einer Weile ertappt er sich dabei, daß er nur den Refrain wiederholt, vor allem das Zwischentrompeten, ‚Tärätätätätäääää'.

Die Flunder dreht sich verwundert um und stößt Kuno an: „Hörst de det, Kuno, wir hab'n 'nen Donkosaken unter uns."

Der Flachsblonde lacht zurück und trompetet plötzlich laut und so kräftig er nur kann: „Tärätätätätäääää – ja, das ist die Garde…"

Ernst schüttelt fassungslos den Kopf, deutet mit dem Zeigefinger erst zur Sonne, dann zum Flachsblonden und klopft endlich an die eigene Stirn. Sein Stahlhelm klingt blechern, hohl.

„Denkste, Ernst, ist nichts mit Sonnenstich. Der Stahlkoks schützt."

„Und warum brüllst den Schmarr'n und erschreckst die Landschaft?"

„Ist mir eben danach. Singst du mit?"

„Iiiiiii? – A geh!"

„Warum nicht? Hast du etwas Besseres vor?"

Ernst winkt nur mit der Hand ab, und so läßt sich der Flachsblonde nicht weiter stören und zieht erneut in Hitze und Sonnenbrand und streckt die müden Glieder. Die Flunder fällt ein. Kuno brummt eine Oktave tiefer, Paul und Jong grinsen und schmettern hell und klar ihre ‚Tärätätätätäääää', und was sie in Lichterfelde nur mit Zwang und widerwilligem Fluchen taten, das machen sie jetzt freiwillig und freudig.

Hans bleibt stehen und wartet, bis er in der Mitte auf gleicher Höhe mit seiner Gruppe ist, verzieht das Gesicht und faucht mit verstecktem Lächeln: „Flunder! Mensch, Sie jodeln wie ein Eunuch! Bewerben Sie sich für die Wiener Sängerknaben, Mann, aber Garde? – Garde! Legt 'ne andere Platte auf, klar!"

Die Flunder überlegt kurz und beginnt mit seiner hellen Pimpfenstimme: „SS marschiert in Feindesland und singt ein frohes Lied…", am Schluß den Text frei verändernd, „wir pfeifen auf unten und oben, und uns kann die ganze Welt verfluchen oder auch loben, ganz wie es jedem gefällt…" Der Flachsblonde schielt zu Peter. Der bewegt die Lippen, singt mit, und die anderen Stimmen werden leiser, bis er allein gröhlt: „Wo wir sind, ist immer vorne, und der Teufel lacht nur dazu Hahahahahaha…"

Die Reaktion —
es gab „Dunst"
Prochorowka 11.–14. 7. 43

Hans wirft ihm einen eigenartig forschenden Blick zu und setzt sich wieder an die Spitze. –

Die wegartigen Panzerspuren winden sich über Bodenwellen. Die Luft flimmert. Die Hitze drückt.

Der Flachsblonde vergißt die Melodie.

Wären anstelle der Nußbäume Kiefern die wenigen Schattenspender, wären die Kettenfurchen die Radspuren eines Feldweges, es könnte wie damals bei meinem ersten Gepäckmarsch im Fanfarenzug sein. War auch im Juli, und die Sonne brannte damals fast so heiß wie heute. Geschwitzt, nein, getrieft haben wir, und die Füße – wir waren noch nichts gewohnt. – Er schluckt und gähnt. – Damals war ich auch das Kücken. Nicht der Kleinste, nee, lang war ich und dünn und ungelenk, dafür der Jüngste. Damals durfte ich als Benjamin den riesigen, schwarzeisernen Kochtopf schleppen. – Er zieht wieder die Lippe hoch und vergleicht die Landschaft mit der von ehedem, sieht die krummgelaufenen Stiefelabsätze von Ernst und grinst. Genau wie damals, da bin ich auch zwei schiefgetretenen Haferlschuhen nachgetrottet.

Nur die krummen Absätze habe ich gesehen, die kleinen Steine auf dem ausgefahrenen Feldweg, die Regenfurchen und das schüttere Gras am Wegrand. Damals –

„Wenn nur die Fahne vor uns weht…" Der ausgeblichene, graue Dreieckswimpel mit der weißen Rune hing am Speer wie ein nasser Kartoffelsack. Müde, schlaff, ausgelaugt, wie die Jungen. Munter war nur der Schweiß. Er rann ununterbrochen, kitzelte und biß und zeichnete helle Spuren in die glühenden Gesichter. Die Innenseite des rechten Fußes begann zu brennen. Als er es merkte, steigerte sich das Brennen zu einem stechenden Schmerz. Das wird eine Blase. Wird? – Das ist eine! Nur nicht auf einen Stein treten. Weiter. Durchhalten! Verflucht, tut das weh! Von wegen Zähne zusammenbeißen. Der Blase ist es piepegal, was du mit den Zähnen machst. Außerdem bekommt man schlecht Luft. Wenn doch nur irgendwo etwas Schatten wäre. Schatten und Ruhe und etwas zu trinken. „Wenn nur die Fahne vor uns weht…"

„Halt!" Acht Pimpfen. – Der Flachsblonde reibt wieder die Oberlippe an der Nasenunterseite. – *Komisch, wir waren damals tatsächlich acht wie heute…* Acht ausgelaugte Jungen lagen an der Wegböschung und fiepten wie junge Hunde. Sie lagen, wie sie marschiert waren, in einer Reihe. Zwei standen: der Speer mit dem Runenwimpel und ein kleiner, drahtiger Wuschelkopf, den sie Gerd nannten. Auch der hatte Durst. Auch der blies sich die Schweißtropfen von der Nase. Auch dessen Füße waren geschwollene Stecknadelkissen, aber er war der Führer der acht und – er stand! Acht müde, bettelnde Augenpaare sahen zu ihm auf. Gerd lachte – er versuchte es zumindest – und griff nach seiner Feldflasche. Er schüttelte sie. Es gluckerte halbvoll. Als er trinken wollte, bemerkte er die acht bettelnden Augenpaare. Alle wollten dasselbe, alle sagten dasselbe: Gib uns zu trinken, du hast doch noch. –

Der Flachsblonde leckt sich über die Lippen. Täte ganz gut jetzt, so ein richtig langer Zug aus der Flasche, aber es muß nicht unbedingt sein. Sicher, man könnte täglich einige Liter trinken, die Hitze ist danach, nur heute haben wir genauso wenig oder genauso viel wie damals, benötigen aber weniger. Gewohnheit. Training. Übung ist alles. Damals bei dem Gepäckmarsch mußte es Gerd hart angekommen sein, als er merkte, daß seine lieben Mitmarschierer ihr Quantum ausgesoffen hatten und nun um einen Schluck bettelten, von ihm erbettelten. Er hatte sich seine Teeration genau eingeteilt und fast generalstabsmäßig die Teepausen berechnet und sich so kurz vor dem Ziel auf den schönsten Augenblick des Marsches gefreut, auf den langen, glucksenden, schlürfenden Zug aus seiner Feldflasche. Gerd hatte geteilt! Jeder durfte einen kleinen Schluck zum Anfeuchten nehmen, und er, der Flachsblonde, er war der Letzte gewesen. Er weiß noch genau, wie er sich geschämt hatte, geschämt, weil die eigene Flasche ebenso leer wie die seiner Mitmarschierer war, geschämt, weil er nicht stand wie Gerd, geschämt, weil er nicht wie er lächeln konnte. Wie er von der Böschung hochgekommen war, wußte er damals nicht und weiß er auch heute nicht. Jedenfalls, er stand! Er stand aufrecht, stand wie Gerd, versuchte zu grinsen wie er, und während er den letzten Schluck aus der Feldflasche trank, sah er unaufhörlich den Älteren an und nahm sich vor: ,So will ich auch werden, wie Gerd, genau so ein Kerl! Ein Kerl! Das war alles. Ein Kerl, das war das Höchste!'

Der Flachsblonde grinst – was war das Damals gegen das Heute?

Vorbilder! Jungen erziehen Jungen und – wenn nur die Fahne vor uns weht. *Wo Gerd wohl stecken mag? Sicher irgendwo in Rußland, ist Panzerjäger, glaube ich. Von den anderen Sieben sind vier gefallen. Als letzter Hansi, besser, er ist vermißt – aber was heißt schon vermißt. Gefallen ist endgültig. Vermißt bedeutet nur, das Endgültige endlos hinauszuzögern.*

Fahrzeuge rasseln vorbei. Ein Kradmelder stoppt und ruft: „Alles klar, ihr müden Säcke?!"

Ernst ist als erster bei dem Krad. Er tuschelt geheimnisvoll mit Dori. Der lacht und deutet nach hinten. Der Flachsblonde beobachtet die beiden. Als er Doris angedeuteter Richtung mit den Augen folgt, sieht er bei einem breitbandig-quer in der Landschaft stehenden Wäldchen haltende Fahrzeuge. *Ist denn das die Möglichkeit? Sollten das wirklich die Verpflegungsbul-*

len sein? Am hellichten Tag sind die vorgefahren? Einmalig! – Dann klingelt es bei ihm. *Natürlich, wir sind ja der Schwanz, das Rücklicht der Division. Deswegen sind auch die Kameraden von der Kellenzunft so forsch.* Sie halten im Schatten, damit der Gulasch in der Hitze nicht sauer wird, und müssen auch leider auf die Nacht warten, denn nur wenn es dunkel wird, gibt es Verpflegung. Vorfahren zur Truppe müssen selbstverständlich andere Kameraden. Es könnte geschossen, unter Umständen sogar getroffen werden, und wer sollte dann den aufwendigen Küchenzettel aufstellen und die unzähligen hungrigen Mäuler stopfen?

Ernst und Dori unterhalten sich weiter. *Sie beraten,* grinst der Flachsblonde, *sie knobeln die Masche aus, mit der sie die Küchensoldaten zu überlisten gedenken. Der eine hat erfahren, wo es welchen Nachschub gibt, und der andere wird sich darum kümmern.*

Ein selten ruhiger Tag. Eine selten günstige Gelegenheit. Eine geradezu ideale Ausgangsposition für Organisationsgenies. Dagegen ein nicht so guter, um nicht zu sagen schlechter für Zahlmeister. Die hatten es sowieso nicht einfach, war doch die Welt, waren doch die Menschen und insbesondere ganz bestimmte Artgenossen von Landsern mehr als nur schlecht. Aufpassen, lautete die Zahlmopsparole! Die Augen keinen Moment von den Fressalien wenden. Am besten Tag und Nacht darauf sitzen wie eine Glucke auf ihren Eiern. Die Verpflegungskisten, die Regale mit Büchsen, Dosen, Säcken, Flaschen waren Heiligtümer. Sie galt es zu bewachen bis zum letzten Atemzug. Das war der Krieg der Zahlmöpse. Und wie sie sich einsetzten!

Auf dem Rückzug während der Schlacht um Charkow hatten die Speckheinis ihr Reich sogar mit MPis gegen hungrige Landser verteidigt. Wenn der Russe schon kam, mußten die Verpflegungslisten mit den Beständen übereinstimmen. Ordnung mußte sein. Wie sollte man sonst verantwortungsbewußt den ganzen Laden in die Luft jagen? – Kein Witz! Das ist tatsächlich passiert. An einem riesigen Verpflegungslager waren bereits die Sprengladungen angebracht. Bei diesem Zustand war es unmöglich, die noch verbleibende Zeit damit zu vergeuden, an den vor Hunger und Kälte zitternden deutschen Rückzugshelden französischen Cognac, westfälischen Schinken oder fränkische Hartwurst auszugeben. Mit vorgehaltenen Knarren hatten die Wachmannschaften das Lager beschützt – vor eigenen Landsern! Ein Zahlmeister schrie als oberster und dickster Verteidiger die unmöglichsten Befehle, bis Dori auf das von Paul und Walter inszenierte MG-Feuer, untermalt von einigen Handgranatenexplosionen, hinwies und brüllte: ‚Der Iwan kommt!' Die Veteranenwachmannschaft, einschließlich ihres Feldherrn, retirierte zu ihren Fahrzeugen und war schneller verschwunden, als die MGs schossen. Sie vergaßen sogar die Sprengladungen! Gebumst hätte es allerdings eh nicht, denn vorsichtshalber hatten einige Pioniere daran herumgefummelt und den Zündmechanismus unterbrochen. Ernst rammte mit einem Schützenpanzerwagen das Lagertor auf, fuhr einfach in den Schuppen und besorgte die Organisation. Und sie klappte! Keine Hektik, keine Panik, kein Streit, nichts, und als nach einer halben Stunde noch immer kein Iwan zu sehen war, dafür aber der Bataillonskommandeur, baute Ernst in Vertretung des Zahlmeisters sein Männchen und gab eine seiner berühmten Meldungen zum besten, von wegen Verpflegung der Truppe für einige Tage gesichert, belegt mit Zahlen, mit für ihn günstigen natürlich, denn schließlich brauchte der Chef nicht zu wissen, daß Dori sein Beiwagenkrad überladen hatte. Die Meldung endete: ‚Der Rest des Lagers ist zur Sprengung vorbereitet.'

Der Alte kannte den Münchner. Er hatte gegrinst und darauf hingewiesen, daß die Ladung eines Schützenpanzers und einiger Kübelwagen gleichmäßig auf die Kompanien zu verteilen sei. Er sagte aber nicht, wer das zu tun habe, Gott sei Dank nicht, so konnte es geschehen, daß weder ein Furier noch die Küchenbullen die Verteilung übernahmen, sondern Ernst. Die Folge war ebenso überraschend. Die Landser hatten für Tage zu essen, in der Hauptsache Delikatessen von Fleisch und Fisch. Sie nahmen diese Tatsache überaus gelassen hin und waren sogar noch fröhlich. Höheren Ortes stellte man fest, daß die Moral der Truppe noch nie so gut gewesen war wie ausgerechnet auf dem Rückzug. Für Wehrmachtpsychologen, wenn es sie gegeben hätte, wäre das Fazit ihrer Analysen interessant gewesen, welch simple Dinge einer Truppe innere Festigkeit und äußeren Halt zu vermitteln vermögen, auch wenn diese Truppe rückwärts statt vorwärts marschieren muß. Leider waren für diese, für die Moral und die körperliche Verfassung maßgeblichen Dinge keine Orden vorgesehen, und Ernst mußte auch weiterhin ohne Ritterkreuz herumlaufen, erhielt als Ausgleich einen mächtigen Anschiß vom Spieß, wegen artfremder Benutzung eines Schützenpanzers, und Dori mußte für seinen Freund, den Schirrmeister, Abschmierdienst leisten.

In der Nacht werden die Fahrzeuge vorgezogen. Die Männer verstauen ihre Klamotten, fassen Munition und Verpflegung, kratzen die letzten Gulaschreste aus ihren Kochgeschirren und fluchen auf die Küchenbullen. Obwohl nichts losgewesen war, hatte es wieder nur zum Gulasch gereicht – wenn man das mit Mehlpappe mühsam zusammengekleisterte Etwas ohne Fleisch und Fettaugen überhaupt so nennen kann. Wenn Ernst recht haben sollte, dann mußte der verarbeitete Hund nicht nur alt, sondern verdammt abgemagert gewesen sein. Da die Küchenkameraden auch nur Menschen waren, hatten sie noch Brot und Kaffee mitgebracht. Die Flunder fragte einen, ob er auch eine Axt oder eine Ziehsäge mitliefern könnte, da die Brotkeile mit normalen Werkzeugen nicht zu verarbeiten und Handgranaten für die Zerkleinerung etwas zu aufwendig wären, doch es war bereits zu spät, denn Kuno hielt dem verdutzten Kompanieschreiber ein Ei unter die Nase und sagte: „Nimm dei Gurk'n weg, wenn i mei Brot spreng, sonst hüpfst als Krüm'l in mei Kochg'schirr!" Es gab wie immer Krach mit dem Furier. Der Kompanieführer verteilte seine Gunst gleichmäßig, indem er zuerst die Männer anschnauzte, um anschließend das Küchenpersonal auseinanderzunehmen. Damit alle sahen, daß es geht, wenn man nur will, schnappte er einen Brotkeil und biß hinein. Das war ein Fehler. Er wußte es im selben Augenblick, öffnete den Mund, fuhr sich mit der Zunge über die schmerzenden Zähne, rollte die Augen in die Runde und wartete darauf, daß jemand lachen würde. Keiner verzog auch nur den Mundwinkel, auch nicht, als er den Kanten zurücklegte und dabei gefährlich leise zum Furier hauchte: „Probieren Sie, Penski. Wenn Sie es schaffen, dann schaffen es die Männer auch!" Der Furier schaffte es nicht. Er riskierte zwar seine Plomben, aber aus einem Zementklotz ließ sich nun mal kein ofenfrisches Krustenbrot machen. Als er wütend das Brot wegwarf, versehentlich den Kaffeetrog erwischte, in dem der Kanten dumpf aufschlagend verschwand, fragte die helle Pimpfenstimme der Flunder: „War det deene Handjranate, Kuno?"

Erst in diesem Moment lachten sie. Der Chef lachte auch mit und sagte noch etwas zum Furier, was leider im Gelächter unterging. Es konnte aber nur damit zusammenhängen, daß umgehend jeder eine volle Feldflasche Muckefuck anstelle des üblichen halben Liters erhielt. Zusätzlich wurde die Zigarettenration verdoppelt.

Nachts hockt der Flachsblonde allein in seinem Deckungsloch. Sein Münchner Gesprächspartner ist verschwunden. Auch von Dori fehlt jede Spur. Der Krieg schnappt nach Luft und macht eine Verschnaufpause. Selbst das Artilleriefeuer am rechten Frontflügel ist nur noch ein schwaches, schüchternes Gemurmel. Ein paar Leuchtkugeln verzittern. Irgendwo stottert ein Maschinengewehr. Der Flachsblonde grinst: ‚Über allen Bänken ist Ruh, selbst vom Katheder hörst du kaum einen Hauch; warte nur, warte, bald schläfst du auch.' Als diese etwas freie Goethesche Abwandlung die Schultafel zierte – illustriert mit einer Karikatur ihres Deutschlehrers, schlafend auf das Katheder hingehaucht vor leeren Schulbänken, und anstelle der Primaner Birkenkreuze mit Stahlhelmen – warteten sie gespannt auf die Reaktion ihres Paukers. Sie kam! Und wie sie kam! Blutordenträger, Reichstagsabgeordneter, Dr. phil., Fachlehrer für Deutsch und Geschichte ignorierte zunächst die schweigend-lauernde Klasse. Nachdem er die Tafel lange genug begutachtet und den Inhalt der Zeichnung – endlich kapierend – angestarrt hatte, fuhr er regelrecht aus dem Anzug. Sein halbrundes Vollmondgesicht nahm die Farbe der Goldfische im Klassenaquarium an. Seine von Natur aus kleine, dicklich-schwammige Heldengestalt wuchs ins wikingerhafte, und was folgte, glich der Kanonade von Valmy – in Worten! Defätismus! Verrat an der Nation! Pubertäres Gestammel geistig minderwertiger Schicht! Unterminierung, Zersetzungsversuch der Wehrkraft eines um seine Existenz ringenden Volkes! Seine Stimme brillierte in allen Tonlagen, und wenn es nach ihm gegangen wäre, hätte er augenblicklich das Standgericht eingesetzt. Auf einen dummen Jungenstreich kam er nicht.

An Einsicht, Verstand und Vernunft appellierte er ebensowenig. Der Flachsblonde war das Haar in der Suppe, war er doch unschwer als Schöpfer der Karikatur zu identifizieren. Nachdem sich die Erregung ihres Lehrers etwas gelegt hatte, sprach er die folgenschweren Worte: ‚Sie Schmierfink! Sie armseliger Malerling! Ich werde Ihnen dieses Kunstwerk nicht vergessen. Ich werde Ihnen Ihr zukünftiges Leben zur Hölle machen, bis Sie froh sein werden, wenn über Ihrem Kadaver ein Birkenkreuz steht. Ich werde Sie dahin schicken, wo man Ihnen Ihre Flausen radikal austreiben wird! Radikal – verstehen Sie?!' Als damals der Flachsblonde militärisch die Hacken zusammenschlug, ‚Jawoll, Herr Doktor' brüllte und bemerkte, er habe bereits seine Einberufung zur Leibstandarte-SS „Adolf Hitler", schwand auch der letzte Rest pädagogischer Selbstbeherrschung! Der Paukerarm holte zum Zuschlagen aus, der Lehrer bemerkte gerade noch rechtzeitig das unterschiedliche Größenverhältnis, und sein Arm blieb waagerecht in der Luft stehen. ‚Mein Arm ist länger, als Sie denken', brüllte er und fuchtelte mit beiden Armen in der Gegend herum wie ein Jongleur mit Bällen, und dann überschlug sich seine Stimme: ‚Mein Arm reicht bis zur Leibstandarte! Sie werden es erleben, das garantiere ich!' Und dann grinste er faunisch.

Nun, der Alte Kämpfer war in der Heimat geblieben, war in der Penne seiner Aufgabe als Propagandist einstimmiger Freiwilligenmeldungen seiner Zöglinge treu geblieben, aber sein Arm hatte tatsächlich bis

Lichterfelde gereicht. Eines schönen Tages während der Rekrutenzeit wurde der Flachsblonde zur Schreibstube gerufen. Nach den obligatorischen Kniebeugen durfte er endlich aufrecht stehenbleiben. Der Spieß entfaltete bedächtig einen Brief und las ebenso bedächtig dem Flachsblonden eine Anklageschrift vor. Der verstand etwas von aufsässiger Schüler, renitentes Subjekt ohne innere Haltung und noch weniger Vaterlandsgefühl, von einem Schandfleck für ein Eliteregiment und ausmerzen und ausradieren und die neue Gesellschaftsordnung davon befreien und – und ein eigenartig katerähnliches Gefühl überkam ihn. Der Spieß zerriß den Wisch und beschmutzte damit den blitzsauberen Schreibtischfußboden. Er musterte den Flachsblonden von oben bis unten und wieder zurück und brüllte plötzlich: ‚Für uns zählt der pädagogische Orgasmus eines Steißtrommlers einen Scheißdreck, klar! Wir geben keinen Nachhilfeunterricht für einen schulischen Blindgänger, klar! Bei uns zählt nur der Mann mit dem Namen des Führers auf dem Ärmel! Was vorher war, ist piepewurscht, klar! Das Jetzt, das Heute zählt, und sonst nichts!‘ – Danach grinste er und sagte fast väterlich: ‚Sollten Sie allerdings mit uns dasselbe versuchen, was Ihren Pauker zur Weißglut brachte, so kann ich Ihnen versichern‘ – und plötzlich wieder donnernd – ‚bei uns nicht! Wir reißen Ihnen den Arsch auf, daß das Brandenburger Tor Platz drin hat, klar?!‘

Damals war der Flachsblonde stolz gewesen. Stolz auf den Spieß. Stolz auf sein Regiment. Stolz auf sich selbst, weil er ein Angehöriger der LAH war, oder es jedenfalls noch werden wollte. Gleichzeitig spürte er zum erstenmal etwas von dem Widerspruch zwischen braun und feldgrau, ein Gegensatz, der ihn noch öfter beschäftigen sollte und mit dem er bis zum heutigen Tage nie ganz fertiggeworden ist. *Braun gleich Partei – Grau gleich Heer. Mag es an der braunen Farbe liegen oder an denen, die sie wie eine zweite Haut tragen, mag es daran liegen, daß Braun stets hinten, sprich Heimat, ist und daß Braun für Grau immer nur die Parole ausgibt, die heißt: Vorwärts! – Mag es an den figürlichen Unterschieden liegen, Grau ist dünn und schmal, Braun dick und rund. Wie dem auch sei, braun liegt uns nicht sonderlich. Eigentlich unverständlich, haben wir doch selber lange genug braune Hemden getragen, erst als Pimpfen und danach als Hitler-Jungen. Doch Braun bedeutet Partei, und dafür sind wir noch zu jung, zu unreif und ideologisch zu wenig standfest. Partei steht für Weltanschauung, und vieles davon sind Weisheiten, die vor den Granaten ihren Sinn verloren haben. Mit Weisheiten ist zwar den Braunen gedient, für die Grauen aber gibt es nichts Schlimmeres als Sprüche. – Und Schwarz? Schwarz ist für uns die schwarze SS, Partei- und Zivil-SS, Gestapo und der Sicherheitsdienst. Schwarz, das sind die*

Bonzen in den vielen Ämtern, wo man massenweise mit dem Alter-Kämpfer-Winkel auf dem Ärmel herumläuft und sich als Herrn der Welt ansieht. Damit man's wird, muß es junge Kämpfer geben. Das sind wir. Leider tragen die alten, schwarzen Kämpfer seit Kriegsbeginn auch Feldgrau. Leider tragen sie wie die Waffen-SS-Divisionen auch Ärmelstreifen. Nicht mit dem Regiments- oder Divisionsnamen, sondern mit dem ihres Amtes. Für Leute, die nicht genau hinsehen, nicht genau hinsehen wollen, gibt es kaum einen Unterschied. Leider führen diese Burschen die gleichen Dienstgradabzeichen wie wir, und leider – und da liegt der Hund begraben – werden wir mit ihnen in einen Topf geworfen. SS ist gleich SS, und die Waffen-SS eben nur ein Teil davon, denn der Chef vom Ganzen ist Heinrich Himmler, der Reichsführer-SS. – Wir tragen Feldgrau wie alle Landser, fahren die gleichen Panzer, latschen in den gleichen Knobelbechern, fressen den gleichen Fraß, saufen das gleiche Gesöff und machen die gleichen Haufen. Wir klopfen Griffe und Sprüche wie die vom Heer und erhalten ebensowenig Urlaub. Wir bilden Kompanien, Bataillone, Regimenter und Divisionen wie Hunderte andere auch, und bei uns wird nicht anders befohlen und gehorcht, geflucht und gelacht, geschossen und verreckt. – Soweit ist alles klar. Trotzdem besteht ein etwas sonderbares Verhältnis zwischen uns und den anderen Truppengattungen, eine Spannung, eine Distanz, manchmal Mißtrauen und nicht selten sogar Ablehnung. Liegt es daran, daß wir eine junge Truppe sind, daß unser Haufen nur aus Freiwilligen besteht, daß wir uns als Elite verstehen oder von anderen, besonders vom Russen, als solche gesehen werden? – Liegt es an dem Besser-sein-Wollen, an Äußerlichkeiten, an der Größe, den Runen und Totenköpfen oder daran, daß als Voraussetzung für die Offizierslaufbahn das Abitur nicht mehr notwendig ist? Jeder darf, wenn er denn kann – das ist durchaus nicht neu. Trug nicht schließlich jeder napoleonische Grenadier den Marschallstab im Tornister? Liegt es am oft zitierten neuen Geist? – Die Gedanken des Flachsblonden bleiben an dem „neuen Geist" hängen. Er überlegt – endlich grinst er: *Neuer Geist, damit kann ich herzlich wenig anfangen. Wenn wirklich etwas an dem neuen Geist dran sein sollte, wie beschissen muß dann der alte gewesen sein? Wie wird bei uns mit Menschen umgegangen – trotz des neuen Geistes! Muß man einen jungen Freiwilligen erst zerbrechen, um dann einen Soldaten aus ihm zu formen? Muß man nicht nur sein Ich, muß man auch seinen Idealismus durch den Dreck ziehen, damit er für den Rock des Führers würdig wird? Müssen die militärischen Erziehungsmethoden unbedingt die primitivsten der menschlichen Gesellschaft sein? Muß die Ausbildungssprache aus den stinkendsten Winkeln der Kloaken stammen? Ist die Reduzierung der Person zur absoluten menschlichen Null oberste militärische Zielsetzung – oder geht es auch anders? Ginge es anders? Muß der Begriff Mensch ausradiert sein im Vokabular der Militärs? War er nie* vorhanden? Oder hat die zynische Menschenverachtung noch immer Gültigkeit: ‚Hunde, wollt ihr ewig leben?' –

Für viele Herren der Wehrmacht sind wir ideologisch gedrillte Parteisoldaten, nicht gewollte und nicht benötigte Fanatiker, denen die Nazimythologie mit Vorschlaghämmern in die Birnen gewuchtet wurde. Blind, verbohrt und dumm. L…ange A…rme H…unde oder Lange Armselige Helden. Unsere Offiziere halbe Analphabeten, da das Abitur bekanntlich bei uns keine Voraussetzung ist. Humanistische Blindgänger, die anstelle des Gehirns nur den Leitspruch „Unsere Ehre heißt Treue!" im Schädel haben. Schade um das hervorragende Menschenmaterial, wäre doch jeder Rottenführer ein hochqualifizierter Unteroffizier oder Feldwebel. Bei uns bleibt er auf seinem Dienstgrad hokken, beim Heer fehlt er! – Natürlich gibt es bei uns solche Offizierstypen, aber nicht nur bei uns, und warum bedauert man das gute Menschenmaterial? Und woher kommt der Rottenführer, der im Heer zwei, drei Dienstgrade höher eingestuft werden würde, wenn es als Offiziere nur solche Typen gäbe? Das ausgesuchte Menschenmaterial war und ist das Problem jeder Garde, beim Russen wie bei uns, bei den Preußen wie bei Napoleon. Von den Griechen und Römern ganz zu schweigen. Damals wie heute hatte die Garde ein etwas angespanntes Verhältnis zum übrigen Heer. Man wollte oder will sie nicht, aber man brauchte und braucht sie. Wenn es irgendwo besonders stinkt, wenn nichts mehr geht und alles knüppeldick vermasselt ist, dann muß die Waffen-SS ran. Wenn – wie der Landserjargon die Sachlage treffend beschreibt – die Kacke am Dampfen ist, dann spielen wir die Feuerwehr. Ist der Schlamassel bereinigt, heißt es: ‚Kein Wunder – bei der Ausrüstung, bei der Verpflegung, bei dem Menschenmaterial!'

Natürlich vergißt man zu bemerken, daß unsere Ausrüstung nicht schlechter und nicht besser ist als die einer Panzergrenadier- oder Panzerdivision des Heeres. Noch weniger wird zugegeben, daß die Elitedivisionen des Heeres, die ‚Großdeutschland' oder die ‚Panzer-Lehr-Division', weitaus besser ausgerüstet sind als wir! Und das ist durchaus kein Wunder, werden wir doch vom Heer mit Waffen und Gerät versorgt und nicht umgekehrt. Und wer würde, unter diesem Aspekt, noch annehmen, daß ausgerechnet die so gar nicht beliebte Waffen-SS die modernsten Panzer erhält, während die eigenen Heeresdivisionen mit den alten Tanks weiterknüppeln müssen. Aus diesem Grund hat auch die Leibstandarte keine der neuen Wunderpanzer, keine Panther. Deswegen bleiben aber auch bei uns nicht die Hälfte der Panzer mit kochenden Motoren auf dem Vormarsch liegen!

‚Bei der Verpflegung kein Wunder! Mit der Verpflegung kann man natürlich die schlimmste Scheiße durchstehen!' Irrtum, denn von wem erhalten wir unsere Fressalien zugeteilt? Vom Heer! Es ist wie mit der Ausrüstung. Kaum vorstellbar, daß die Herren vom Heeresverpflegungsamt ausgerechnet uns Gänseleberpasteten zuschieben, während die eigene Truppe Drahtverhau hinunterwürgen muß. Auch wenn unsere Kommißbrote genauso hart und verschimmelt sind wie die beim Heer, wenn das Problem des Kunsthonigs bei uns wie beim Heer darin besteht, dieses süße Geklecksel zu genießen, eine Kunst, die nur Auserwählte beherrschen, auch wenn der Käse hier wie dort gleich schnell läuft und nur mit Vollgas einzuholen ist, es bleibt dabei: Wir haben die bessere Verpflegung. Fazit: Wer besser frißt, der kämpft auch besser!

,Kein Wunder bei diesem Menschenmaterial!' Da ist etwas dran. Bei uns gibt es nur Freiwillige, und das unterscheidet uns sogar vom 1. Garderegiment der Kaiserzeit. Der Altersunterschied ist gering. Verheiratete kann man mit dem Feldstecher suchen, zumindest was die Mannschaftsdienstgrade betrifft. An der inneren Einstellung der Freiwilligen konnte selbst die geisttötende Kasernenhofgymnastik nicht viel versauen. Und an dieser Einstellung mag es liegen, daß sie halten, wenn es zu halten gilt, und durchstoßen, wenn auf Angriff umgeschaltet wird, kurz, daß sie zuverlässig sind! – Wie stets alles kann man aber auch das anders sehen: stures Aushalten, wenn ein strategischer Rückzug besser wäre, blindes Anrennen, wo geduldiges Warten die Alternative wäre. Es bleibt gehüpft wie gesprungen, einige Herren ziehen immer mokant die Augenbrauen hoch, wenn es um die Waffen-SS geht.

Der einfache Landser dagegen ist ehrlicher. Wenn der weiß, neben meinem Haufen liegt die Waffen-SS, dann kann er sich darauf verlassen, daß dort der Iwan nicht durchkommt. Der Landser versteht uns. Zwischen dem einfachen Muskoten vom Heer und von uns gibt es keine Unterschiede. Landser ist Landser. Auch zwischen den jüngeren Offizieren stimmt die Richtung. Kritisch wird es oben. Mit den roten Generalstabsstreifen an den Hosen beginnt die Aversion gegen das Neue. Das Alte, die ehrwürdige, preußische Tradition, verkörpert das Heer. Tradition heißt: Hunderttausend-Mann-Heer, und noch besser: kaiserliche Armee. Man toleriert die braune Couleur, aber schwarz ist das rote Tuch für die Herren in Grau! Und schwarz sind auch wir, obwohl die Herren es besser wissen müßten! Leider ist es ihnen völlig piepe, daß wir weder braun noch schwarz sind, daß wir feldgrau sind und daß wir weder eine selbständige Armeeführung haben, noch eigene strategische Entscheidungen treffen können, denn alle Einheiten der Waffen-SS sind dem Heer unterstellt. Ebenso piepegal ist ihnen, daß wir nichts anderes tun oder zu tun haben als alle anderen Heeresdivisionen, und das nicht schlechter! Im Gegenteil – und das ist ihnen nicht piepegal! Sie verstehen sich noch immer als „preußische Generale", natürlich nur in ihrem Kreis, unter Kameraden. Sie sind eigenverantwortliche Militärindividualisten, obwohl diese Spezies Mensch nicht eben häufig bei der preußischen Generalität vorkam – wie zum Beispiel Friedrich Wilhelm von Seydlitz, den der Alte Fritz deswegen tadelte, oder Ludwig Yorck von Wartenburg, der von seinem König abgesetzt wurde. Undenkbar, daß ein General der Wehrmacht das getan hätte, was unser Chef Paul Hausser, den manche ‚Papa Hausser‘ nennen, in der Schlacht um Charkow getan und dabei riskiert hatte. Er dachte und handelte gegen den Befehl, gegen den ausdrücklichen Führerbefehl! Ohne die geringste Rückendeckung seines Vorgesetzten Erich von Manstein! Alleingelassen mit sich und seiner Entscheidung rettete er Zeit, Lage und Menschen. Er handelte und verantwortete, was sich von Manstein nicht traute und woran Paulus in Stalingrad nicht einmal zu denken fähig war. Hier war etwas von dem neuen Geist spürbar. Hier zeigten sich Soldatencourage, Entscheidungsfreiheit und Führerpersönlichkeit. –

Blödsinnige Gedanken – wirr und widersprüchlich und genug, um dicke Wälzer darüber zu schreiben. Nicht von mir – dazu fehlen mir Talent, historischer Über- und Einblick, die Quellen und was weiß ich noch mehr. – Der Flachsblonde muß grinsen: Ist mein Schicksal, daß ich immer nachdenken muß. Ich kann nichts dafür, daß mir manchmal die verrücktesten Gedanken durch den Kopf gondeln, und warum? Wenn der Soldat Zeit hat, wenn man ihm Zeit gibt, dann weiß er nichts anderes damit anzufangen, als Blödsinn zu denken, also – beschäftigen! Die Zeit totschlagen mit allem nur möglichen, sonst – sonst denkt man, wie ich zum Beispiel, über die militärische Rivalität der Truppengattungen nach. Komisch – Rivalität hin, Rivalität her, es ist einfach komisch. Die eigene Truppe kotzt einen manchmal an, und gleichzeitig ist man stolz auf sie. Untereinander wird nur gemotzt, über den sinnlosen Schliff, über die Verpflegung, über arrogante Führer, Ritterkreuzjäger, Rabauken und pseudoväterliche Feldwebeltypen und natürlich über die LAH! Sagt ein anderer über uns das gleiche, hauen wir ihn in die Fresse. Auf die LAH fluchen wir, gegenüber allen anderen verstehen wir uns als die Besten. – Er grinst wieder und nickt bestätigend mit dem Kopf. – Es stimmt schon. Tatsächlich ist der Soldat das, was er oft genug zu hören bekommt: das dümmste Rindvieh unter den Menschen! Er zündet sich eine Zigarette an, setzt sich auf die trockene und warme Erde, läßt die Beine in das Deckungsloch baumeln und hört dem Zirpen einer Grille zu. Hat sich wohl verspätet und ruft nach der lieben Grillenmami – oder nach einem Grillerich? – Was für Gedanken einem so durch den Kopf schwirren, vom Heldenpauker, vom Problem der Waffen-SS und vom Grillenfridolin. – Er sieht in die Nacht. – Paul und Jong werden pennen, Hans ist bestimmt wieder beim Kompanieführer, und Peter – muß mich mehr um Peter kümmern –, der reinigt sein Maschinengewehr oder hockt im Loch und grübelt, die leisen Stimmen sind die von Kuno und der Flunder – und Ernst und Dori? –

Während ich untätig im Loch liege und saudumme Gedanken denke, sind die beiden aktiv – der Flachsblonde grinst –, aktiv in den rückwärtigen Gebie-

ten, aktiv bei den Verpflegungseinheiten. Dori steht Schmiere oder lenkt ab, und Ernst sucht, findet und packt ein. So ähnlich wird die Organisationspha-se wohl ablaufen. –

Er drückt seine Kippe aus, läßt sich ins Loch rutschen, zieht seine Beine an, legt den Kopf auf die Hände und wartet auf den Schlaf. Der Krieg hat eine Atempause eingelegt – wer weiß wie lange?

Der achte Tag

9. Juli 1943

Gegen 2.30 Uhr, kurz nachdem der Himmel ausgeschlafen hat, rollen sie. Die Gruppe des langen Unterscharführers ist durch vier Männer – der Rest einer anderen Gruppe – verstärkt worden. Sie kennen sich. Kerle-Kerle, der Humorist aus Hessen, von dem niemand seinen Vornamen kennt, ist nach dem Ausfall von Uni ein echter Ersatz. Flasche, sein Kumpel aus der Rhön, hat sich sofort die MG-Kästen für Peter geschnappt. Die Flunder wurde wieder zum Gewehrschützen degradiert – und das sogar ohne Protest – und Kerle-Kerle wurde zum Schützen zwo an Peters Gewehr befördert. Den dritten nennen sie Pimpf – und er ist auch einer. Der Flachsblonde hatte ihn auf den ersten Blick irgendwie gern, vielleicht, weil er ihn an sich selber erinnert, schlacksig, überlang, und sein Stahlhelm sitzt so pfiffig auf dem kurzgeschnittenen Stoppelkopf, als wäre er zwei Nummern zu klein. Hans hatte jeder Hänselei die Spitze genommen, indem er bei der kurzen Vorstellung der Neuen mit dem Daumen auf die seltsame Trageweise des Stahlhelms vom Pimpf gedeutet hatte und dabei sagte: ‚Der wollte ursprünglich Fallschirmjäger werden, war aber für die kurze Sprunghöhe zu lang, Ende!' – Der vierte ist Ostpreuße. Er entspricht in keinster Weise der landläufigen Vorstellung von wegen derb, schwerfällig und mundfaul. Er gleicht vielmehr der Flunder, ist schlagfertig, lustig und lebhaft und von einem strahlenden Optimismus, der schon fast kriminell zu nennen ist. Sein Spitzname ist Lorbaß.

Die Sonne blinzelt am Horizont.

Sie rollen und kauen mit verzückten Gesichtern die Sonderrationen, die Ernst von seinem nächtlichen Ausflug mitgebracht hat. Der Flachsblonde erhielt drei Schachteln Juno rund und Scho-Ka-Kola. Als er die näheren

Umstände erfragen wollte, steckte ihm Dori lachend eine dicke Scheibe Hartwurst zwischen die Zähne und flüsterte: „Pssst! Kücken! Nicht weitersagen. Feind hört mit!"

Und Ernst knurrte: „War'n wir überhaupt fort, Dori? Des wär doch a unerlaubte Entfernung von der Truppe?!"

Sie rollen, rauchen aktive Zigaretten, zuckeln satt und zufrieden in den jungfräulichen Morgen, bis der vollgenudelte Ernst seinen Blick wieder der Gegend zuwendet und überrascht Dori in die Seite knufft, daß der flucht und einen Schlenker mit dem Wagen macht.

„Dori! Wir fahr'n falsch!"

Dori dreht sich zu dem Flachsblonden um: „Es hat ihn, Kücken. Die lange Enthaltsamkeit und plötzlich Hartwurst, das verträgt…"

„Wir fahr'n falsch, Dori!"

Dori verdreht die Augen wie eine Kuh, wenn es donnert, und faucht:

„Falsch? – Ich fahre Hans hinterher, Mensch!"

„Dann fahrt der aa falsch!"

Nun verliert Dori endgültig die Geduld: „Hans fährt vor mir. Die Kompanie fährt vor uns, klar? Das Bataillon, das Regiment und was weiß ich noch alles, stimmt's?!"

„Des stimmt – aber des stimmt aa wieder net."

„Hör auf, Ernst, mit dem blödsinnigen stimmt, stimmt."

„Was soll der Kokolores von wegen falsch fahren, Ernst? Würdest du uns einmal gütigst deine strategische Kritik erläutern?" Der Flachsblonde betont das „gütigst" und grinst süffisant.

„Würdet ihr mal gütigst in die Sonne glotz'n", deutet Ernst nach vorn. „Siachst des Klärch'n, Kück'n? Vor uns – vor uns, verstehst?", und als er dessen leeres Gesicht und Doris Kopfschütteln sieht, haut er mit der flachen Hand klatschend auf seinen Oberschenkel. „Herrschaftszeit'n, seid ihr blöd! Wir fahr'n nach Oooost'n, versteht's? Nach Ooooosten!"

Dori und der Flachsblonde kapieren noch immer nicht, und Ernst fällt ins Hochdeutsche: „Nach Osten geht unser Ritt, meine Herren. Unser Angriffsziel Obojan liegt aber im Norden! Haben Sie das endlich kapiert? Wir fahren nach Osten statt nach Norden! Da ist etwas faul, meine Herren!"

Sie schweigen sich eine Zeitlang an. Links von ihnen kommt Ari-Feuer auf. – Dori ist der erste, der sich von seiner Verblüffung erholt hat und das Gespräch wieder in Gang bringt.

„Wir hätten nicht organisieren sollen, Ernst, sondern meinen Strippenfreund ausquetschen müssen, dann wüßten wir mehr."

„Dann hätt'st nix zum Fressen."

„Aber wir wüßten Bescheid."

„Wärst aa net vuil g'scheiter, Dori."

„Da muß ich Ernst recht geben", grinst der Flachsblonde.

„Geb' nur deinen Senf dazu, Kücken, dann fällt es nicht auf, daß du genauso blöde wie ich gewesen bist. Ist nur gut, daß wir unser militärisches Genie bei uns haben." Dabei stößt Doris Knöchel in die Seite von Ernst, das heißt, er will, trifft aber versehentlich nur die Gasmaskenbüchse seines Nachbarn. Ernst lacht schadenfroh und nickt dem Flachsblonden zu.

„Bei zwei Deppen muß der Dritte…" Dori und der Flachsblonde lachen und sagen wie aus einem Mund: „Depp", und Ernst verzieht verblüfft das Gesicht, hebt dann beide Arme hoch, als würde er sich ergeben und sagt: „Muaß der Dritte aufpass'n, daß aus den zwei Deppen nicht zwei Vollidioten werden."

Als sie sich endlich wieder beruhigt haben, meint der Flachsblonde: „Denken wir einmal scharf nach."

„Da bin i g'spannt!"

„Die allgemeine Stoßrichtung müßte sich nach Norden bewegen bis Obojan", doziert der Flachsblonde. „Obojan war oder ist die Schlüsselposition. Danach sollte nichts mehr zwischen uns und Kursk liegen. Nach Obojan also leichtes Einschwenken nach Nordwest. Soweit ist doch alles klar, oder?"

„Hm", brummt Ernst, „und was is jetzt?"

„Jetzt rauschen wir nach Osten, noch bevor wir in Obojan sind." Dori klopft fast rhythmisch mit einer Faust auf sein Lenkrad. „Ich glaube, Ernst, du hast recht, daß wir Deppen sind, obwohl ich auf die Rollbahn achten muß und nicht auf die Sonne."

„Also eine völlige Änderung des ursprünglichen Operationsplanes."

„Mei, bist du guat, Kück'n", lacht Ernst, „und jetzt kommt's."

„Was kommt?"

„Genau des is die Frage, du Hirsch! – Was kommt! – Warum wird all's über'n Hauf'n g'schmiss'n?!"

Schweigen. – Der Flachsblonde zieht die Oberlippe an die Nase und überlegt. – „Vielleicht werden wir aus der Hauptstoßrichtung herausgelöst? Gestern die Ari an unserer rechten Flanke, könnte doch sein, daß da etwas schiefgelaufen ist, oder?"

„Oder?" Ernst wiegt zweifelnd den Kopf. „Naa, Kück'n, die Ari war weit hinter uns, und in der Nacht war a Ruh mit dem Feuer. Dafür rummst es jetzt links von uns! Naa, Kück'n, is nix mit rauslös'n. Außerdem fahrt der Dori vuil zu schnell! Der ganze Hauf'n fahrt mit voll'm Karbid! Für mich gibt's nur a aanzige Antwort."

„Und die wäre?"

„Im Ost'n is was – und des is wichtiger als Obojan!"

„Du meinst…"

„I moan, Kück'n", er verbessert sich feixend, „ich meine, daß im Osten etwas sein muß, das für unsere Flanke so gefährlich ist, daß wir Obojan sausen lassen. Ich meine russische Reserven! Reserven – und mehr und stärker als gestern, und darauf drehen wir ein. Ja", nickt er sich selber zustimmend, „so wird's sein. Wir müssen zuerst mit den neuen Iwanesiern fertigwerden, sonst mach'n die uns zur Sau."

„Das klingt nicht sehr optimistisch, Ernst."

„Naa", nickt der, „wir sind ang'schlag'n. Die erst'n Tag' ham zuviel gekost. Bei uns geht's noch, aber die 1. Kompanie is net viel mehr als a Zug, und bei der 3. sieht's net viel besser aus." Jetzt spricht er sehr ernst und sehr akzentuiert. „Aus meiner Erfahrung sieht es so aus: Wir sind ein angeschlagener Haufen. Haben in der kurzen Zeit, in den wenigen Tagen zu viele Verluste. Und der Iwan? Dem stehen Reserven zur Verfügung, von denen wir nur träumen können. Eine halbe deutsche Division gegen drei frische russische Divisionen. Soooo siacht's aus!" – Er angelt nach seiner Zigarettenschachtel und gibt Dori und dem Flachsblonden je einen Glimmstengel. Beim Anzünden brummt er noch: „Rauch'n wir noch oane, solang ma noch Zeit dazua ham."

Das Marschtempo ist ungewöhnlich hoch. Es sieht so aus, als gälte es, ein Wettrennen zu gewinnen. Die Männer ahnen, daß sich etwas Entscheidendes anbahnt. Dafür haben sie einen Riecher. Wie entscheidend, das wissen nur wenige. Bei den Deutschen weiß es Generaloberst Hermann Hoth. Bei den Russen General Pawel A. Rotmistrow von der anrollenden 5. Gardepanzerarmee.

Sie rollen und hängen ihren Gedanken nach. Dori starrt auf die Rollbahn. Ernst kaut Fingernägel. Der Flachsblonde bearbeitet seine Nase mit der Oberlippe. Sie wissen nicht, wo die Ziellinie des Wettrennens liegt, und wenn es ihnen jemand gesagt hätte – etwa im Raum von Prochorowka – keiner wäre dadurch auch nur einen Deut schlauer geworden, keiner hätte mit diesem Namen etwas anzufangen gewußt. Noch nicht!

Und wenn einer auf die Frage ‚Wann?' geantwortet hätte: ‚In etwa achtundvierzig Stunden', dann hätten sie mit den Köpfen genickt und gebrummt: ‚Na ja, ist noch viel Zeit, wer weiß, was bis dahin noch alles geschehen kann.' Was Prochorowka in achtundvierzig Stunden für sie bedeuten sollte, davon hatten sie keinerlei Vorstellungen. Noch nicht!

Der neunte Tag

10. Juli 1943

Sie fahren, was das Zeug hält, und es ist fast wie am ersten Tag vor Beginn der Schlacht um Kursk – eine riesige, geballte Panzerfaust stößt wie ein Keil in die Weite des Raumes nach Osten.

Der Flachsblonde stellt verwundert fest, daß das flaue Gefühl in seinem Magen nicht stärker geworden ist, im Gegenteil, er spürt kaum noch etwas. Hat seine schwache Bauchdecke einen Schock bekommen? Ist die nüchterne und für Ernst so typische Analyse der gegenwärtigen und der zu erwartenden Lage daran schuld, daß er fast gelöst und entspannt hinten im Wagen hängt, oder ist die Wurschtigkeit, das sture Hinnehmen von unausweichlichen Tatsachen, das Leck-mich-am-Arsch-Gefühl stärker als das Magensausen? Auf der einen Seite ist es ihm egal, was und wer ihnen entgegenrollt, auf der anderen Seite bleibt die Neugierde, das kitzelnde Bohren, bis er genau weiß, gegen wen und was es diesmal geht. Ändern tut sich zwar weder so noch so etwas, aber besser wäre es schon, wenn man genaueren Bescheid hätte, was da aus dem Osten dem Stoßkeil der Waffen-SS entgegenrauscht. Bei einigermaßen logischen Überlegungen und unter Zuhilfenahme von Oberlippe und Nase müßte auch das wohl zu klären sein. Warum muß nur immer der Ernst den Nagel auf den Kopf treffen? – Als er mit seinen Überlegungen zu einem, wie ihm scheint, annehmbaren Resultat gekommen ist, beschließt er, die Probe aufs Exempel zu machen.

„Wer, Ernst, rollt uns deiner Meinung nach entgegen? Ich meine, mit wem werden wir uns herumschlagen müssen und mit wie vielen? Ich meine, welches Zahlenverhältnis, welche Stärke steht gegen uns?"

„Ich meine – ich meine – Kück'n, jetzt bist alles andere als der großartige Stratege von vorhin. Was moanst'n du, Dori?"

„Der Iwan", grinst der und schnippt mit den Fingern. „Hast du noch eine Zigarette, Ernst?"

„Setz'n, Dori", feixt der, „Sie erhalten einen Einser! Nächste Frage: Was für Iwanesier? Welche Waffengattung? Was für Divisionen?"

Dori klemmt sich die Zigarette in den Mundwinkel und antwortet: „Also – jetzt mime ich einmal den Generalstäbler, klar? Wir haben zuerst die Gardeschützen geworfen. Dann startete der Iwan Entlastungsangriffe mit der 1. Gardepanzerarmee. Zuletzt hat er mechanische Regimenter in das Fiasko getrieben. Kanonenfutter! Die wurden verheizt, um Zeit zu gewinnen. Zeit…", er macht eine Pause, stippt die Asche ab und hebt die Hand mit steilaufgerichtetem Zeigefinger, „Zeit für eine noch weit im Osten stehende Armee – klar soweit?"

„Klar", grunzt Ernst, und der Flachsblonde nickt.

„Da der Iwan weiß, daß wir mit Vollgas weiter durchstoßen, kann er keine Fußlatscher oder Steppenreiter mit ner Plempe in der Faust gegen uns anrennen lassen. Bleiben Panzerdivisionen, klar? – Deine dritte Frage, Kücken, galt der Stärke, der Zahl! Die ist am einfachsten zu beantworten. Wenn wir drei Divisionen einsetzen, dann hat der Iwan mindestens sechs. Das ist normal oder, wie Ernst schon sagte, das lehrt die Erfahrung. Zusammengefaßt: Der Gegner, mit dem wir es am x-Ort zur y-Zeit zu tun haben werden, ist eine Panzerarmee, vermutlich Garde! Ende!"

Ernst lacht. „Einsame Klasse. Dori, hervooooorragend – und sowas wia di lass'ns net nach Braunschweig auf die Junkerschul'."

Dori reckt sich und sitzt steil aufgerichtet am Steuer mit stolz vorgewölbter Brust. Lässig stippt er seine Zigarettenasche ab, die durch den Fahrtwind dem Flachsblonden auf die Tarnjacke weht.

„Paß doch auf, Dori!" flucht der. „Du verbrennst noch meine Jacke!"

„Besser als den Arsch", lacht er. „Sonst noch Fragen, Kücken?"

„Nein – oder doch! Jetzt braucht ihr Oberstrategen mir nur noch zu sagen, wann es losgeht."

Ernst winkt ab, und Dori lacht nur: „Je schneller wir fahren, um so früher hast du deine Antwort."

Die Hose macht es auch nicht mehr lange. Der Riß am Knie sorgt ebenso für Lüftung wie die aufgegangene Naht an der Seite. Die Tasche links hat ein Loch, und es ist nur gut, daß ich kein Geld habe. Bei dem Wehrsold auch kein Wunder, denn der ist mehr als beschissen, jedenfalls für das, was man dafür tun muß. Blödes Wort, Wehrsold, die bezahlte Wehr. Wer auf die preußische Fahne schwörte, hatte nichts mehr, was ihm selber gehörte. Das haben wir schon als Pimpfen gelernt, und daran hat sich auch bis heute nichts geändert!

Das Koppelzeug ist noch in Ordnung. Der Brotbeutel stört und drückt beim Sitzen. Ein Kanten Brot. Ein Stück Hartwurst. Zwei Schachteln Juno. Die Scho-Ka-Kola. Das Eßbesteck, eine kleine Schere, ein etwas verbogener Metallkamm, ja, das wäre es eigentlich schon. Die Feldflasche ist das nützlichste, das Seitengewehr das nutzloseste Anhängsel. Der Spaten ist gut und wichtig. Allerdings nur der feststehende. Der Klappspaten ist mehr ein Spielzeug für den Sandkasten. Am Überflüssigsten ist die Gasmaske, es sei denn, man verwendet sie verbotenerweise wie Ernst als Fressalieninhaltskoffer, kurz FIK genannt. Zeltpan und Kochgeschirr, zum Sturmgepäck zusammengerollt, sind so notwendig wie die großen Taschen der Tarnjacke, aber Sturmgepäck? Stürmen könnte man wesentlich besser ohne Gepäck, und zum Sturm auf die Feldküche würde das Kochgeschirr vollauf genügen. Zeltpan kommt von Zelt, nur, wer baut noch ein Zelt? „Jenseits des Tales standen ihre Zelte..." – Die Zeiten sind vorbei. Wenn es schifft, dann braucht man die Plane, vor allem im Frühjahr und im Herbst, wenn das Wasser aus den Knobelbechern quillt. Jetzt, im Sommer, im Juli, wenn es heiß und knochentrocken ist... – Er blinzelt in die Sonne. – Nee, sieht nicht nach Regen aus. –

„Is was, Kück'n?"

„Nein – sieht nicht nach Regen aus."

Das verständnislose Gesicht von Ernst, der besorgte Blick von Dori – es dauert ein wenig, bis die beiden ihre Fassung zurückgewinnen.

„Hast des g'hört, Dori?"

„Kneif mich, Ernst, damit ich aufwache, denn so etwas kann man doch nur träumen – Au! Mensch! Doch nicht so fest!"

Ernst schüttelt verzweifelt den Kopf, holt tief Luft und stöhnt dabei. „Sieht nicht nach Regen aus – muaßt dir des vorstell'n, Dori. Mir ham Krieg, wir fahr'n in a Ries'nsauerei, und unser Prachtsoldat hat nix anders zu sag'n, als: Sieht nicht nach Regen aus!"

„Unheimlich, Ernst – kein Tourist, kein Bauer vor der Ernte, kein Theaterfreund vor 'ner Freilichtaufführung, sondern ein stinknormaler Mensch, wenigstens bisher, ein...", er dreht sich um und mustert den Flachsblonden, „ein Sturmmann der LAH stellt auf dem Vormarsch lapidar fest: Es sieht nicht nach Regen aus!"

Der Flachsblonde möchte etwas sagen, erklären, setzt an –

„Ruhig, Kück'n – stad bist! Nur net aufreg'n. Geht wieder vorüber, is nur a momentaner Anfall von geistiger Verwirrung."

„Wollen wir ihn zum Lazarett bringen, Ernst?"

„Woaß net so recht. Den Rest seines jungen, hoffnungsvoll'n Lebens im Irr'nhaus verbringen? Des is schlimmer als die LAH."

„Aber Hans muß Bescheid wissen."

Ernst nickt mit todernstem Gesicht: „Aber abgeschwächt, Dori, sonst verliert der wia wir den Glaub'n an den Nachwuchs."

„Den Glauben an Deutschland, Ernst!"

„An Großdeutschland!"

Sinnlos. Der Flachsblonde läßt sich in seinen Sitz zurückfallen. *Sinnlos, etwas sagen zu wollen. – Sinnlos, diesen Idioten erklären zu wollen. Einmal laut gedacht, und der Zug fährt ab. Die ziehen mich noch auf, wenn ich General oder Großvater bin. Die sind direkt froh und glücklich, wenn sie einen auf die Schippe nehmen können. Der Jüngste ist der Dümmste. Für die alten Säcke muß stets jemand da sein, an dem sie Dampf ablassen können. Die einzige Reaktion ist Schweigen, nichts erwidern, nicht fluchen oder gar wütend werden. Das macht die Sache nur noch schlimmer. Darauf warten sie nur. Geht man auf ihre Blödeleien nicht ein, wird der Spaß uninteressant, und sie hören von selber auf. Einfach so tun, als wäre nichts gewesen. Lächelnd und nichtssagend antworten und mitblödeln.* – Der Flachsblonde beäugt erneut den Riß und die aufgegangene Hosennaht. Er rutscht tiefer in seinen Sitz. Ein leichter Wind ist aufgekommen. Die Staubfahnen der Marschkolonnen ziehen seitlich von der Rollbahn weg. Wie im Zug. Man geht auf die Seite, die frei von den Qualmwolken der Lokomotive ist, damit man etwas von der Landschaft sehen kann. Man ißt ein Stück Schokolade, genehmigt sich eine Zigarette und läßt sich durch die Gegend schaukeln.

Er holt eine Dose Scho-Ka-Kola aus seinem Brotbeutel, öffnet fast feierlich die flache Blechbüchse, bricht ein großes Stück von der Schokolade ab, drückt das Papier zusammen und schließt den Deckel wieder. Genüßlich beißt er ein Stück ab, setzt sich zurecht, bis er den Kopf an die Sitzlehne legen kann, um langsam, halb kauend, halb lutschend die Schokolade im Mund zergehen zu lassen. Als er fertig ist und sich an dem sahnigen Geschmack – besser an dem Nachgeschmack – erfreut, überlegt er: *Soll ich alles aufessen, oder soll ich einen Teil aufheben? Drei Schachteln habe ich. Drei volle Schachteln! Das ist eine Menge, wie ich sie nie während meiner Dienstzeit besessen habe. Einmal im Leben eine ganze Dose verputzen, einmal nur auf einen Zug verschnabulieren! Jetzt kann ich es. Was morgen ist, das weiß der Teufel, und außerdem habe ich ja noch zwei.* – Während er Stück für Stück genießt, blickt er mit seitlich auf die Sitzlehne geneigtem Kopf über das staubige Wagenblech in die Landschaft, in die Sonne des Julitages, ohne den Worten seiner Mitfahrer Beachtung zu schenken. *Leckt mich – diese Einstellung ist die einzige, die hilft, die einzig richtige auf der Welt, auf dieser Welt. Das Alles-von-sich-abgleiten-Lassen ist eine Kunst. Wer sie beherrscht, wem sie geschenkt wird, ist glücklich. Eine Schachtel Scho-Ka-Kola und zwei doofe Freunde genügen, um glücklich zu sein. Wie verdammt wenig braucht doch der Mensch zum Glück – oder ist das viel? – Er wirft die leere Dose irgendwohin. – Wenig? Nee, zwei Freunde, das ist viel, unheimlich viel sogar!*

Am späten Nachmittag ist Munitionsausgabe und Verpflegungsempfang. Die Zigarettenzuteilung ist wie am Aschermittwoch. Die Männer fluchen. Der Zugführer ruft die Gruppenführer. Als der lange Hans zurückkommt, brummt Ernst: „Der macht so kurze Schritt', als hätt' er Angst, was zu sag'n."

Der Lange lehnt sich an einen Kübelwagen und winkt die Männer seiner Gruppe heran.

„Heute nacht, spätestens am frühen Morgen, erreichen wir den Raum um Prochorowka. Dort erwarten wir den Gegenstoß der russischen 5. Gardepanzerarmee. Sie hätte uns in der Flanke erwischt. Deswegen haben wir eingedreht. Ist sie erledigt, hat der Iwan nichts mehr zu bieten!"

Die Männer schweigen, nur Ernst brummt: „Hamma des net schoamol g'hört?"

Hans ignoriert den Einwand und fährt fort: „Weit rechts von uns knüppeln dreihundert Panzer vom Heer. Kommen die rechtzeitig nach Prochorowka, haben wir den Iwan in der Zange. Noch Fragen?"

Paul meldet sich wie in der Penne mit schnalzendem Zeigefinger: „Und wenn sie nicht rechtzeitig kommen?"

„Müssen wir es alleine schaffen!"

„Und wir san natürlich stärker, oder?"

„Irrtum, Ernst. Mit den Panzern vom Heer wären wir fast gleich stark."

„Wären! Fast! Auweh, da leckst mi!"

„Und wenn det der neue Typ Panther is, denn warten wa bis Weihnachten."

„Schnauze, Flunder! Wir haben mit den Panzern überhaupt nichts zu tun. Wir passen nur auf die Infanterie auf, klar! Ende der Debatte! Zwei Stunden pennen, dann geht es ran an die Minna. Abtreten!"

Sie trotten zu ihren Fahrzeugen. Ernst hat beide Hände tief in die Hosentaschen vergraben und vergißt sogar zu rauchen.

„A Minna würd ich lieber aufhalt'n als an Panzer."

Dori grinst. „Die Flunder hat recht. Wenn es dreihundert Panther sind, dann haben wir Schwein, wenn die Hälfte davon ankommt."

„Und mit denen wären wir fast gleich stark", ergänzt der Flachsblonde und zieht seinen Flunsch.

„Faaaast, Kück'n. Kannst'd rechnen? Wir ham vielleicht vierhundert. Die dreihundert vom Heer dazua, macht sieb'nhundert. Demnach hat der Iwan über taus'nd, stimmt's?"

„Und die kanonieren auf einem derart engen Frontabschnitt aufeinander los! Junge, Junge, das gibt Kleinholz."

„Kleinholz, Dori? – An riesig'n Schrottplatz gibt des."

„Und wir sind dazwischen."

„Haargenau. Müass'n halt aufpass'n, daß uns der Schrott net zerdrückt."

Dori kriecht in den Wagen und legt sich auf die Vordersitze. Ernst stößt den Flachsblonden an und knurrt: „Wer zuerst schaltet, der schlaft am best'n."

„Und wir?" fragt der.

„Wir schlaf'n im Steh'n, da wer'n wir schneller wieder munter!"

Nach zwei Stunden ist es umgekehrt. Ernst und der Flachsblonde schlafen in ihren Sitzen. Dori fährt und pfeift leise ihr Berliner Abschiedslied: „Ich weiß, es wird einmal ein Wunder geschehn…"

Der zehnte Tag

11. Juli 1943

Die Sterne stehen hoch. Die Männer überprüfen ihre Waffen und die Munition, dann marschieren sie in die Nacht. Es ist nicht mehr so schwülwarm wie in den letzten Tagen. Ein leichter Wind kitzelt die Gesichter und fächelt Luft. Das Panzerbrummen hat sich zum monotonen Dröhnen verdichtet.

Die Landschaft ist alles andere als ein ideales Panzergelände. Kurzhügelig, schluchtartige Senken, buckelige Bodenwellen, kleine Wäldchen, unübersichtlich und leicht bewegt wie eine abgeflachte Achterbahn. Im ersten Licht des Tages graben sie sich ein. Ernst flucht wie immer bei dieser Arbeit, haut den Spaten in die Erde und brummt:

„Aus is! Mir glangt's!"

Wromm! – Ponk! Ponk! – Schlagartig setzt das Feuer der Panzerkanonen ein. Hart und voll das deutsche, dumpf-blaffend das russische. Die Grenadiere kennen das Rummsen, und sie kennen die Kanonen: Die russische Artillerie auf Selbstfahrlafetten, die Sturmartillerie auf Panzerfahrgestellen, die dicken Brocken Kaliber 12,2 und 15,2 cm.

Ernst schaufelt plötzlich wie ein Akkordarbeiter, hält inne, flucht laut, beäugt die schütteren Baumreihen sowie das flach abfallende Gelände und winkt brüllend dem Flachsblonden: „Kückeeeeen! Daaaaaa!"

Hans rennt vorbei, deutet mit der MPi zu der von Ernst ausgemachten neuen Stellung und ruft zum Wäldchen hin nach Kuno und der Flunder. Links von ihnen, auf einem übergroßen Maulwurfshügel, winkt ihr Zugführer. Hans ist schon bei ihm und bedeutet seinen Männern mit einer langsam nach unten drückenden Armbewegung: Zeit lassen! Ist noch nichts los!

Sie buddeln wie die Maulwürfe!

Kuno und die Flunder, Flasche und Pimpf stapeln MG-Kästen hinter zwei Erdbuckeln, hinter denen Paul und Peter Stellung bezogen haben. Jong und Kerle-Kerle graben die nächste Deckung, als Vorsorge für einen Stellungswechsel. Es klappt. Die Zeit reicht. Sie können ihre Löcher ausstemmen, als wären sie auf dem Truppenübungsplatz in Döberitz und nicht im Hügellabyrinth von Prochorowka.

Sie warten. –

Ihre Fäuste umkrampfen die Kolbenhälse. Die Finger liegen an den Abzügen. Die Augen starren ins Vorfeld.

Der Flachsblonde wirft einen Blick zum Nachbarloch, wo Ernst liegt. Schwache, graue Rauchwölkchen, sonst ist nichts von dem Münchner zu sehen. *Hockt der Kerl doch im Loch und qualmt, und uns fallen vor angestrengter Sucherei die Glotzer fast aus den Augenhöhlen.* Doch der Flachsblonde hat keine Zeit mehr, sich über die Ruhe seines Freundes zu wundern, denn die ersten Granaten krepieren hinter ihrer Stellung in dem kleinen Waldstück. Deswegen hatte Ernst aufgehört zu buddeln und ist weiter nach vorne getrabt. *Deswegen hat Hans die anderen gerufen, um eine neue, bessere Stellung zu beziehen! Einen Riecher muß man haben, das ist alles. Dann kann man grinsen oder eine Zigarette rauchen, während die russische Ari die höhergelegene Waldlandschaft beharkt in der Annahme, wir lägen dort wegen des besseren Schußfeldes. Pech für den Iwan. Glück für uns.*

Die Russen greifen schwerpunktmäßig in linker Richtung an. Motoren jaulen. Ketten quietschen. Holz kracht und splittert. Aus dem Wäldchen brechen Tiger! Der Flachsblonde beobachtet, wie die schwachen Baumstämme umknicken. Die Stahlkolosse tauchen auf, walzen das Stangenholz zu Brennholz und greifen an!

Ponk! – Ponk! Ponk! – Ponk!

Die Dreckfontänen schwerer Brummer spritzen zwischen den Panzern hoch! – *Hoffentlich walzen die uns nicht zu Klumpen.* – Der Flachsblonde sieht nur die eigenen Panzer. – *Wie man sich doch täuschen kann: Man meint, die Ketten quietschen direkt vor der eigenen Nasenspitze, dabei rasseln sie zig Meter an einem vorbei. Die Tiger bleiben abwechselnd stehen und feuern, fahren, halten und schießen, fahren – halten und feuern – fahren.*

Als er sich wieder nach vorn wendet, vergißt er vor Überraschung zu schießen. Die Russen können von den deutschen Panzern kaum erkannt werden. Kusseln, kurze Erdbuckel, Senken wie flache Pfannen, Hecken und kleine Waldstücke geben ihnen Deckung. Sie kommen in kleinen Gruppen von links und zerren Panzerbüchsen hinter sich her. Sie sehen nur die deutschen Panzer und nicht die Grenadiere, als das MG-Feuer zwischen sie fährt. Die Wirkung der ersten Feuerstöße ist verheerend. Der Flachsblonde sieht die Russen auseinandertaumeln und hinschlagen, sieht, wie sie von ihren Panzerbüchsen gefegt werden, wie einige versuchen zurückzulaufen, wie sie nach Deckung suchen, wie sie kriechen, oder kriechen wollen, wie…

Iiiiiiuh –

Wie ein Peitschenhieb zerschneidet es die Luft! Der Flachsblonde zieht den Kopf ein, reißt den Mund auf, preßt bei dem Einschlag die Augen fest zusammen – *Verdammt nah…* – er wirft sein Gewehr über die Deckung und starrt in den Dreckvorhang. *Nichts zu sehen! Nur Dreck und Rauch! – Da – meine Fresse, sind die nah!* Er zieht durch und hört befreit das Auftacken der Schüsse, spürt das beruhigende Klopfen der Rückschläge an seiner Schulter! *Langsam,* zwingt er sich zur Ruhe, *langsam und dafür sicher – spare Munition – schieß nur, wenn du auch treffen kannst, und ballere keine Löcher in die Luft, nur um die eigene Angst abzuknallen.*

Es ist ein irrsinniger Feuerzauber! Die Maschinengewehre belfern in kurzen Feuerstößen, eine Oktave höher die MPis. Die Panzerbüchsen schlagen die Becken, und Panzerkanonen und Panzerartillerie lassen die Kesselpauken dröhnen. Zwischen dem hartpochenden Konzert falsche Töne, abgeschwächt-dumpfe, mehr ein Echo. Er spitzt die Ohren. Die Augen suchen krampfhaft die Gegend ab. Das sind auch Panzerkanonen! Russen! Ja, natürlich, der Iwan schickt doch nicht nur Infanterie gegen die deutschen Tiger. – Am rechten Hang von Pauls Buckelstellung tauchen sie auf, unverhofft, obwohl erwartet, in dem unübersichtlichen Gelände überraschend nah – T-34!

Einen Tiger durchzuckt ein Hieb. In seiner linken Seite klafft ein Loch. Der Turm schnappt mit einer roten Zunge auf wie ein Feuerzeug! Die T-34 knüppeln mit Vollgas von halblinks auf die Tiger zu. Die vordersten Tiger rucken mit den Ketten und schwenken ein. Einer qualmt, schießt aber noch, und der erste T-34 verschwindet in einer platzenden, grauschwarzen Wolke. Die Iwans fahren volle Pulle, um die überlegene Reichweite und Panzerung der Tiger auszugleichen. Sie fahren rücksichtslos, stur, verbissen. Masse gegen Qualität. Jeder Treffer geht bei den verhältnismäßig kurzen Entfernungen durch die Stahlwände wie durch Sperrholz. Und das Gelände hilft.

Ruhig, Sportsfreund, bleib ruhig, laß die Panzer und achte auf die Infanterie! Aber wir liegen falsch! Vorhin, bei dem ersten Beschuß, war die Vorhangstellung gut, aber jetzt? Die überdimensionierten Maulwurfhügel, auf denen Paul und Peter mit ihren Spritzen liegen, die sind für die Abwehr ideal. Erhebungen sind die Schwerpunkte. Schützen in der Senke überflüssig. *Also, raus und los!* Er brüllt im Laufen. Und er sieht Ernst laufen.

Die Panzerschlacht bei
Prochorowka 1943
K. Pfö.

Von den Buckeln aus sehen die Grenadiere ein paar zusammengeschossene Bauernkaten. Für einen Einzelhof zu viel, für ein Dorf zu wenig. Die Ruinen liegen etwas erhöht und sind die Ausgangsstellung der russischen Infanterieangriffe. Links von den Hüttenresten qualmen ein Dutzend Panzerwracks. T-34. Auch einige Tiger liegen abgeschossen im Vorfeld. Zwei stehen unmittelbar vor den Hausruinen. Sie liegen und warten auf den nächsten Angriff. –

Zwei schwere Maschinengewehre sind zwischen Paul und Peter in Stellung gegangen, und als sie zu feuern beginnen, setzen die Grenadiere von den Hügeln aus zum Gegenangriff an. Sie kommen gut voran, bis zu den beiden abgeschossenen Tigern. Der Flachsblonde keucht. Ernst spuckt fluchend aus und deutet zu dem Panzer, der den Bauernkaten am nächsten steht. Hinter dem Heck liegt ein Panzermann und fuchtelt mit den Armen. In den Hausruinen stauben Granateinschläge auf. Die schweren MGs rattern pausenlos.

„Zum Panzer!" schreit Ernst.

Sie hetzen durch das Flutschen der Infanteriegeschosse. Der Panzermann, schwarzverbrannt wie ein Sudanneger, grinst sie mit rollenden Augen an: „Dachte schon, ihr kommt nicht mehr."

„Was is'n los?" fragt Ernst.

„Unseren Alten hat es erwischt. Er liegt vorn an der Kette."

„Hm – und warum bist'n net hin und hast'n g'holt?"

Der Panzermann bleckt die Zähne: „Deswegen." – Seine Hose am linken Oberschenkel ist zerfetzt. Der Verband dreckig und dunkel verfärbt.

Iiiiiiuuuh – Wrämm! Zwanzig Meter vor dem Tiger steigt ein Dreckpilz!

„Kück'n!"

Der nickt.

„Schauf'l a Deckung – weg vom Panzer, falls dem einfallt, hochzugeh'n."

Der Flachsblonde robbt zu einer flachen Mulde. Niederes Gesträuch und Unkraut. Er zieht die Hand zurück und flucht. *Brennesseln! Sauzeug, verdammtes, gibt es auch überall auf der Welt.* Er wirft die aufgeschaufelte Erde in die Nesseln. Als er fertig ist, rollt er sich daneben, wirft vier, fünf Spatenblätter Dreck vor sich hin, dreht sich auf den Bauch, grinst zufrieden und sieht zu dem Tiger.

„Hab'n se dir uff'n Dätz jekloppt?" Die Flunder hat besorgte Augen.

„Runter, Pimpf!" brüllt der Flachsblonde, als er sieht, wie der Lange im Laufen verhält, um sich nach der Flunder umzusehen. Eine MG-Garbe zirpt durch das Gestrüpp und zaubert kleine Springbrunnen auf der Deckung.

„Ist nichts, Flunder. Ernst holt den Kommandanten von dem abgeschossenen Tiger hierher. Haut ab! Wir kommen nach!"

Bei den Bauernhütten peitschen MPis! Handgranaten wummsen!

„Zisch ab, Flunder! Wir sind schon bei den Panjebuden", und als die Flunder hochstürzt, „paß auf den Pimpf auf!"

Der Panzermann zeigt wieder sein weißes Gebiß und sagt: „Hat hingehauen, Kumpel – hier, nimm!"

Ernst ist beim Panzer. Eine Gestalt stemmt sich neben dem Münchner auf die Unterarme und grinst dem Flachsblonden entgegen. Der tippt an den Stahlhelm und sagt: „Tag auch" – und denkt im gleichen Augenblick: *Komisch, wie komme ich darauf, einen guten Tag zu wünschen, bei einem derartigen Scheißtag, und außerdem hätte ich irgendetwas Militärisches sagen müssen oder Heil Hitler oder…*

„Faß zua, Kück'n! – Die Schulter hat's derwischt!"

Tief geduckt schleppen sie den Stöhnenden zurück und schaffen es! Neben dem Tiger fetzt ein neuer Einschlag auseinander. Der Panzerrottenführer fletscht die Zähne und sagt: „Hallo Chef, alles klar?"

Der nickt stumm mit dem Kopf. Die Schweißbäche glänzen in dem blassen Gesicht. Das kurzgeschnittene Blondhaar klebt am Kopf. Das Ritterkreuz hängt schief. Er versucht zu lächeln, als er sagt: „Danke, Männer!"

Ein heftiger Schlag unterbricht ihn. Der Turm des Tigers kippt zur Seite, und der Panzerführer stellt trocken fest: „War um Sackhaaresbreite", dabei starrt er den Flachsblonden an, überlegt und fragt: „Kenne ich dich nicht?"

Der Flachsblonde grinst – das Ritterkreuz – das du – das ist der mädchenhafte Panzermann von… „Jawoll, Obersturmführer! Nach der Bunkerstellung haben wir uns unterhalten."

„Du warst das?" lacht der Panzerrottenführer. „Jochen hat dir noch Schokolade als Marschverpflegung mitgegeben, stimmt's?"

„Jochen?" fragt der Flachsblonde.

„War unser Fahrer." Der Rottenführer wird ernst, als er mit einer Kopfbewegung zum Panzerwrack zeigt.

Ernst knotet die Verbände fest und feixt: „In Ordnung, Obersturmführer. In der Schulter behalten's a Dell'n, und der Hax'n wird wieder gut. Zum Fahr'n g'langt's noch." Der Panzerführer lächelt. „Bis alles g'heilt is, samma in Kursk, un der Kriag is aus."

Der Panzerkommandant lächelt noch immer, als er sagt: „Eure Namen und die Kompanie." Ernst und der Flachsblonde haben die Waffen aufgenommen, blicken prüfend über die Deckung und nennen dabei Namen und Einheit. Der Rottenführer grinst wieder sein zähnefletschendes Urwaldgrinsen: „Moment, ihr zwei!" – Er sucht in seiner Panzerjacke. „Hier, Kumpels, eine Schachtel vom Chef und eine von mir. Macht's gut und – danke."

Sie verstauen die Zigaretten, und Ernst brummt: „Los, Kück'n, sonst kriegen's uns noch am Arsch wegn Fahnenflucht!"

Der Obersturmführer lächelt, als sie aus der Deckung springen.

Zwischen den Mauerresten verebbt das Infanteriefeuer. Ernst berichtet seinem Gruppenführer, und der schickt ihn sofort in das am weitesten rechts gelegene Haus, in dem Sanitäter sich um Verwundete kümmern. Starkes Panzerfeuer bullert links und rechts von ihrer neuen Stellung. Die Männer hocken in den Ruinen zwischen Steinschutt und Gefallenen und gurten Munition nach. Die ersten Artillerieeinschläge liegen weit voraus. Die Grenadiere suchen Deckung und Schußfeld und warten. Der nächste Einschlag zerstäubt ein Hauseck!

„Paul! – Links!"

Hans hetzt zu Jong, der ein, zwei Munitionsgurte aus dem Kasten nimmt und sie sich um den Hals hängt. Paul wirft sein Gewehr auf die Deckung. Spitz singt es auf und schlägt hart auseinander. Paul läßt den Kolben los und sinkt zurück.

„Verdammt! Auch das noch!" Hans zieht ihn zurück und zu Jong gewendet: „Seht nach, was mit ihm ist." Er stemmt das eingeknickte Zweibein hoch und zieht durch.

Jong tastet seinen Freund ab, findet nichts, nur der Stahlhelm hat an der seitlichen Rundung einen Knick. Als Paul blinzelt, atmet Jong auf. „Mensch, hab ich 'ne Birne." Paul befingert seinen Kopf, nimmt den eingebeulten Stahlhelm ab, starrt nachdenklich auf die Verformung, stülpt ihn wortlos wieder über und kriecht zu Hans.

„Aufgewacht?" lacht der.

Paul grinst zurück: „Brummt mir der Schädel so, oder – oder – das sind Paaaaanzer! – Paaanzer!"

Eins, zwei, drei – vier T-34 im Keil hintereinander – fünf – ein Pulk von Stahlkolossen – und die Tiger? – Wo sind die Tiger?!

„Eeeeernst!"

Der hört nichts im Auseinanderreißen der Einschläge!

„Eeeernst!" Die Stimme des langen Gruppenführers überschlägt sich. Endlich kapiert der Münchner. „Tellerminen! Hohlhaftladungen!" Ernst hebt verstehend die Hand und rennt geduckt zur Flunder, die mit Pimpf und Lorbaß zwischen Mauerresten liegt, brüllt denen etwas zu, der Berliner nickt und tippt an seinen Stahlhelm, winkt Lorbaß und beide verschwinden zur hintersten Hausruine, wo die Munition liegt.

„Panzer durchlassen! Paßt auf die Infanterie auf!"

Die russischen Panzer rumpeln langsam auf die Hausreste zu, dicht dahinter, wie angebundene Trauben, die Fußlatscher. Selbst Hans ist blaß geworden. Nur Paul grinst, aber es ist mehr ein Zähnefletschen, und er ist wie immer der einzige.

„Alles geritzt, Paul?" – Hans weiß, daß es jetzt keinen Kaltschnäuzigeren am Gewehr gibt, und nickt zufrieden, als Paul ihm die Faust mit dem erhobenen Daumen zeigt, den Kolben einzieht und mit den ersten Feuerstößen einen Panzer von seinem Infanteriehaufen befreit.

Der erste T-34 schiebt an der vordersten Bauernbude Mauerreste beiseite. Peter rennt mit Kerle-Kerle und Flasche um das zweite Haus. Paul feuert, und der Panzer rollt ohne Infanterie weiter.

Tzunk! – Tzunktzumm!

Die Handgranaten von Kerle-Kerle und Flasche werfen die russischen Schützen durcheinander. Querschläger zirpen. Paul zieht sein Gewehr zurück, wechselt blitzschnell seine Stellung. Wenige Sekunden später steigt an seiner alten Stellung ein Dreckpilz. Ernst drückt sich hinter einen Steinklotz. Der Flachsblonde könnte den T-34 mit einem Steinwurf treffen, er glotzt nur die Ketten an, hört das Schleißen und Knirschen, sieht die ineinandergreifenden Bewegungen der Stahlglieder, will weg, will raus aus der Rattenfalle, will – und bleibt bewegungslos zusammengekrümmt liegen.

„Daaaa – Hohlhaftladungen!"

Hans will antworten, sieht im gleichen Augenblick einen Landser über den Steinschutt klettern, seitlich auf den eingebrochenen T-34 zu. Der Panzer schwankt ruckartig und schwerfällig.

Wieder Einschläge! Rauch! Dreck! Steine!

Aus dem Turm blitzt MG-Feuer! Einer schreit! Spitz und langgezogen! Der Flachsblonde will rufen: „Peeeter! Peee…" Wrumm! Pause – Wrumm! – Das prasselt und scheppert! Das Turm-MG feuert weiter. Der Motor dreht hoch und jault auf. Die Ketten mahlen und ziehen an – da reißt eine Stichflamme den Turmdeckel auf!

„Mensch, Kück'n", brüllt Ernst und lacht. „Der Peter hat'n derwischt!" Er wirft seine Maschinenpistole auf die Deckung und fetzt los. Dabei flucht er lachend wie ein Pfadfinder: „Kommt her, ihr Hundlinge, will's euch zeig'n! Werd euch jetzt den Arsch vergeigen!"

Der zweite T-34 kommt im spitzen Winkel von halblinks. Der Turm spuckt Feuer! Ernst hört auf zu lachen und zu fluchen und zieht den Kopf ein. Steine prasseln! Seine russische Maschinenpistole ist nur noch eine verbogene Stahlröhre und zersplittertes Holz. Er guckt und flucht: „Taugt so wenig wie die unsrige."

Kerle-Kerle zieht die heiser schreiende Flasche von der eingedrückten Hauswand zurück. Russische Infanterie taucht vor den beiden auf. Der Flachsblonde hält dazwischen. Kerle-Kerle läßt die Flasche los und schwankt wie ein Besoffener mit unsicheren, taumelnden Schritten in die Deckung der Mauerreste, und genau auf diese Stelle dreht der T-34 ein! Der Turm blitzt. Die Ketten quietschen. Flasche schreit! Der Panzer ruckt, schwenkt etwas ein, direkt auf den Verwundeten zu.

„Schießt!" brüllt der Flachsblonde. „Schiiießt doch!"

Flasche versucht zu kriechen, die Ketten im Rücken. Wieder dieser irrsinnig hohe Verzweiflungsschrei! Die Ketten erreichen ihn, rollen, mahlen, drücken. Der Oberkörper bäumt sich auf. Der Kopf dunkelrot, rund, groß –

Der Flachsblonde preßt die Augen zusammen, um nicht mit ansehen zu müssen, wie der Rest von Flasche platzt wie ein Luftballon. –

Wo sind unsere Tiger? – Wooooooo? –

Paul spritzt den T-34 ab. Der schwenkt wieder. – *Zu spät –* „Zu spät!" flucht der Flachsblonde verzweifelt. *Zu spät für Flasche – Zu spät.* Und wieder springt Peter aus der Deckung! Er läuft geduckt und langsam, in jeder Faust eine Hohlhaftladung. Kleine Dreckspringbrunnen ziehen ihre Spur auf ihn zu. Bevor sie seinen Lauf kreuzen, verschwindet er zwischen Steinbrocken. Der Panzer drückt eine Mauer ein, und Paul hält auf die in Staub und Qualm auftauchenden russischen Schützen. Der Panzer ruckt wieder und will auf Pauls Stellung eindrehen. Die Ketten kirren, schieben Steingeröll vor sich her, heben sich, weit stößt die Kanone vor. – Da ist Peter an der Panzerwand, klinkt die erste Ladung an, zuckt zusammen, klinkt die zweite ein, zuckt wieder und faßt sich mit einer Hand an den Oberschenkel, will sich mit der anderen an der Panzerwand festhalten, sackt in die Knie, rollt sich um die eigene Achse – weg – nur weg von dem Kasten! Er robbt seitlich, schleift ein Bein nach, sieht Ernst winken, schleppt sich über Steinbrocken, wälzt sich über einen Mauerrest, bleibt ausgepumpt dahinter liegen und grinst. Den T-34 durchzuckt ein Hieb! Kurz darauf ein zweiter! Die Munition geht hoch. Der Turmdeckel öffnet sich. Ein Kopf erscheint, die Schultern – Paul feuert! Der Panzermann rutscht in den Turm zurück und verschwindet in Qualm und hellroten Blitzen.

Peter hat ein gefrorenes Lächeln im Gesicht. Geschafft! Den zweiten geschafft! Er zieht die Luft durch die geschlossenen Zähne, grinst, sieht, wie Ernst plötzlich die Augen aufreißt, sieht die Starre, das Entsetzen. – Peter registriert nicht mehr die Ketten, die die Mauer hinter ihm eindrücken. –

Der dritte T-34 wird wenig später von einem Tiger abgeschossen. Sechs russische Panzer bleiben vor den Hausruinen liegen. Die drei eingebrochenen qualmen. Das Öl stinkt.

Kerle-Kerle finden sie zwischen Steintrümmern, den Rücken durchlöchert. Zwei Sturmgeschütze stehen zwischen den Ruinen. Ein drittes Sturmgeschütz links und das vierte rechts mit Schußfeld auf die freie Pläne.

Der zweite Panzerangriff erfolgt knappe zwanzig Minuten später. Diesmal brechen die Russen durch. Die abgeschossenen Sturmgeschütze bleiben vor und in den Hausruinen liegen. Beim Zählen der erledigten T-34 hat der Flachsblonde bei elf aufhören müssen, denn die russische Infanterie ist auf Einbruchnähe herangekommen. Die Sicht ist schlecht. Die Rauchschwaden der abgeschossenen Panzer kriechen durch die Senke, umschwelen die Hausreste und die Geländebuckel. Neblige Rauchschwaden, dichtschwarze Qualmwolken, aufspritzender Dreck und Steine und immer wieder urplötzlich auftauchende Infanterie.

Der Flachsblonde sieht die Russen erst, als Handgranaten wummsen und die Splitter gegen seine Steindeckung klatschen. Die Russen greifen wieder in dichtgeschlossenen Haufen an. Pech für sie, daß sie noch immer nicht von dieser Unart lassen können. Ein sich zusammendrängender Haufen ist leichter zu erledigen als in weiten Abständen angreifende Männer. Ihre Sturheit ist zum Heulen – oder bewundernswert. Kommt ganz auf den jeweiligen Standpunkt an. Immer, wenn ein Pulk durch das konzentrierte MG-Feuer auseinandergefegt ist, erscheint ein neuer.

Ein unerschöpfliches Arsenal an Menschen. Was bei den Panzern geschah – Angriffe und Abschüsse aus nächster Entfernung – wiederholt sich bei den Grenadieren. Nach dem Wummsen der Handgranaten, nach den Feuerstößen der Maschinenpistolen das häßliche Schleißen der Spatenhiebe.

Nahkampf! Das Furchtbarste in all dem Furchtbaren. Das Unmenschlichste im Unmenschlichen! Versenkt ein Schlachtkreuzer einen anderen, wird in erster Linie das Schiff in die Tiefe geschickt, in zweiter wird an die paar tausend Mann Besatzung gedacht und in dritter an die Umstände ihres Todes, verbrannt, erstickt, ertrunken. Ein U-Boot versenkt Frachter und in Zahlen ausgedrückte Tonnage. Ein Jäger schießt einen feindlichen Jäger oder Bomber ab. Stets ist die Maschine, der Typ das Primäre. Erst wenn der Pilot seinen am Fallschirm zappelnden Gegner erkennt, denkt er an den Menschen. Für die Zahl der Abschüsse gibt es Orden – nicht für zwanzig Piloten, Bordfunker oder Bordschützen, die in ihren Maschinen verbrannt sind, bis zur Unkenntlichkeit zertrümmert und im Absturz in den Boden gerammt wurden. Das gleiche bei der Ari oder den Panzern. Soundso viele T-34 sind gleich soundso viele weiße Abschußringe auf der Kanone. Die vernichtete Waffe zählt und nicht der Mensch. Nur im infanteristischen Nahkampf ist es anders. Da steht Mensch gegen Mensch. Da schlägt, sticht und schießt Mann gegen Mann! Natürlich gibt es auch dafür Orden, aber nicht nach der Anzahl der Gegner, die einer erschossen, erschlagen oder erstochen hat, sondern nach der Teilnahme. Er war dabei, hat x Nahkämpfe mitgemacht, also gibt es den und den Orden. ‚Das Weiße im Auge des Gegners gesehen haben', so lautet der offizielle, blöde Spruch! Ins Soldbuch werden der Einfachheit halber nicht einzelne Nahkämpfe eingetragen, sondern Nahkampftage! Wer einmal Spatenhiebe gesehen und erlebt hat, die, den Hals halb durchschlagend, am Schulterknochen oder Schlüsselbein zurückgerissen werden, wer das Pfeifen und das ins Fleisch-Hacken der Spatenblätter, das heisere Aufbrüllen, das röchelnde Gurgeln der Getroffenen gehört hat, der weiß, was ‚das Weiße im Auge des Gegners gesehen zu haben' bedeutet, der wird nie vergessen, daß er – daß er einen Menschen erschlagen hat! –

Der Flachsblonde schießt konzentriert und genau. Er legt zwei Handgranaten griffbereit, schiebt ein neues Magazin in das Gewehr und erkennt durch Dreck und Rauchschleier die nächsten Angreifer. *Warten – näher – noch näher kommen lassen, damit ich besser sehe, damit ich besser treffe – jetzt! Durchziehen! – Schnauze weg – warten.* – Wieder tauchen einige Russen in seinem Blickfeld auf… *Deckung vor den Handgranatensplittern – hoch die Birne – jetzt! Schießen und die Deckung wechseln.* –

Nachdem Ernst sich verschossen hat, schlägt er einem Russen den Kolben an den Schädel. Holz splittert. Pistolenschüsse! Er stolpert, fängt sich, hetzt zurück, während der Flachsblonde feuert.

„Knapp, mei Liaber – wir müss'n abhau'n. Die Sach stinkt."

Der Flachsblonde hält zwischen die Russen. Sie taumeln auseinander. Einer läuft in die P38 von Ernst. Links springen drei über einen Mauerrest. Ernst und der Flachsblonde feuern. Ein Russe stoppt, wankt weiter, hebt die MPi, die Mündung kurz vor der Hüfte des Flachsblonden. Der fährt herum! Der fast waagerechte Spatenhieb zeichnet eine furchtbare Spur. Ernst schreit: „Hinter dir!"

Und der Flachsblonde reißt im Ducken den Hieb halbrund von unten nach oben, spürt den Widerstand, hört das Aufbrüllen. Er zieht eine Handgranate ab, hechtet nach rückwärts über die Mauer, rollt um die eigene Achse, schlägt an Steinbrocken, sieht Geschosse an der Mauer aufstauben, visiert den nächsten Mauerrest an, beobachtet, wie Ernst sich darüberrollt, zieht das zweite Ei ab, rennt, stolpert, flankt über die Steindeckung, pumpt nach Luft, hört das rasende Blubbern in seiner Brust.

„Dort, Kück'n!"

Knapp neben dem Flachsblonden liegen gefallene Russen. Er erschrickt: *Sind die bei unserem Gegenangriff erwischt worden, oder sind sie bereits durch?*

„MPis, Kück'n!"

Natürlich! Das Wichtigste! Man stolpert über die herumliegenden Schießprügel, aber sieht sie nicht. Er wirft seine Tokarew über den Rücken, schnappt sich eine russische MPi, prüft kurz das Tellermagazin und nickt zufrieden. Ernst läßt von seiner geballten Faust erst den Daumen hochschnellen, dann den Zeigefinger. Als der Mittelfinger dran ist, stürzen sie hoch und rennen zurück.

Kuno und die Flunder liegen in der am weitesten nach links vorgeschobenen Hausruine. Sie ballern so lange, bis es nichts mehr zu schießen gibt. Dann werfen sie Handgranaten. Als die Flunder die letzte über die Deckung geworfen hat, sagt er: „Vorwärts, Kuno, jetzt müss'n wa zurück!"

Sie springen gleichzeitig aus ihrer Deckung und rennen über die freie Pläne zum nächsten Haus. Kuno sieht die Russen zuerst. Er hat noch zwei Handgranaten in der Hosentasche, als eiserne Reserve. Er zieht eine davon ab, wirft sie in den Pulk, rennt seitlich rechts auf die nächste Hauswand zu und ruft: „Wo bleib'st'n, Flunder?" –

Zwischen den beiden zerschossenen Bauernkaten kämpft der Berliner seinen ersten und letzten Nahkampf. Ein Russe torkelt getroffen zur Seite. Ein zweiter schreit schrill auf, als ihn der Kolben im Gesicht trifft! Dann sind sie über ihm. Kuno preßt die Augen zusammen. Als er sie wieder aufreißt, sieht er einen zusammengeballten Haufen Russen auf den am Boden liegenden Berliner einschlagen. Und er hört die Schreie der Flunder. Er zieht die letzte Handgranate ab, wartet und wirft! Es ist sein bester Wurf, und er grinst, als sie krepiert, grinst und verpaßt seine Chance, die einzige, die ihm bleibt. Er müßte mit dem Auseinanderkrachen losrennen, er müßte – er kann nicht! Er muß das Einschlagen sehen, muß erleben, wie der Haufen von der Mitte weggerissen wird, wie die Russen umknicken, die Maschinenpistolen fallen lassen und schreien, muß zusehen, wie einer sich den Bauch hält und auf den Knien rutscht, wie ein anderer die Hände vor das Gesicht preßt und wie ein Wahnsinniger im Kreis herumrennt und dabei schreit wie ein kleines Kind, wie er über einen anderen fällt, der zu kriechen versucht und dessen Kopf ohne Halt auf den Boden schlägt. – Als Kuno endlich hochstürzt und zur nächsten Steinwand rennen will, peitscht es in rasender Schnelligkeit hinter ihm auf! Er fühlt die harten Schläge im Rükken und starrt mit schon glasigen Augen die graurissige Mauer an, die auf ihn zukommt. Die Garbe schleudert ihn gegen die Steine. Seine weitgespreizten Finger krallen sich in die Fugen. Die Geschosse schütteln ihn, drücken ihn gegen die Wand wie einen Gekreuzigten. Als die ersten russischen Gardeschützen die kurze, freie Strecke zwischen den Hausruinen überqueren, rutscht er langsam zusammen, rollt auf den Rücken mit ausgebreiteten Armen, und um den Mund ein Lächeln, als sei er zufrieden.

Zwei Russen rennen vorbei, ohne einen Blick an den Gefallenen zu verschwenden. Ein dritter Russe hält inne und schießt mit einem kurzen Feuerstoß dem Toten das Lächeln aus dem Gesicht. Er bleibt einen Augenblick zu lange stehen. Eine Garbe dreht ihn um die eigene Achse. Er fällt über Kuno und deckt mit seinem Oberkörper das zerschossene Gesicht zu.

Rauch', Kück'n, das beruhigt." Der hockt halb seitlich liegend, das Gesicht zwischen den Armen, den stieren Blick auf den Boden gerichtet. Kurzhalmiges Gras, kleine Steine, dickklumpige Erdbrocken… Ernst dreht ihn am Stahlhelm zu sich herum. Er steckt ihm eine brennende Zigarette zwischen die Lippen, dann schiebt er sich langsam hoch, um einen Blick über die Deckung zu werfen. Der Flachsblonde zieht automatisch den Rauch ein. Langsam findet er in die Wirklichkeit zurück. Er hüstelt – der Rauch kratzt – er stemmt sich langsam hoch und schiebt sich neben den Münchner.

„Bist wieder da?"

Er nickt langsam, wendet den Kopf, nickt wieder, als sein Blick die Deckung erkennt. Es ist ein schlauchartig in die Länge gezogenes Loch, nicht ganz mannstief, seitlich leicht abgeschrägt. Am vorderen, oberen Rand steht kümmerliches, durchsichtiges Buschwerk, von dem Ernst die untersten Zweige abknickt. Wenige Meter hinter ihnen liegt ein Toter. Die Tarnjacke ist aufgeschlitzt, die freigelegte Brust gelbweiß, der Hals von einem durchgebluteten Verband umwickelt, das Gesicht seitlich weggedreht, halb vom Stahlhelm verdeckt. Neben den hochgezogenen Beinen liegen zwei MG-Kästen.

„Hol die Käst'n. Schütt die Patronen aus, Kück'n. Die Dinger san gut als Auflage für die Deckung."

Wortlos kriecht der Flachsblonde zu dem Toten. Als er die Kästen auf die Deckung schiebt, sagt er: „Ein Sturmmann. Ich glaube, der war im dritten Zug."

Ernst antwortet nicht. Er drückt sorgfältig die Kästen fest. Zur Tarnung verteilt er davor die abgekniffenen Zweige.

„A prima Deckung", feixt er den Flachsblonden an, „und a prima Schußfeld hamma aa."

„Und wo sind die anderen?"

„Entweder auf den Hügeln oder drüb'n in der Balka."

„Und wer ist noch übrig?"

„Woaß net. Wir zwoa jed'nfalls."

Das klirrende Rasseln von Panzerketten unterbricht sie. Tiger! –

Ernst winkt. – Ein Panzer ruckt, schiebt sich wenige Meter an ihrer Dekkung vorbei, der Motor jault auf, noch einmal, dann bleibt der Stahlkasten stehen. Ernst, der den Flachsblonden angegrinst hatte, bekommt nun ein langes Gesicht.

„Depp! Depperter!"

Der Tiger schwenkt langsam die Kanone wie ein Elefant seinen Rüssel, der nicht so recht kapiert, was er eigentlich tun soll. Ernst schiebt den Stahlhelm zurück und wischt sich den Schweiß von der Stirn.

„Hau ab, du Depp!" brüllt er. „Fahr! Fahr weiter! Faaaaahr!"

Er wirft Dreckbrocken gegen die Stahlwand, gibt es endlich auf, hockt sich hin, knallt wütend seinen Stahlhelm auf den Boden, und als er das verständnislose Gesicht des Flachsblonden bemerkt, schreit er ihn wütend an: „Du glotzt genauso blöd wie der Saukast'n! Verstehst net! Wann's bummst, kriag'n wir den ganz'n Seg'n auf's Kreuz!" – Er kriecht wieder hoch und brüllt: „Blödhamm'l! – Bluatsau! In den Arsch sollt ma euch tret'n!"

„Bei dem Gewicht?"

„Was moanst?"

„Bei dem Gewicht", schreit der Flachsblonde zurück, „würdest du dir nur den Fuß verstauchen."

„Schmarrn – du, der hat's g'hört – der fahrt!"

Sie lugen über ihre Deckung. Der Tiger rumpelt zehn, zwanzig Meter, bleibt stehen, der Turm dreht sich leicht, verhält – Ernst will etwas sagen – Ponk! Eng nebeneinanderliegend starren sie über die Maschinengewehrkästen. Voraus stehen Rauchpilze.

„Drei hams schon derwischt!" feixt Ernst.

Der Flachsblonde will antworten, rutscht aber zurück, drückt das Gesicht in das Gras. Der Einschlag wirft seitlich ihrer Deckung die Erde hoch. Ernst beobachtet ungerührt weiter. Der Flachsblonde stemmt sich schimpfend wieder hoch, fest entschlossen, dem Schauspiel zuzusehen, selbst wenn es Scheiße regnen sollte. Da es für eine Unterhaltung zu laut ist, wenden sie ab und zu die Köpfe einander zu, kneifen ein Auge zu, rümpfen die Nase, ziehen die Stirn in Falten, grinsen, reißen überrascht den Mund auf, nicken verständnisvoll oder sachverständig mit dem Kopf, als würden sie sagen: Das ging daneben! Wo ist der nächste? Vorsicht, da tauchen halblinks neue T-34 auf! Mist, das war 'ne Fahrkarte! Gut! Volltreffer! Ernst schlägt seinem Freund mit der flachen Hand auf den Stahlhelm und grinst wie im Kino. Doch der Film ist eine grauschwarze Soße und ihr Kino Qualm und Gestank, und anstelle der untermalenden Filmmusik gibt es unaufhörliches Pochen, Rummsen, Kettenquietschen, Motorenjaulen, Dreck und Rauch. Und der Film ist noch immer nicht zu Ende. Eine Stunde – zwei – drei – wie lange hält dieses Inferno der aufeinanderrasselnden Panzer noch an? Neue Tiger rollen vorbei. Die Erde zittert und vibriert. Der Flachsblonde steckt beide Zeigefinger in die Ohren, und Ernst deutet nach vorn, wo ihr Panzerfreund, der Depp, der Blödhammel, die Blutsau, in Qualm und Dreck verschwindet. Ernst winkt ihm nach, feixt zufrieden, rutscht zurück, knöpft seinen Brotbeutel auf, tastet, findet, hält dem Flachsblonden einen Brotkeil hin. Der nickt, während er sich streckt, um weiter über die Deckung sehen zu können. Die linke Hand mit der nach oben geöffneten Handfläche bleibt ausgestreckt, bis er den Brotkanten fühlt. Beide kauen mühsam das harte Brot. Der eine hockt im Loch, der andere liegt an der schrägen Deckungswand. Der eine ist fertig mit dem, was außerhalb des Loches tobt, ist nicht interessiert an der Panzerschlacht, weil er außer Dreck und Rauch ja doch nichts mehr sehen kann. Der andere sucht neugierig die vorrollenden Tiger mit Blicken zu verfolgen, lauscht dem Motorenbrummen hinterher und ist gleichzeitig darauf bedacht, nicht den kleinsten Brotrest zu verlieren, in der rechten Faust die Kommißbrotscheibe dicht am Mund, die linke Hand zum Auffangen der Krümel flach daruntergelegt. Als er den letzten Bissen in den Mund schiebt, vergißt er für einen Moment zu kauen. Zwei Tiger qualmen. Ein dritter ist nur noch Schrott. Einige Gestalten laufen durch die Qualmfladen. Der Flachsblonde will Ernst darauf aufmerksam machen, läßt es aber sein, als er deutsche Panzeruniformen erkennt. Er leckt die Krumen von der Handfläche, hört erneut das Anschwellen des Panzerfeuers, sieht die Einschläge, die weit voraus zwischen den letzten Tigern auffächern, versucht vergeblich, die russischen Panzer auszumachen. Nichts –

„Siachst was?"

„Nur unsere."

Der Krach donnert nicht mehr in ihrer unmittelbaren Nähe. Sie verstehen sich wieder.

„Die schiaß'n besser."

„Unsere?"

„Ja."

„Und woher weiß du das?"

„Na, da vorn, bei unserm Blödian von vorhin."

„Den du in den Arsch treten wolltest?"

„Selbigen! An dem hams fünfmal vorbeig'schoss'n!"

„Hast du mitgezählt?"

„Hab i – fünf Schuß und fünf Fahrkart'n. So schlecht können die unsrig'n gar net schiaß'n, hast mi? – Also schiaß'n wir besser!"

„Wir haben auch größere Kaliber."

„Dafür san die Russ'n schneller."

„Aber deeen – dort, links von uns – jetzt siehst du ihn wieder. Den hat es an der Seite erwischt. Die Kette fehlt."

„Heimatschuß", feixt Ernst, „hat der a Sau."

„Glück meinst du?"

„Was sonst, Kück'n. So a Treffer, der den Panzer abschießt, und zwar so, daß der Kast'n net in die Luft fliagt, is a Heimatschuß. A idealer! Die steig'n aus, haun ab und wart'n hint'n auf an neuen Panzer, und bis der kimmt oder der alte abg'schleppt und repariert is, solang drehen's die Daumen."

„Und warum hast du dich nicht zum Panzerregiment gemeldet?"

„Erst'ns bin i zu lang. Zweit'ns vertrag ich des lange Sitz'n net und dritt'ns a net den Mief."

„Aber den hier verträgst du." Es stinkt nach Öl und Qualm.

„Den schon – in dem is noch koaner verbrannt."

Der Kanonendonner vor ihnen flaut etwas ab, nur weit rechts grollt und rumpelt es hohl wie in einer Kegelbahn. Der Rauch und Dreck vor ihrer Deckung hebt sich langsam wie ein Bühnenvorhang.

„Die Tiger bleiben stehen, Ernst. Siehst du die Rauchsäulen der abgeschossenen Iwans? Sieht aus wie etwas größer geratene Pimpfenlagerfeuer beim Gautreffen."

„Vergleiche hast wieder", Ernst schüttelt verzweifelnd den Kopf. „Pimpf'nlagerfeuer! Mensch, Kück'n, wie kommst allweil auf so an Blödsinn. – Guat hams hing'langt, die uns'rig'n. A gut's Dutz'nd werdens erwischt ham."

„Mehr, Ernst, wetten?"

„Wett'n? – Mit was, du hast doch nix, net amol an Glimmsteng'l."

„Doch", lacht der Flachsblonde und zündet zwei Zigaretten an, ohne dabei einen Blick von den Tigern zu lassen. „Hier, Ernst – aber – aber war-

um knüppeln die nicht weiter?" Als er keine Antwort erhält: „Die stehen einfach so in der Gegend herum, als wüßten sie nicht, wie es weitergehen soll."

„Wiss'n wir's denn?"

Paß auf, Kück'n!" Der Einschlag läßt sie zusammenzucken. Ernst rückt resigniert den Stahlhelm zurecht. Er drückt seine Kippe in die Erde und brummt dabei: „Die Sauhund geb'n koa Ruh net."

Langsam, fast widerwillig, drückt er sich hoch und schiebt den Kopf über die MG-Kästen. Nachdem er lange und eingehend die Gegend gemustert hat, klopft er den Flachsblonden auf den Stahlhelm.

„Hans is drüb'n in der Balka! Hab mir's fast denkt."

Schlagartig brüllt das Panzerfeuer wieder auf.

Sie sehen sich an, werfen die Knarren auf den Rücken, ziehen den Stahlhelm tiefer ins Gesicht, der Daumen von Ernst schnellt hoch, der Zeigefinger, der Mittelfinger – sie rennen los! Im Laufen sieht der Flachsblonde vorrollende Sturmgeschütze. Er flucht innerlich, weil sie die Feuerpause nicht genutzt haben: *Wenn wir nur wenige Minuten früher unseren Haufen gesehen hätten, wäre es ein Spaziergang geworden – wenn – Mist, dieses ewige Wenn.* – Deckung! Die Einschläge spritzen flach auf. Panzergranaten! Man hört sie kaum, und wenn, dann ist es zum Hinrotzen sowieso zu spät. Hat keinen Sinn, alle paar Meter einen Flachmann zu machen – durch – durchrennen! Ernst läuft zehn, fünfzehn Meter vor ihm, leicht nach vorn gebeugt und alles andere als bedächtig. Einhundert Meter hat Ernst geschätzt. Wie furchtbar weit lumpige einhundert Meter sein können. – Das pfeift und kläfft – *Herrgott, laß mich die lausigen hundert Meter schaffen!* Noch siebzig – weiter – schneller – die verfluchten Beine mit den noch verfluchteren Knobelbechern werden langsam wie bei einem alten Droschkengaul – schneller! Noch etwa fünfzig Meter – die Hälfte – los, zum Endspurt wie früher auf dem Sportplatz – aber es ist kein Sportplat, und es ist keine Aschenbahn, und am Ziel steht kein Kampfrichter, und es gibt auch keinen Eichenkranz für den Sieger und eine Blechmedaille an die Heldenbrust – Stahlhelme – die Balka! Er schlittert in die Deckung, überschlägt sich halb seitlich rutschend, will fluchen, doch es fehlt ihm die Luft.

So bleibt er einfach liegen, wie und wo er gefallen ist.

„Wir san mir vielleicht zwoa Sprinter! Alle Achtung!"

Der Flachsblonde hockt sich hoch, nickt mehrmals müde und kraftlos mit dem Kopf, die Augen geschlossen. *Schon gut – ist schon gut, Ernst…* Mühsam schlägt er die Augen auf und blickt hoch. Ernst feixt schweißüberströmt. In der rechten Hand hält er eine Feldflasche, die linke ist in die Tarnjacke geschoben.

„An Schluck und danach a Kipp'n. Müaßn spar'n. Hans moant, der Iwan is aufm Sprung und 's geht erst richtig los."

Sie trinken und rauchen. Der Flachsblonde hält die Kippe zwischen Daumen und Mittelfinger. Durch den Rauch blinzelt er nach rechts. Die schluchtartige, langgestreckte Senke ist fast wie ein Panzergraben mit zwei Etagen, die schräg ineinander übergehen, hartlehmig, steinig, von Disteln und niederem Gebüsch überwuchert. Sie endet in einer heckenartigen Buschreihe. Er wendet langsam den Blick nach links.

Dort ist die Balka flacher und nicht so lang und von einigen Trichtern unterbrochen. Vier Maschinengewehre und zwei schwere MGs stehen in der Balka. Die Männer gurten Munition. Einige verteilen Gewehrgranaten. Das niedere Busch- und Strauchwerk am rechten Ende bewegt sich. Der Flachsblonde sieht, wie sich ein Rohr vorschiebt. Pak! Er drückt die Kippe aus.

„Was ist denn mit dir?" – Der Flachsblonde hat erst jetzt den weißen Verband am Handgelenk der unter die Tarnjacke geschobenen Linken seines Freundes bemerkt. „Was ist mit deiner Hand?"

„Splitter! – Hat den Handrück'n aufg'riss'n. Is nix weiter."

Doch der Flachsblonde will die Hand sehen. Der Verband ist durchgeblutet, aber trocken.

„Kannst du die Finger bewegen?"

„Zum Schiaß'n g'langt's noch."

„Wenn es dunkel wird, haust du ab nach hinten zum Verbandplatz."

„Die arm'n Schweine dort", der Münchner hebt zweifelnd die Schultern, „die möcht'n aa zruck, aber bei dem Feuer?"

An der tiefsten Stelle der Balka, in einem flach ausgeworfenen Trichter hocken zwei Grenadiere mit Kopfverbänden. Einer von ihnen führt eine Zigarette an die Lippen eines Unterscharführers, der auf der Seite liegt. Die Hose ist von der Hüfte bis zum Knie aufgeschlitzt. Der Verband an mehreren Stellen braunrot durchgefärbt. Der Vierte, ein Untersturmführer, sitzt steil aufgerichtet, den Oberkörper an die Erdwand gelehnt. Der Kopf ist tief auf die Brust gesunken. Verschwitztes, kurzes Haar. Ohne Stahlhelm. Eine fleckige Zeltpan verdeckt den Unterleib und die Beine bis zu den Stiefeln, seitlich abgedreht nebeneinander auf dem Boden. Neben ihm liegen noch zwei Tote. Eine Zeltpan verdeckt ihre Oberkörper und Gesichter.

„Wir liegen fest", brummt Hans und setzt sich zu Ernst und dem Flachsblonden. „Sind zu viele Panzer auf der anderen Seite. Das Gelände ist auch schlecht, schlecht für unsere Tiger. Die weitreichenden Kanonen nützen nichts. Zu kurze Entfernungen."

„Und wo bleiben die Panzer vom Heer, die dem Iwan in die Flanken ballern sollen?"

„Irgendwo", Hans macht eine resigniert-wegwerfende Handbewegung.

„Unsere Tiger haben die Scheiße auszubaden. Wenn genug von ihnen erledigt sind und der Rest sich verschossen hat, bleiben noch ein paar gerade vorrollende Sturmgeschütze und wir – dann geht es uns an den Kragen."

„Sauber", brummt Ernst, „und welche Panzerdivision vom Heer fahrt so heiße Reif'n, daß net ankommt?"

„Weiß ich nicht, Ernst."

„Und was woaßt?"

„Daß wir halten."

„Drei halbe Divisionen von uns geg'n a frische Panzerarmee?"

„Genau unsere Kragenweite", versucht Hans zu grinsen. Es gelingt ihm nicht ganz überzeugend. „Wenn wir es nicht schaffen, dann ist die Offensive im Eimer, klar!"

„Klar! Und wenn wir halten", fährt der Flachsblonde fort, „dann sind wir im Eimer."

„Kann leicht sein, Kück'n, is a Frage der Strategie."

„Und was nennst du Strategie, Ernst?"

Der feixt den langen Gruppenführer an: „Daß von uns a paar Hanseln mehr übrigbleib'n als vom Iwan. Wer sollt sonst in Kursk einmarschier'n?"

Hans schüttelt den Kopf, reißt eine Juno-Schachtel auf und bietet an: „Erst der Angriff mit dreimonatiger Verspätung. Dann die Bunkerstellungen und die Reserven und jetzt gar eine neue Armee! Der Iwan hat einfach zuviel."

„Und wir zuwenig."

„Nur Ausfäll' hamma g'nuag."

Hans sieht hoch: „Was macht die Hand, Ernst? Die Finger sehen nicht gut aus. Am Abend schwirrst du ab und nimmst die Verwundeten mit zurück, klar?"

Ernst feixt: „Schon recht – bis dahin san noch a paar Stund'n."

Die Panzerkanonen pochen wieder. Hans nickt den beiden zu und trollt sich. Ernst drückt seine Zigarette aus und steht auf: „Halt die Stellung, Kück'n, wenn was los is, sagst B'scheid. Pfüet di." Er robbt in die unterste Etage der Balka, setzt sich, legt seine Knarre griffbereit, schiebt den Brotbeutel zurecht und beginnt mit seiner Brotzeit. Der Flachsblonde beobachtet ihn und grinst: *Solange der noch Hunger hat, geht es ihm nicht schlecht.* Sein Blick streift die Verwundeten. Die zwei mit den Kopfverbänden sitzen eng zusammengekauert. Der Unterscharführer liegt still. Der Untersturmführer wackelt mit dem Kopf, fuchtelt mit den Armen, den Mund aufgerissen. Er schreit. In dem Feuer ist kaum etwas zu hören.

Als der Flachsblonde über den Rand der Balka blickt, erschrickt er. Schwarzer Ölrauch, graugelbe Qualmschwaden, Dreckfontänen der Einschläge, feuernde Panzer und brennende Wracks. Seine Augen zukken bei den hellen Blitzen zwischen Rauch und Dreck. *Russen! T-34! Meine Fresse, sind die nah! Die fahren einfach drauflos. Was von den Tigern nicht abgeschossen wird, rollt weiter! Rücksichtslos! Wie Selbstmörder!* – Unmittelbar neben ihm bafft es auf, und er zieht den Kopf zurück. Als er keinen Einschlag hört, begreift er. Die Pak rechts am Ende der Balka. Beim zweiten Schlag grinst er. Beim dritten vergißt er vor Staunen den Mund zu schließen. Dort ballert nicht nur eine Pak! Das ist ein ganzes Nest! Und was die Tiger nicht erwischen, die Pak – von den Russen kaum auszumachen – punktet ab, was zwischen Ölbränden, Staub, Dreck und auffächernden Einschlägen vor ihren Rohren auftaucht! Das dröhnt und pocht und fetzt auseinander! Graudreckige Schleier, helles Zucken und grelles Leuchten! Rotes Glühen in schwarzen Säulen! Blitze! Hecheln! Röhren, Brummen, Zittern. Was sich vor seinen Augen abspielt, ist ein Inferno, ist eine Panzerschlacht, ist Schlachten, Abschlachten im wahrsten Sinne des Wortes.

Es stinkt.

Es ist drückend heiß.

Der Sonnenball ist eine fahle, blasse Scheibe, die durch den Irrsinn zu blinzeln versucht.

Der Flachsblonde starrt – er starrt in das Toben, ohne etwas zu fühlen, ohne zu denken, ohne Angst, Freude, Entsetzen, ohne innere oder äußere Regung, und nur Gedankenfetzen zucken in ihm auf: *So wird es sein, wenn einmal die Welt untergeht! Genau so, wenn feurige Lohe vom Himmel regnet und die Erde in Feuer und Rauch versinkt.* Er vergißt, die Oberlippe an die Nase zu ziehen. – *Wo habe ich das gehört? Oder gelesen? – Wer hat das gesagt? – Die Bibel! – Prochorowka und die Bibel! – Und es wird kommen der Tag – kommen? – Ist er nicht schon da? Zittert nicht die Erde, bebt sie nicht, bäumt sie sich nicht auf? Raucht, qualmt, speit sie nicht Feuer? Würgt sie nicht Steine und Dreck und Bäume und Sträucher? Zerbricht, zerstampft, zermalmt dieser dröhnende Irrsinn nicht alles? Brüllt sie nicht? Kracht nicht alles gurgelnd und stöhnend auseinander? Ist das noch Krieg? –*

Hunderte von Stahlungetümen rumpeln aufeinander los wie in einer urweltlichen Saurierschlacht. Hunderte von Stahlkästen rollen kettenquietschend gegeneinander, schießen, laden, zielen, schießen einander zu Klumpen, reißen auseinander, explodieren, fliegen in die Luft ohne taktische Varianten, ohne strategische Schachzüge, besessen, verbissen, nur von dem einen Gedanken getragen, den oder die bringe ich um, den oder die nächsten schicke ich zur Hölle. Wenn ein Panzer auseinanderklafft, wenn den nächsten ein Hieb durchzuckt und er in einem Feuerwerk von Blitzen, fauchendem Zirpen und rotglühendem Tauchen liegenbleibt, rollt dröhnend der nächste vor und noch einer und wieder einer, bis sie alle nur noch rauchende Trümmer sind. Die deutschen Panzerleute im Bewußtsein, wir sind die Besseren, wir fahren, schießen, treffen besser. Die Russen im verzweifelten, sturen Anrennen, um die Überlegenheit durch Masse auszugleichen, verbissen, fanatisch hassend bis zum letzten Schuß, und selbst dann noch knüppeln sie weiter, oft brennend, in der bis dahin nicht vorstellbaren Absicht, ihren Gegner zu rammen, *mit* dem Tiger in die Luft zu fliegen! Kaum ein Panzer feuert im Stehen. Sie rumpeln, kurven, versuchen auf engstem Raum den Gegner auszumanövrieren und vor das Rohr zu bekommen, schicken einen zum Teufel, um Augenblicke später selbst von einem Volltreffer zerrissen zu werden. Die wirksamste Hilfe für die Tiger sind die Pak-Geschütze in der Balka. Während die russischen Panzer nur ihre Gegner sehen, nur den Tigern an die Kehle wollen, punkten die Pak-Kanoniere mit jedem Schuß einen Treffer!

Der Flachsblonde starrt – und plötzlich liegt ihm in all dem Wahnsinn eine Melodie auf der Zunge: „Und wenn die ganze Welt zerbricht, wir fürchten uns nicht." – Er schlägt mit der Faust auf der Erdboden, läßt den Kopf sinken, um nichts mehr sehen zu müssen und schreit: „Scheiße! – Scheiii…"

Dieses unmenschliche Einander-Abwürgen wird später einmal in den Geschichtsbüchern eine Zahl, ein Datum und eine Zeile ausmachen. Der Flachsblonde wendet den Kopf und blickt wieder hinüber zur Pak-Stellung. *Ideal,* denkt er, *die Rohre knapp über Bodenhöhe und durch unterschiedlich hohes und dichtes Gestrüpp verdeckt. Da die Balka an dieser Stelle sehr flach ist, haben die Kanoniere den schrägen Boden an der Frontseite abgestochen und die Erde in das Buschwerk geworfen. Dann haben sie die Geschütze – eins, zwei, vier sind es – in die Stellung geschoben. Er grinst und erinnert sich. – Wie die russischen Panzer am ersten Angriffstag. Und Nerven haben die Pak-Leute! Die schießen wie auf dem Truppenübungs-*

platz, ruhig, konzentriert und… Da staubt es auf und platzt auseinander! Kurz vor der Pak-Stellung steigt ein Dreckspringbrunnen! Der Flachs-blonde zieht die Oberlippe hoch. Von halbrechts rollen drei T-34 feuernd auf die Pak zu. *Meine Fresse, jetzt haben sie die Kanoniere am Arsch!* Er er-schrickt, als es hinter ihm ohrenbetäubend hart und hohl kracht. Sich umwendend rutscht er ein Stück den Balkahang hinunter, stemmt sich wieder hoch und sieht den Tiger! Der spuckt wieder Feuer! Und der Flachsblonde wendet sich zurück und starrt über seine Deckung zu den russischen Panzern. Der vorderste läßt die Kanone hängen. Der zweite dreht den Turm und schwenkt auf das neue Ziel ein. Ponk! – Der·Turm hebt sich wie von Geisterhand und kippt seitlich nach hinten. Der drit-te macht das Verkehrteste. Er will abdrehen. Er ruckt, doch der Turm bleibt in der alten Stellung und schwenkt nicht mit. Wieder das harte Ponk! Er ruckt, zeigt hellgraue Rauchfahnen, der Motor jault hoch, und plötzlich schlägt eine Stichflamme den Turmdeckel in die Luft!

Der Flachsblonde starrt – erstarrt. Drei Treffer in wenigen Augenblik-ken! Drei T-34 in Sekunden! Er fingert unter seiner Tarnjacke und sucht die Zigaretten. Nach den ersten Zügen wird er ruhiger und starrt wie gebannt in das Inferno. Vor ihm Panzer, Rauch und Dreck. Rechts von ihm rasselnde und schießende, qualmende und brennende Stahlsärge. Links, da braucht er gar nicht erst hinzusehen, und hinter ihm der Ti-ger – nee, nicht nur der, er hat Gesellschaft bekommen. Ein zweiter rollt seitlich versetzt langsam vor.

„Mist", brummt er, „ein verdammter Mist ist dieser Saukrieg, und ich sitze buchstäblich mittendrin in der Scheiße. Ein Zuschauer und Zuhö-rer." Und plötzlich ist er nicht mehr ein Angehöriger der LAH, kein tarn-jackengeschmückter, stahlbehelmter und knarreschwingender Mann der Waffen-SS, sondern ein unbeteiligter Beobachter, ein neutraler Augen-zeuge wie ein Korrespondent aus Honolulu. Und in diesem Augenblick der Panzerschlacht von Prochorowka faßt er den Entschluß: *Sobald ich aus diesem Schlamassel herauskomme, wenn ich herauskomme, dann notiere ich jeden Tag und jede Stunde, dann halte ich jede Minute fest, jeden Augenblick dieses mörderischen Irrsinns!* Er schüttelt leicht den Kopf. – *Nein, nicht als Schriftsteller für eine ungläubig-staunende Lesergemeinde, sondern für mich! Ein Tagebuch über die kurzen, langen Tage der Schlacht um Kursk aus der Bo-denperspektive eines Landsers. Wenn ich, so Gott will, nach dem Krieg ein nor-males Leben führen kann und darf, soll dieses Tagebuch für meine Söhne und Enkel mehr sein als der kurze, trockene Bericht in einem Geschichtsbuch. Sie sol-len wenigstens erfahren, was der Panzeroberscharführer mit dem Ritterkreuz gesehen hat, der irrlachend in der Balka steht, dem gleichzeitig die Tränen Fur-*

chen in das qualmverrußte Gesicht ziehen – was der Rottenführer erlebte, der in verbrannter Uniform und ölverschmortem Fleisch vor ihm liegt, kahlköpfig, ohne Augenbrauen und Augenlider, mit seinem lippenlosen Mund im gesichtslosen Gesicht, bevor ihn sein Kommandant aus dem Panzerwrack zog, die brennenden Klamotten mit dem eigenen Körper erstickte und den vor Schmerzen halb Verrückten zur Balka zurückschleppte, um dort feststellen zu müssen, daß es umsonst gewesen war. – Das sind nur zwei! – Die anderen kamen noch nicht einmal bis zur Balka. Sie liegen draußen, sind mit ihren Stahlkästen zerrissen oder verbrannt, schreien sich, irgendwo verwundet, zwischen kurvenden und schießenden Panzern die Seele aus dem Leib, und niemand hört sie. Niemand hilft ihnen. Niemand kann ihnen helfen! Oder sie suchen verzweifelt, irr vor Angst, nach Deckung, werden von Ketten zerquetscht, von Einschlägen zerfetzt, von Stahltrümmern erdrückt. –

Eine Besatzung kommt noch heil aus ihrem lahmgeschossenen Backofen, bevor er explodiert. Sie hasten durch Dreck- und Steinfahnen, durch Ölbrand und an Stahlwänden klackernde MG-Garben, richtungslos, orientierungslos, suchen irgendwo Schutz in diesem Irrsinn, suchen einen Weg durch das Flutschen und Auseinanderplatzen. Werden erfaßt. Zwei taumeln, stolpern, fallen. Zwei rennen weiter und versuchen, dem Rasseln, Quietschen, Dröhnen, Aufplatzen und Zersplittern zu entkommen.

In einem anderen Panzer versucht ein Funker seinen Richtkanonier aus dem Sitz zu ziehen. Er zieht und keucht, die Arme unter den Achseln des anderen durchgeschoben, die Hände um dessen Brust verkrampft. Der Kopf schlägt ruckartig gegen sein Gesicht. Er zieht, und die schrillen Schreie des Verwundeten treffen ihn wie Messerstiche. Als er die zerfetzten Beine sieht, diesen langgezogenen Fleischbrei, schreit auch er, und er zieht, und der Fleischbrei dehnt sich, reißt. Er schlägt mit dem Schädel gegen die Stahlwand. Der beißende, dicke Qualm läßt ihn hustend verstummen. Er sieht die kopflosen Schultern des Fahrers und das, was von seinem Kommandanten zwischen den Stahltrümmern klebt, zieht und zerrt den Verwundeten aus dem verbogenen, verklemmten Schrott bis zur Kettenblende, springt aufschreiend hoch, krümmt sich, versucht zu kriechen, will – will – sein flackernder Blick sucht den beinlosen Kumpel auf dem Panzerwrack, zwei Meter trennen sie – zwei Ewigkeiten.

Knappe fünfzig Meter vor der Balka erwischt es einen Tiger. Die Kanone verneigt sich und bleibt abgekippt hängen. Die Besatzung steigt aus. Aus dem Turm hechtet einer wie ein Kunstspringer. Die anderen schieben, stemmen, drücken, fallen von dem Kasten wie tote Fliegen und werden von einem auseinanderplatzenden Dreckfächer verschluckt. Nur einer von ihnen taucht aus dem zusammenfallenden Einschlag auf, wankt einige Schritte, schlägt lang hin, bleibt liegen. Die Grenadiere in der Balka hören seine Schreie zwischen den Detonationen.

Der Flachsblonde läßt den Kopf sinken. *Meine Fresse, wir hocken in unserer Deckung wie in Abrahams Schoß, sicher, wenigstens fast sicher, denn selbst ein Volltreffer würde keine allzu große Wirkung zeigen, dafür liegen wir zu weit auseinander. Unsere Deckung ist gut, nur die Verwundeten und Ernst, der neben den beiden mit den Kopfverbänden hockt und Zigaretten vernichtet, bilden eine Gruppe, und es wären mit einem Schlag fünf Ausfälle. Fünf? – Der Unterscharführer liegt still, und der Untersturmführer mit den abgedrehten, von der Zeltpan verdeckten Beinen hat aufgehört zu schreien und mit dem Kopf zu wackeln. Fünf – nein, nur noch drei. – Wir glotzen uns von unserer Deckung aus die Schlachterei an wie eine Filmwochenschau, und draußen verrecken sie.*

Ein Sturmmann schnallt ab, schwingt sich über die Deckung und rennt den Schreien nach. Als er nicht zurückkommt, löst Paul das Koppelschloß. Hans hält ihn an der Tarnjacke zurück und sagt: „Einer genügt."

Die Schreie werden leiser und leiser.

Der Flachsblonde flucht in die trockene, nach Moder und Ölbrand stinkende Erde, kneift die Augen zusammen, zwickt, preßt, reißt sie wieder auf, starrt über die Deckung. Die ersten T-34 sind erschreckend deutlich auszumachen. Er begreift. – *Der Iwan ist dabei, den deutschen Panzerriegel zu knacken, aufzurammen und durchzubrechen!* – Als er zurückkriechen will, pochen erneut in rascher Folge die harten Schläge der Pak auf. Er macht sich lang, stemmt sich wieder hoch – einige Tiger stehen im Halbkreis halblinks vor der Balka, wie wütende Elefantenbullen. Die Rüssel weit vorgestreckt. Ein Wall geballter Kraft. Eine Mauer aus feuerspeiendem Stahl. Einer von ihnen qualmt leicht, aber er schießt. Einem anderen ist die Seite über und am Laufwerk eingedrückt, aber er schießt. Und seitlich von diesem letzten Riegel rasseln andere Panzer vorbei, flache, geduckte. Der Flachsblonde grinst – *Sturmgeschütze! Das sind die Sturmgeschütze, die wir vorhin bei unserem Deckungswechsel weit hinten gesehen haben. Die knüppeln genau in dem Moment ihren Entlastungsangriff, wo der Iwan glaubt, endlich durchgebrochen zu sein. In Sekundenschnelle verwandeln sich die T-34 in Rauchpilze!* Das helle Hämmern der Pak und das dumpfe Krachen der Sturmgeschütze ist Musik in seinen Ohren.

„Um a Haar war's schiefgangen."

Er hat nicht bemerkt, daß Ernst neben ihm liegt, grinst den Münchner an, während er ihm die geballte Faust mit senkrecht nach oben gestrecktem Daumen unter die Nase hält. „Das war gekonnt, Ernst."

Der versucht zu feixen. Das schweißüberströmte Gesicht unter dem Stahlhelm ist blaß. Die verbundene Hand liegt auf der Deckung. Die Mullbinden sind dreckig. Die Finger grünlich-blau angeschwollen. Der Flachsblonde starrt die Hand an, als wäre sie die eigene. Er überlegt, was er dem Münchner sagen soll. –

„Dauert nicht mehr lange, Ernst, dann wird es dunkel."

Der verzieht das Gesicht und hält die Luft an.

„Schmerzen?"

„Des ziacht bis in's Hirn."

„Heimatschuß, Ernst. Hast du dir doch immer gewünscht. Jetzt hast du ihn und ziehst ein Gesicht, als wäre die Milch sauer."

„Muß aufpass'n, daß net ganz zamm'fährt."

„Warum?"

„Weil's nach hint'n genau so b'schiss'n geht wia vorwärts."

„Für dich 'ne Kleinigkeit. Das machst du", der Flachsblonde sieht wieder die Hand an, „mit rechts!"

„Stimmt – aber – aber was wird mit dir – hm, wann ich nimmer da bin, kimmst unter die Räder. Des is so g'wiß wies Amen in der Kirch'n."

Der Flachsblonde will antworten. Plötzlich spürt er es wieder, ziehend, bohrend, das verfluchte Magengrimmen, die flaue Ungewißheit, die mickrige Angst. Der Schweiß bricht ihm aus, kalter Schweiß, obwohl er schwitzt, und diesmal kennt er den Grund, weiß, warum das Magenflattern ihm die Stimme versagen läßt. Seine rechte Hand kriecht hoch. Vorsichtig, fast zart legt sie sich auf die blutverkrustete seines Freundes. Eine schweigende, eine rührend hilflose Geste. Sie sagen nichts, tun nichts, starren mit zusammengekniffenen Augen nach vorn, wo der Wahnsinn unvermindert tobt, und sie brauchen nichts zu sagen, brauchen nichts zu tun, brauchen sich nicht einmal anzusehen – sie verstehen sich.

Die Panzerschlacht von Prochorowka tobt den ganzen Tag. Und der Abend ist wie der Tag und die Nacht wie der Abend. Die Ölbrände der abgeschossenen Panzer tauchen das Gelände in ein gespenstisch flackerndes Glühlicht. Die Panzerwracks liegen eng und manchmal haufenweise wie die gefallenen Gardeschützen und die Grenadiere, denn in das Würgen der Panzer hatten die Russen auch noch ihre Infanterie gejagt. Sie kamen in Deckung ihrer Panzer, hingen wie gewohnt in Rudeln hinter den Stahlkästen und wurden wie gewohnt von den deutschen MGs abgespritzt. Über die Gefallenen rollten die nächsten T-34, und wenn diese einen Treffer erhielten, sprangen die Gardeschützen auseinander. Oft wimmelte es dann wie von Ameisen bei einem liegengebliebenen Hirschhornkäfer. Der Flachsblonde hatte es den Pak-Kanonieren nachgemacht. Er schoß ruhig und genau. Mit jedem Blick durch das Zielfernrohr und mit jedem Rückstoß an seiner Schulter schoß er sich etwas von seinem Magensausen, von seiner Angst und von seiner flauen Ungewißheit von der Seele. Ernst hatte assistiert und die Treffer gezählt, und wieder war es ähnlich wie bei der Pak, die der Flachsblonde bewundert hatte, weil sie wie auf dem Truppenübungsplatz geschossen und getroffen hatte. Bei ihm war es wie in Glau, wenn er auf Pappkameraden geschossen hatte.

Der Kompanieführer war am späten Nachmittag gefallen, oder wie Ernst die Zeit präzisierte: zur Vesper. Ihr Zugführer fiel kurz vor der Abendbrotzeit. Hans übernahm den Zug, übernahm die paar armseligen Hanseln, die noch übriggeblieben waren. In diesem Inferno fuhr Dori dreimal Munition vor und kam dreimal heil wieder zurück. Die vierte Fahrt übernahm der Schirrmeister. Er kam weder heil nach vorn noch heil wieder zurück. Dori schnappte sich ein neues Beiwagenkrad, lud die Karre randvoll mit Munition und gondelte wieder los. Als er kurz vor der Balka zwei Tigern ausweicht, die pausenlos feuernd den Grenadieren fünf brennende T-34 vor die Nase gelegt haben, schießt ein sechster versehentlich daneben. Dori saust durch die Luft und landet erstaunt, aber wohlbehalten in einer Buschreihe. Von dort robbt er fluchend und noch mehr schwitzend zu der Balka, blickt aufatmend in das besorgte Gesicht von Ernst und schnorrt eine Zigarette.

„Bist jetzt Parterre-Akrobat g'word'n, ha?"

Dori mustert die Gegend: „Wo ist denn da vorn und hinten?"

Ernst feixt: „Wo's schießt, is vorn, wo's net schiaßt, is hint'n."

„Und wo schießt es nicht?" fragt Dori.

Stickig heiß ist der Abend. – Die Russen greifen nicht mehr in breiter Front an, sondern sie versuchen schwerpunktmäßig durchzubrechen. In Pulks die T-34. Dahinter Mannschaftspanzer mit Gardeschützen. Die Artillerie auf beiden Seiten schweigt. Muß sie auch, denn wohin soll sie schießen, und wie soll sie treffen, wenn alles durcheinanderkurvt. Auch die Luftwaffe macht eine große und lange Pause. Das Kampfgeschehen ist nur Rauch, Dreck und Brand. Bleiben die Anmarschwege der Reserven. Die wären etwas für die deutschen Schlachtflieger. Die Russen brauchen gar nicht erst aufzusteigen, denn deutsche Reserven gibt es nicht.

Im Raum um die Balka ist es verhältnismäßig ruhig, wenn man von der hochgehenden Munition abgeschossener Panzer absieht und von den Duellen zwischen schwachen russischen Panzerpulks – meist drei bis vier, die Ablenkungsangriffe fahren – und der Pak und den beiden Tigern. Dabei sind die Russen stets nur zweite Sieger, denn die Sicht ist wegen der vielen Ölbrände gut, und Bewegungen zwischen den massenhaften Panzertrümmern sind leicht und schnell zu erkennen. Einige Minuten später liegen drei oder vier Wracks mehr auf dem Panzerfriedhof.

Der Flachsblonde reinigt sein Gewehr und putzt sorgfältig das Zielfernrohr. Ernst und Dori hocken einige Meter daneben und unterhalten sich, wobei Dori der Wortführer ist und auch die meisten Zigaretten raucht. Paul und Jong fummeln an ihrem zerlegten MG herum, und der Pimpf und Lorbaß gurten Munition. Hans begutachtet zum x-tenmal die Maschinengewehrstellungen und läuft herum wie ein Hund, der seinen Platz nicht finden kann.

Zufrieden legt der Flachsblonde sein Gewehr weg, zündet sich eine Zigarettenkippe an und lehnt sich zurück. – *Komisch ist das*, er versucht Rauchkringel in die Luft zu blasen, *mir schwirren keine Gedanken durch den Kopf, weder blöde noch vernünftige – nichts – auch das Magensausen ist vorbei – nichts. Was ist los mit mir?* – Er drückt die Kippe aus. – *Leer fühle ich mich, ausgelaugt, schlaff und schlapp wie ein nasses Handtuch.* Er wischt sich den Schweiß von der Stirn, kratzt sich an der Brust und schließt die Augen – und vergißt, die Oberlippe an die Nase zu ziehen.

Der Panzerfriedhof von Prochorowka

Der elfte Tag

12. Juli 1943

Kurz nach Mitternacht erwischt es Jong. Eine Ironie der Situation. Völlig sinnlos. Ein blöder Zufall. Ausgerechnet in einer ruhigen Phase der Schlacht von Prochorowka, in einer Verschnaufpause – wenn man die verhältnismäßig ruhige Zeit zwischen den Angriffen als eine Art Atemholen der Front bezeichnen kann –, ausgerechnet da geschieht es. Das Schicksal schlägt oft seltsame Kapriolen. Jeder weiß das – auch Jong. Jeder erwartet es – auch Jong. In diesem Moment aber denkt niemand daran – auch Jong nicht.

Das MG steht auf der Deckung. Paul und Jong hocken rauchend hinter ihrer Stellung und unterhalten sich leise mit Lorbaß. Der Pimpf schläft. Sie hören das Fauchen der schweren Brummer, stören sich aber nicht weiter daran. Ein Einschlag fetzt vor ihrer Deckung auseinander und wirft das Gewehr um. Jong flucht, legt seine Zigarette weg, stemmt sich widerwillig hoch, um das Maschinengewehr zurückzuziehen. Der zweite Einschlag liegt weit rechts. Jong läßt das Gewehrschloß los. Sein Stahlhelm schlägt auf den Kolben. Paul ruft: „Zurück! – Laß die Spritze!"

Als Jong nicht antwortet, kriecht er hoch und tippt ihn an – keine Antwort. „Jong! – Jong?"

Er zieht seinen Freund zurück und brüllt: „Jong! – Jong hat es erwischt!"

Ernst hält den Flachsblonden zurück, der ein Verbandspäckchen aus seiner Tarnjacke holt. Er schüttelt nur stumm den Kopf, als er die Splitterwunde sieht, die sich schräg über dem Ohr in den Hinterkopf zieht. Paul setzt sich neben den Toten, den Kopf in beide Hände gestützt. Er sagt nichts, tut nichts, reagiert auf nichts, starrt nur vor sich hin. –

Als das Panzerfeuer wieder anschwillt, nimmt er den Toten auf den Rücken und schleppt ihn in den tiefsten Teil der Balka.

„Paul! – Bleib hier, Mensch!" ruft Hans.

Im Flackern brennender Panzer, im Pochen der Kanonen, im Hecheln und Zuschlagen der Granaten, in Rauch und Dreck, beginnt Paul für seinen Freund und Kameraden ein Grab zu schaufeln!

Der ist irr, denkt der Flachsblonde. *Der ist völlig durchgedreht!* Er beobachtet, wie Paul unbeirrt den Boden aufbuddelt. – *Meine Fresse, der schaufelt tatsächlich ein Grab, ein richtiges Grab während der Panzerschlacht von Prochorowka! Wenn das nicht der helle Wahnsinn ist.* – Wahnsinn? Ist es nicht umgekehrt? Ist es nicht normal, daß einer seinen Freund beerdigt, als wäre es zu Hause auf dem Friedhof?! Fehlt nur die Leichenrede und die Ehrensalve. Und es ist mehr als nur eine Ehrensalve! Die Panzer schießen pausenlos Salut! Wahnsinn? Normal? Was ist hier was? Das mörderische Würgen! Die stinkende, qualmende Nacht! Das Rummsen der Ari! Die gräßlich-schöne Bühnenbeleuchtung! Der grabende Paul. –

Er sieht zu, wie Paul seinen toten Freund vorsichtig in die Grube zieht und sie ebenso ruhig und bedächtig, fast feierlich, wieder schließt, Schaufel für Schaufel, ohne auch nur ein einziges Mal aufzusehen, wenn ein Einschlag aufzuckt, ohne innezuhalten, wenn es steil herabfaucht, er arbeitet gleichmäßig wie ein Roboter mit einem eingefrorenen Lächeln auf den Lippen. Und die Männer in der Balka sehen zu, sie sind die Trauergemeinde, der sich auch die Pak-Kanoniere anschließen. Als Paul fertig ist, bleibt er mit verschränkten Händen stehen, und der Flachsblonde nickt, sich selber bestätigend, mit dem Kopf und zieht die Oberlippe an die Nase: *Wie ich es mir gedacht habe, der gedenkt, der betet sogar, und das ist kein Film, ist nicht die letzte Szene mit aufdonnernder Finalmusik, kein Schauer- und kein Heldenroman, das geschieht tatsächlich, ist Wirklichkeit! Wenn ich das jemandem erzähle, denkt der, ich habe eine Macke.* Als er sieht, wie Hans auf den stehenden Paul zugeht und ihm den Arm um die Schultern legt, wird es wirklich ein Film! Anstelle der Orgel rauschen schwere Kaliber, schlagen Panzerkanonen den Takt und singen Infanteriegeschosse das Halleluja. Das ist nicht das Begräbnis eines Freundes durch den Freund, das ist die Beerdigung einer – – – Der Flachsblonde friert plötzlich, als er begreift, daß nicht der Sturmmann Dieter Jong zu Grabe getragen wurde, sondern mit ihm, in ihm, durch ihn die ganze gläubige Hoffnung einer Generation. *Seiner* Generation! –

Paul stakst langsam zurück, setzt sich, verschränkt die Arme um die hochgezogenen Knie und wartet. – Er wartet bis zum nächsten Angriff und wirft, als die Gardeschützen auftauchen wie schwarze Silhouetten, das Maschinengewehr auf die Deckung, scheucht Lorbaß weg, der ihm zuführen will, und feuert Gurt um Gurt aus dem Lauf. Er verzichtet auf seine berühmten, gekonnten Stellungswechsel, feuert, grinst sein eingefrorenes Grinsen, grinst, als er sich beim Laufwechsel die Hand verbrennt, zieht den Kolben wieder ein und feuert und grinst. – Als das Gewehr schweigt, robben Ernst und der Flachsblonde zu ihm, ziehen ihn zurück und drehen ihn vorsichtig auf den Rücken. Vier Einschüsse: Schulter, Oberarm, Schlüsselbein, den letzten hoch in der Brust.

Paul hat die Augen geöffnet. Sein Blick ist ruhig und klar, und ebenso ruhig sagt er: „Die bringen mich nicht um. – Nichts bringt mich mehr um."

Er liegt still, die Arme ordentlich an die Seiten gelegt, die Beine geschlossen, die Stiefelspitzen leicht nach außen geneigt. Hans winkt Dori: „Versuche, ein Krad aufzutreiben! Hau ab und beeil dich, klar?!"

Dori rückt den Stahlhelm zurecht, zündet an der alten Kippe eine neue an und macht sich auf den Weg.

Kurz vor Morgengrauen, im Dämmerlicht des 12. Juli, braust eine BMW R 75 nach vorn. Der ölverschmierte, drecküberzogene Fahrer bringt Munition, etwas zu essen und einen Kanister Tee. Der Fahrer, Dori, sieht zu, wie Paul, ohne das Gesicht zu verziehen, in den Beiwagen gehoben wird, und zurrt ihn mit MG-Gurten fest.

„Scheiße, Ernst. – Und was denkst du über Paul?"

„Paul? – Der schafft's. Der kommt durch – äußerlich wird der wieder ganz – innerlich bleibt der kaputt."

Ernst schwingt sich wie ein müder, alter Mann auf den Rücksitz. Er feixt, als er seine gesunde Hand ausstreckt. „Mach's guat, Kück'n. – Jetzt mußt'd auf dich selbst aufpass'n."

Es ist ein langer Händedruck, und sie sehen sich dabei an, und der Flachsblonde nickt. „Ja, Ernst. – Komm gut durch. – Wir sehen uns wieder."

„Ja", bringt der hinter zusammengebissenen Zähnen durch, „irg'ndwann – irg'ndwo – spätest'ns nach'm Kriag in Münch'n."

Dori zieht sich die Brille über die Augen, wünscht allen einen guten Morgen und fährt langsam an. Das Letzte, was der Flachsblonde sieht, ist der barhäuptige Münchner, der mit dem Stahlhelm winkt.

Sie sind noch zwei. – Zwei von zwölf, und das in elf Tagen. Eine schlechte Bilanz. Rechnet man den Ersatz dazu, Pimpf und Lorbaß, die vom Auffüllen der Gruppe noch übriggeblieben sind, sieht es etwas besser aus.

"Saudüssel", oder großes Glück,
war ein "heimatschuß mit möglichst langandauerndem Heilungsprozess! Pech,
wenn der "heldentod" schwarzumrandet u. EK geschmückt in der Zeitung stand!

Hans ist jetzt Zugführer, hat aber nicht viel mehr zu führen als früher. Er redet kaum noch – es gibt auch kaum noch etwas zu sagen. Im übrigen ist er der Meinung, daß die Schlacht um Kursk im Eimer ist, und der Flachsblonde zieht die Oberlippe an die Nase und findet nichts, was dagegen spricht.

Pimpf hat Pauls Maschinengewehr übernommen, und Lorbaß schleppt fluchend den Munitionskasten.

Dori – bleibt noch Dori. Seit sein Freund, der Schirrmeister, ausgefallen ist, fühlt er sich offensichtlich ganz der Gruppe zugehörig. Genau wüßte das nur der Spieß, doch der liegt in einem zerschossenen Steyr-Kübelwagen, mit dem er Munition und Verpflegung vorfahren wollte. Der Spieß weiß nichts mehr.

Der letzte Tag

15. Juli 1943

Eintönig rinnt der Regen. – Die Männer hocken in ihren Dek-kungen, die zusammengeknöpften Zeltpanen über die Köpfe gezogen, und starren mit müden, übernächtigten Augen in den diesig-trüben Tag. Halbhohe Baumreihen stehen mit tief her-abhängenden, triefenden Zweigen wie eine dunkle Wand unsagbarer Trauer. Regen – klitschiger Lehm – feuchtkaltes Gras – matschiger Dreck – und dieser Nieselregen macht naß und geht durch und durch.

Der Flachsblonde kauert auf einem Baumstrunken. Durch die hohl-wegartige Bodensenke sickert in dünnen Rinnsalen graubraunes Wasser. Er starrt durch den schmalen Schlitz seiner Zeltpan auf die gegen-überliegende Hangseite, die unaufhörlich Wasserbäche nach unten schickt und wie ein Acker zerfurcht ist. Das Dreckwasser plätschert in tiefen Rissen die Senke herunter und sammelt sich für kurze Zeit zu sei-nen Füßen.

Zwei Knobelbecher knautschen vorbei – wird wohl Hans sein.

Der Regen zieht graue Bindfäden. Die Wasserbäche schwemmen die trüben Gedanken mit sich fort und ersäufen sie. Nichts denken – nichts fühlen – nichts tun – nichts –

Zwei Stunden später greifen sie an.

* * *

237

Meine Lieben!" Es ist gar nicht so einfach, mit nur einer Hand zu schreiben. Das Papier rutscht weg. Die Buchstaben sehen aus, als seien sie besoffen.

Die Rotkreuz-Schwester sieht den Bemühungen des Flachsblonden eine Weile zu, schüttelt den Kopf, verläßt den Saal und kommt nach wenigen Minuten mit einem roten Einweckgummi zurück. Sie befestigt seinen Briefbogen damit auf dem Unterlagenbrett und lächelt ihn aufmunternd an. Er bedankt sich, lutscht an seinem Bleistift, zieht dann die Oberlippe an die Nase und schreibt endlich weiter.

„Ich liege im Lazarett und fühle mich sauwohl." Das ‚sau' streicht er wieder. *„Am Arm empfinde ich kaum noch Schmerzen, außer nachts, da kribbeln und zwicken tausend Teufel. Vor allem die Finger jucken und brennen, und wenn ich sie kratzen will, merke ich, daß nichts mehr zum Kratzen da ist. Ist schon komisch. Die Hand ist weg, und sie ist trotzdem noch da. Ich kann jede Bewegung machen, obwohl nichts mehr vorhanden ist, um die Bewegungen auszuführen. Das Bein ist soweit wieder in Ordnung, nur das Kreuz spielt zeitweise verrückt und zieht und sticht, als hätte ich zu schwer gehoben. Das Schlimmste ist jedenfalls vorbei, und ich freue mich auf die Verlegung ins Heimatlazarett."*

Er betrachtet kritisch das Geschriebene und grinst zufrieden.

„Gott sei Dank hat es mich links erwischt. Der Arm ist futsch, und es besteht wenig Aussicht, daß er wieder nachwächst."

Blöder Witz. – Er setzt den Bleistift an und will den letzten Satz durchstreichen, zuckt mit den Schultern, verzieht das Gesicht, weil die unbedachte Bewegung weh tut, läßt alles stehen, wie es steht, und schreibt weiter.

„Galgenhumor. – Hauptsache, ich habe mein bißchen Verstand noch beisammen, manchmal jedenfalls, und meine Stimmung ist alles andere, nur nicht die eines Krüppels. Wie das alles gekommen ist? –

Wir griffen an, aus einem Hohlweg und im strömenden Regen. Der Himmel hatte das große Heulen, und wir bekamen es bald darauf auch. Wir – eher gesagt das, was von unserem Bataillon noch übriggeblieben war – kamen auch gut voran. Ich weiß noch, wie meine Knobelbecher aussahen. Dicke Lehmklumpen hingen daran, die bei jedem Schritt größer und schwerer wurden. Unsere Artillerie war in Urlaub, jedenfalls hörte und sah man nichts von ihr. Unsere Panzer schlugen sich mit T-34 herum und hielten. Und das war ein wahres Wunder. Plötzlich ging der Feuerzauber los. Der Iwan! Wir Idioten liefen in einen Gegenangriff. Liefen? – Wir versuchten uns in die Erde zu buddeln wie Maulwürfe, die nicht schwimmen konnten. Dann kamen die russischen Panzer und machten glatte Kante. Sie quetschten die kaum ausgehobenen Deckungslöcher zusammen, schossen ab, was stiften gehen wollte, nahmen die Verwundeten auf die Ketten. Neben mir er-

wischte es Pimpf. Er rief nach dem Sani, aber der kam nicht, konnte er auch nicht, denn der lag einige Meter weiter hinten mit einem Bauchschuß. Ich sprang hoch, um Pimpf zu helfen. Ein Schlag am linken Arm warf mich in den Matsch. Nichts Schlimmes, dachte ich, und Hans – das war mein Zugführer – brüllte und wollte wissen, was mit mir los sei. In Ordnung, schrie ich zurück, kroch zum Pimpf und klemmte mich hinter die Spritze. Pimpf konnte nicht mehr schießen. Ein Splitter hatte ihm den Oberarm aufgerissen. Zuerst sah ich noch die Russen, dann zog ich die Rübe ein. Den Rest weiß ich nicht mehr.

Als ich wieder aufwachte, hatte ich starke Schmerzen. Es goß immer noch wie aus Eimern. Pimpf lag neben mir. Er rührte sich nicht und lag umgekehrt, hatte also zurückgewollt und mußte sich dabei hochgestemmt haben. Ich brach seine Erkennungsmarke ab und versuchte zu einem tiefen Trichter zu kriechen, den ein dicker Brocken ausgehoben hatte. Ihr könnt Euch sicher vorstellen, wie erschrocken ich war, als ich dort gefallene Russen liegen sah. Auch vor dem nächsten Trichter lagen Gardeschützen.

Ich sah auf meine Armbanduhr. Sie war stehengeblieben.

Tarnjacke und Hemd waren am linken Ellenbogengelenk steif von getrocknetem Blut. Glück im Unglück. Das Blut war gestoppt worden, als ich mich auf den Bauch und auf den Arm gelegt hatte. Ich versuchte die Finger zu bewegen – nichts. Vorsichtig schnitt ich mit meiner Fingernagelschere die Tarnjacke auf und das Hemd. Ich schnitt und schnitt immer tiefer durch den Fleischbrei – und das Komische: Ich war nicht einmal entsetzt oder erschrocken, als mein Arm neben mir lag. Irgendwie nicht verstehend, leer, blöde, glotzte ich die gelblichblaue Hand und die stehengebliebene Armbanduhr an, als wäre das, was vor mir lag, gar nicht von mir. Mechanisch nahm ich die Uhr ab, Ihr kennt sie ja, es war ein Konfirmationsgeschenk von Opa, band meinen Oberarm mit einem Kochgeschirriemen ab und sah mich um. Eine Panzerspur hatte sich nur wenige Meter neben meiner MG-Stellung in den Boden gegraben. Sie verlief krumm und stand voll Wasser. Die Hunde waren von Loch zu Loch gefahren. Warum sie ausgerechnet mich vergessen hatten – ich weiß es nicht.

Der Iwan war durch!

Klamotten lagen genug herum. Ich brauchte nicht lange warten, bis es dunkel wurde, und schlich als halber Iwan los. Einige T-34 rumpelten mir entgegen. Sie fuhren zurück. War also doch nichts gewesen von wegen durchstoßen. Jedenfalls wich ich ihnen höflich aus. Der Arm brannte wie Feuer. Mir wurde schwindelig. Die Beine waren wie Pudding. –

Und dann lief ich in eine Gruppe Russen! Warum ich die MPi mitgeschleppt hatte, wußte ich nun. Sie trafen mich noch in den Rücken und am Unterschenkel. Harmlose Kratzer. Aber ich kam durch und hockte schließlich auf einem Tiger, der zurückrasselte.

Auf dem Hauptverbandplatz standen leere Benzinfässer, aus denen Arme und Beine heraushingen. Verwundete lagen herum und Tote. Als ich wieder aufwachte, gab mir jemand einen Schluck Wodka zu trinken und sagte sanft zu mir: ,Sei froh, Kumpel, für dich ist der Krieg aus.' Der linke Armstumpf war gegipst und dick verbunden. Wieder fühlte ich meine linke Hand und die stechenden Finger, und wieder dachte ich, komisch – der Arm liegt in Prochorowka, trotzdem kann ich noch die Faust ballen und strecken und die Finger spreizen und krümmen.

In Charkow blieb ich einige Tage. Dort hörte ich auch, daß das Unternehmen ,Zitadelle', unser Angriff auf Kursk, wirklich abgebrochen worden war. Obwohl wir durch gewesen waren! Obwohl wir bei Prochorowka gehalten hatten! Der Amerikaner soll irgendwo in Italien gelandet sein. Warum aber abbrechen? Warum der ganze Mist? Warum die vielen Toten?

Macht Euch jedenfalls keine Sorgen. Unkraut vergeht nicht."

Er liest den Brief noch einmal durch. *Nee – den kann ich unmöglich nach Hause schicken. Die fallen ja von einer Ohnmacht in die nächste.*

„Jetzt wird aber geschlafen." Als die Schwester seine erstaunten Augen sieht, lächelt sie und sagt: „Morgen ist ja auch noch ein Tag, nicht wahr?"

Er legt sich zurück. Die Decke ist weiß und leicht und sauber. Im Saal wird es langsam ruhig. Einer stöhnt. An die Fensterscheiben pocht der Regen. – Verdammter Regen. – Der Armstumpf brennt und klopft.

Er starrt die Saaldecke an, zieht, gleichsam in Zeitlupe, die Oberlippe an die Nase, reibt leicht hin und her, holt dabei tief Luft. – Ernst – Dori – Hans. – Hans?

Den Langen habe ich nicht mehr gesehen. War er durchgekommen? – Dori hatte Ernst zurückgefahren. Ernst wollte sich beim Verbandplatz noch um Paul kümmern, während Dori wieder zur Kompanie zurück wollte, wenn möglich mit Munition und Fressalien. Er war aber nicht gekommen, jedenfalls nicht bis zu ihrem letzten Angriff. Die beiden haben es jedenfalls überstanden, ganz sicher sogar. – Er spürt, wie seine Augen anfangen zu brennen. *Heulsuse,* flucht er stumm, *jetzt wo alles hinter dir liegt, fehlt nicht mehr viel, und du fängst an zu flennen wie ein enttäuschtes Mädchen.*

Uni? – Sepp, Paul, Ernst und ich, vielleicht Hans noch und Lorbaß. Das sind bestenfalls sieben von zwölf, nein, mit dem Ersatz sieben von sechzehn, die überlebt haben.

Er zieht die Decke bis zum Kinn, spürt die behagliche Bettwärme, sinnt dem leise trommelnden Regen nach und dem Takt des klopfenden Armstumpfes. Was waren die letzten Worte der Schwester? –

Morgen ist auch noch ein Tag!

Stimmt – ein seltsames Gefühl, ein neues, ein ungewohntes Gefühl, zu wissen, morgen ist auch noch ein Tag, ist wieder ein Tag, ist bestimmt ein Tag, und du erlebst ihn.

Treuelied

Wenn alle untreu werden, so bleiben wir doch treu —
dass immer noch auf Erden für euch ein Fähnlein sei.
Gefährten unsrer Jugend, ihr Bilder bessrer Zeit —
die uns zu Männertugend und Liebestod geweiht:

Wollt nimmer von uns weichen · uns immer
nahe sein · treu wie die deutschen Eichen ·
wie Mond und Sonnenschein · einst wird es
wieder helle in aller Bruder Sinn · sie keh
ren zu der Quelle in Lieb und Treue hin

Ihr Sterne seid uns Zeugen · die ruhig niederschaun ·
wenn alle Bruder schweigen und falschen Götzen
traun · wir wolln das Wort nicht brechen · nicht Buben
werden gleich · wolln predigen und sprechen vom

Heiligen Deutschen Reich

Max v. Schenkendorf · 1814

Epilog

Das Zimmer ist weder groß noch klein, weder überladen, noch ärmlich oder geschmacklos eingerichtet. Es ist typisch. Ein Bett, ein runder Tisch mit Stühlen, ein Sofa, daneben eine Kommode mit Wasserschüssel nebst Krug und ein mächtiger Kleiderschrank. Der Läufer – oder ist es ein ehemaliger Bettvorleger – wird seinem Namen gerecht. Man sieht es ihm an, daß auf seinem Rücken viel gelaufen worden ist, denn er ist fast haarlos und an einigen Stellen bis zur Grundstruktur durchgescheuert. An den Wänden zwei Bilder: „Der Fischer vom Königssee" und, genau gegenüber, „Der Wildschütz Jennerwein". – Eine Studentenbude.

Nichts besonderes, doch innerhalb von Ruinen, Trümmern, Schutt und Bombentrichtern eine heile Welt. Eine heile Welt in München, in Sendling, im Sommer 1947.

„Magst noch oan?"

Der flachsblonde Zimmerinhaber schüttelt den Kopf, grinst und lehnt sich satt zurück.

„Nee, Ernst, beim besten Willen nicht."

Ein Brathering baumelt, von Daumen und Zeigefinger am Schwanz gehalten, über dem grauen Einschlagpapier.

„I moag schon noch."

Es hat sich nichts geändert. Es ist eine Freude, ihm beim Essen zuzusehen, grinst der Flachsblonde, *und wenn ich nicht so voll wäre bis zum Stehkragen, bekäme ich wieder Appetit.*

„Erzähl mal – oder hast du was anderes vor?"

„Naa. Was denn?"

„Was, Mensch. – Ich meine das Informationsloch von Prochorowka. Aber nicht in deiner bayrischen Art!"

„Gibst ja doch koa Ruh net."

„Also?"

„Also… Nachdem ich in der Balka den Rest meiner organisierten Fressalien verteilt hatte, kletterte ich ja auf Doris Krad. Ich hatte Mühe, mich auf dem Rücksitz zu halten, denn Dori kurvte wie ein Slalom-Weltmeister. Als der Feuerorkan nachließ, als die Nachtluft wieder nach Luft und weniger nach Öl und Qualm roch, wurde mir erst bewußt, daß für mich die Schlacht um Kursk geschlagen war.

Auf dem Verbandplatz lieferten wir Paul ab. Dann mußte ich warten. Ich hatte Zeit, so viel Zeit, daß ich arg bedauerte, die Fressalien so großzügig unter der Truppe verteilt zu haben. Jetzt wäre eine Brotzeit recht gewesen…"

Er erzählt knapp von der Versorgung, von Verband, Transport ins Lazarett, von Operation. Der Flachsblonde fragt nicht nach.

„Als ich auf der Trage lag, grinste mich der Sani an und meinte: ‚Ob dein Arm noch zu retten ist, entscheidet sich im Heimatlazarett!' Ich nickte und war mir sicher, daß ich diese Entscheidung niemand anderem überlassen würde als mir selber.

Wieder hatte ich Zeit – mit dem Unterschied, daß es etwas zu futtern gab. Aber ich mußte doch feststellen, daß es mir als Selbstverpfleger – als Organisator, stimmt's, Kück'n? – wesentlich besser gegangen war.

Endlich saß ich im Lazarettzug und rollte nach Westen und…"

Wie er weitererzählt – von Genesungsurlaub, weiterer Frontverwendung und Gefangenschaft –, beobachtet der Flachsblonde seinen Freund, wie er sitzt, leicht nach vorn gebeugt, die Beine breitwinklig, die Ellenbogen auf den Tisch gestützt. Früher starrte er seine Stiefelspitzen an, jetzt beäugt er sein Glas. – *Nichts hat sich verändert, nichts hat ihn verändert. Er ist, was er immer war, ein Klotz, wie die Bayern sagen, ein Drumm-Mannsbild, ruhig, gefaßt, dickschädelig bis zur Sturheit und übermütig bis zum Leichtsinn.*

„Und du?"

Der Flachsblonde trinkt einen Schluck und bläst den Zigarettenrauch in das Glas. Er stiert in die schwelenden Kringel und nickt fast unmerklich mit dem Kopf.

„Rauch – Qualm – beginnen wir mit der Nacht in Prochorowka. Nachdem du gekniffen und dich noch rechtzeitig abgesetzt hattest, mußten wir den Rest der Suppe allein auslöffeln. Der Iwan kam zwar nicht durch, aber aus damals unerfindlichen, völlig unverständlichen Gründen zogen wir uns im Morgengrauen des nächsten Tages zurück.

Heute weiß ich, warum man die Schlacht um Kursk abgebrochen hat und warum man nicht einmal die halbe schlagen wollte, so wie Erich von Manstein es vorgeschlagen hatte. Heute weiß man aber auch, daß der Iwan nach Prochorowka auch nichts mehr hatte. Er hätte uns nicht aufhalten können. Und die Landung der Alliierten in Italien? Was kratzte und wen kratzte das in Kursk! Auch die heute angeführte Rechtfertigung, daß der Stoß von Orel, der dasselbe bewirken sollte wie unserer von Charkow aus, daß eben dieser Stoß nicht geklappt hatte und ziemlich erfolglos gewesen war, auch das ist nicht entscheidend. Wir, wir selber hatten gebissen! Mehr noch, wir ließen dem Iwan auch noch Zeit, um sich zu erholen, sich zu verstärken und später in die Offensive zu gehen, die den gesamten Südabschnitt auf- und überrollte. Wie du dir denken kannst, war die Stimmung auf dem Nullpunkt.

Dauerregen. Munitionsmangel. Nichts zu kauen. Die Kompanie auf Zugstärke zusammengeschmolzen. Und Rückzug. Und der Iwan, der mindestens genauso fertig war wie wir, der roch den Braten und griff – wenn auch sehr zögernd und ohne die Verbissenheit von Prochorowka – an.

Bei einem örtlichen Entlastungsangriff – einige Tage nach deiner Verwundung – erwischte es mich. Scharfschütze! Als ich wieder aufwachte, war der Iwan durch. Ich versorgte meine Armverwundung, das heißt, ich schnitt meinen linken Arm ab, er hing nur noch an Hautfetzen. Ich band ihn ab, und da es Gott sei Dank dunkel wurde, trabte ich Richtung Heimat. Obwohl die russische Ari nach hinten abriegelte, kam ich gut durch. Amputation auf dem Hauptverbandplatz. Lazarett Charkow. Das übliche. –

Unüblich dagegen war mein Abschied aus Charkow. Tagelang konnte man die Ari vom Russen hören, und das Rummsen kam immer näher. Eines Tages war der Teufel los. Das Lazarett baute ab. Ein paar Sankas und Lkw für einige Hundert Schwerverwundete. Keiner wollte zurückbleiben. Du kannst dir ja vorstellen, was da losgewesen war. Jeder, der noch kriechen konnte, wollte mit. Das Lazarett glich einem Irrenhaus! Mit und ohne Krücken, in Gips und durchgebluteten Verbänden, schreiend, fluchend, bittend humpelten und krochen sie – manche in Nachthemden – den Ausgängen zu. Nur raus und weg!

Na ja, ich kam raus, humpelte an den überfüllten Sankas und den bereits anfahrenden Lkw vorbei und marschierte einfach drauflos, ohne irgendwelche Vorstellung wohin, ohne wirkliche Richtung, ohne Ziel. Nur weg."

Der Flachsblonde bearbeitet seine Nase mit der Oberlippe, drückt seine Zigarette aus und fährt, leicht grinsend, fort: „Eine Lkw-Kolonne vom Heer fuhr vorbei. Ich winkte mit meinem Krückstock, und das Wunder geschah. Ein Laster hielt! Der Beifahrer – was jetzt kommt,

Ernst, ist einfach ein Witz – war ein hoher Zahlmops! Und die Fahrzeugkolonne der Rest vom Heeresverpflegungsamt in Charkow! Mein Zahlmeister verwöhnte mich, und darüber hinaus organisierte er meine Verlegung in ein Heimatlazarett. Und als ich, um einige Kilo schwerer, in den Lazarettzug kletterte, hatte ich so viele Wäschebeutel voller Fressalien wie du in deinen besten Zeiten. Jetzt bist du platt, was?"

Ernst schüttelt verneinend den Kopf: „Warum?"

„Von wegen der gefüllten Freßbeutel, Mensch."

„Desweg'n bin i net platt. I stau'n höchst'ns und freu mich noch nachträglich d'rüber."

„Jedenfalls mußte ich während der Fahrt im Lazarettzug oft an unsere Zeit in Rußland denken. Und es war saukalt, manchmal stickig heiß, nichts zu trinken, nichts zu beißen und…"

„Dazua dei Denk'n."

„Denken? – Wieso?"

„Na, du warst doch allweil der größte Denker. Bei jeder pass'nden und meist'ns unpass'nden Geleg'nheit hast nachg'dacht und Probleme g'wälzt. Mei, Kück'n, dei Schädel hätt i net hab'n mög'n, der tat mir heut noch weh. I seh' dich direkt, wie du nachgedacht hast, Tag und Nacht, in der einen Hand a Wurscht und in der andern a Butterbrot." Er runzelt die Stirn. „Naa, des ging ja nimmer. Und zwisch'n Fress'n und Sauf'n und Qualmen hast die Schnut gezog'n und die Nas'n poliert. Stimmt's?"

Der Flachsblonde ignoriert die Bemerkung.

„Un die Verwundung, i moan des Problem körperlicher Behinderung?"

Der Flachsblonde klopft mit dem Knöchel auf seinen Holzarm und schüttelt den Kopf. „Komischerweise war das nie ein Problem. Mag sein, daß ich mich in dem Augenblick, als ich die Hautfetzen durchschnitt, als der Arm vor mir im Dreck lag, damit abgefunden hatte, zeitlebens als Krüppel durch die Welt zu laufen. Kann sein, daß das Wissen, ich lebe, ich habe überlebt und bin durchgekommen, wichtiger war, als *wie* lebe ich und *wie* bin ich durchgekommen. Die Nachamputation im Heimatlazarett war nur noch eine kosmetische Korrektur. Der leerbaumelnde, linke Rockärmel hat mich vom ersten Augenblick an weder gestört noch deprimiert. – Nein", lacht der Flachsblonde, „der Arm war kein Problem.

Heimatlazarett. Urlaub. Ruhe. Leben. Leben – *das* war es."

Informationen zu den handelnden Personen

Ernst Dannemann, Gewehrschütze, aus München stammend. Rottenführer vom V. Wach-Bataillon. Exzellenter Schütze. Berühmt für seine Ruhe und sein einmaliges Organisationstalent. Sein Steckenpferd: Philosophie. Ein rauhbeiniger Landsknechtstyp mit sensiblem, warmen Kern. Kurt Pfötschs bester Freund. Am 11. Juli 1943 leicht verwundet.

Winfried Dohrenwend, Fahrer und Kradmelder, genannt Dori, Dienstgrad: Rottenführer vom V. Wach-Bataillon. Nordischer Typ – blond, hager, wasserblaue Augen – mit aristokratischem Profil und leichter Hakennase, stets unrasiert und ölverschmiert. In einer Hamburger Patrizierfamilie von Kindermädchen und Hauslehrer erzogen, aber faul und stets nachlässig gekleidet. Hat immer die neuesten Nachrichten, intelligenter Lebenskünstler, beliebt bei den Kameraden, ein Alptraum für jeden Vorgesetzten.

„Flunder", Gewehrschütze, heller Kopf mit frecher Berliner Schnauze, jung. Bester Freund von Kuno, mit dem er in beständigen Streitgesprächen liegt. Gefallen am 11. Juli 1943 vor Kursk.

Peter Grebenstein, Schütze zwei der 2. MG-Bedienung. Schüler auf der Napola Naumburg, bubenhaft. Zusammen mit Walter Weißleder, Kurt Pfötsch und einem weiteren Soldaten bildete er das Quartett des Posten 8 Eingang Reichskanzlei des Wach-Bataillons. Stubenkamerad von Kurt Pfötsch. Gefallen am 11. Juli 1943 vor Kursk.

Hannes, Gewehrschütze, Hannoveraner. Rotblond und sommersprossig, bester Freund von Hannes „Uni" Unegger, befreundet mit Paul und Jong. Gefallen am 5. Juli 1943 vor Kursk.

HANS, Funktion: Gruppenführer, Dienstgrad: SS-Unterscharführer. Ellenlang gewachsen.

DIETER JONG, Schütze zwei der 1. MG-Bedienung. Stammt aus Hamburg, bester Freund von Paul. Gefallen am 12. Juli 1943 vor Kursk.

KUNO, Schütze drei der 2. MG-Bedienung. Aus Bayern stammend, hager gewachsen, bodenständiger Typ, gottesfürchtig. Guckt meist etwas griesgrämig-betreten und streitet mit der „Flunder". Gefallen am 11. Juli vor Kursk.

PAUL, Schütze eins der 1. MG-Bedienung. Stammt aus Thüringen, bester Freund von Dieter Jong. Verwundet am 12. Juli 1943.

KURT PFÖTSCH, wird von der Gruppe „Kücken" oder – je nach Dialekt – „Kück'n" genannt, von sich selber spricht er als „der Flachsblonde"; älter als er sind nur Hans, Dori und Ernst, doch die jüngeren Mitglieder der Gruppe haben den Spitznamen für ihn übernommen. Der Flachsblonde ist Scharfschütze, aus Coburg stammend, und bester Freund von Ernst Dannemann. Zusammen mit Peter Grebenstein, Walter Weißleder und einem weiteren Soldaten bildete er das Quartett des Posten 8 Eingang Reichskanzlei des Wach-Bataillons. Am 15. Juli 1943 wird er verwundet.

SEPP, Schütze drei der 1. MG-Bedienung. Aus Süddeutschland stammend, ruhig und zuverlässig. Verwundet am 5. Juli 1943.

HANNES UNEGGER, genannt „Uni", Gewehrschütze, aus der Steyrmark stammend, Bauernsohn, bester Freund von Hannes. Am 5. Juli steht er seinem Freund, Hannes, in dessen letzten Lebensminuten bei und verliert so den Kontakt zu den Kameraden der Gruppe, die bangen, ob er gefallen ist. Am 6. Juli 1943 wird er verwundet.

WALTER WEISSLEDER, Schütze eins der 2. MG-Bedienung. Schüler der Napola Ilfeld, gutaussehend, wohlerzogen, elegantes Auftreten, Frauenschwarm. Typischer Paradesoldat. Zusammen mit Peter Grebenstein, Kurt Pfötsch und einem weiteren Soldaten bildete er das Quartett des Posten 8 Eingang Reichskanzlei des Wach-Bataillons. Während dieser Zeit Pfötschs bester Freund. Gefallen am 5. Juli 1943 vor Kursk.

Landsersprache

Anschiß	Kritik durch Vorgesetzte
a.V.	arbeitsverwendungsfähig = ausgezeichnete Verbindung
Bauchbinde	Koppel
Beutegermane	ausländ. Freiwilliger, auch Volksdeutscher
bimsen	hartes Exerzieren
Blechhut	Stahlhelm - auch Stahlkoks - Hurratüte!
Blechkrawatte	Ritterkreuz - auch Halseisen
Eiserne Kuh	Büchsenmilch
Fernkampfmedaille	Kriegsverdienstkreuz - auch Feldküchensturmabzeichen
Fußlappenindianer	Infanterist - auch Stoppelhopser
Gebetsbuch	Notizbuch vom Spieß
Gefrierfleischorden	Ostmedaille für Winterfeldzug 1941-42 Rußland
Halsschmerzen	hat jemand, der sich das Ritterkreuz verdienen will.
Heldenkeller	Sicherer Bunker
hinrotzen	volle Deckung nehmen!
Hitlergeige	MG-42 - auch Hitlersäge - analog zur Stalinorgel.
HJ-Spätlese	Volkssturm - letztes Aufgebot
Horst-Wessel-Essen	Fleisch u. gute Zutaten, "marschie'n im Geiste mit"!
Hühneralarm	verspäteter Alarm! "Erst das Ei, dann das Gacken"
Hundemarke	Um den Hals getragene Erkennungsmarke
Karo einfach	trockenes Brot "belegt mit Daumen und Zeigefinger"
Kattun	Schweres Feuer
Kettenhund	Feldgendarm - Blechschild an Kette um den Hals getrag.
Klempnerladen	Orden
Koffer	Schwere Granate
K.V.	Kriegsverwendungsfähig - "Keine Verbindungen"! auch "Kann verrecken"!
K.V.H.	Kriegsverwfähig Heimat - "Kann vorzüglich hümpeln"
Lametta	Militär. Rangabzeichen
Maskenball	Beliebte Schikane - Mehrmaliges Antreten in versch. Unif.
Mündungsschoner	Der kleinste Soldat - auch Rücklicht
Parteihut	Feldmütze "Krätzchen" und Schirmmütze
Pumpen	Kniebeugen oder Liegestütz (mit vorgehalt. Gewehr!)
Rabatz	Für unangenehme Situationen (Angriff, schw. Feuer)
Ratschbumm	Russ. Flachfeuergeschütz - Abschuß u. sofort d. Einschlag
Ringelpietz	Ausbilderschikanen - vor allem nachts!
Schütze Arsch	Namenloser Soldat - auch der "letzte" u. "schlechteste"
Spiegelei	Deutsches Kreuz in Gold - f. persönl. Tapferkeit
Taschenflak	Pistole 08 - später Pi 38
U.v.D.	Uffz. v. Dienst - russ. Flugzeug U-2 - Nähmaschine gen.
Wehrbeitrag	im Urlaub gezeugtes Kind
Tabakbüchse	Blitterbüchse u.s.w. f. Gasmaskb. stets gepflegt, nie gebraucht

Militärisches Glossar und Landsersprache

Abschmierdienst	– Abschmierdienst umfaßt das Einölen und Fetten von Fahrzeugen
Achtacht	– Landserausdruck für die 8,8 cm-Flak
Achtzehnender	– Bezeichnung für einen Soldaten mit mindestens achtzehnjähriger Dienstzeit
Ari	– Abk. für: Artillerie
ausbooten	– militärsprachlich für: aussteigen, entkommen, absitzen
Balka	– schluchtartige Geländefurche, auch ausgetrocknetes Flußbett
Barras	– Militärdienst
belfern	– umgangssprachlich: „lautes Herumschimpfen", hier: viel Krach machen
Blechkoks	– Landserjargon: „Stahlhelm", s. auch Stahlkoks
Dietrich	– eigentlich: „Nachschlüssel", „Einbruchswerkzeug". Die Leibstandarte-SS „Adolf Hitler" (LAH) führte eine Schlüsselzeichnung – einen schrägliegenden Dietrich in einem Wappenschild – als taktisches Zeichen; das Symbol verweist auf Generaloberst der Waffen-SS Sepp Dietrich, den Befehlshaber der LAH. Eine zweite Bedeutung des Dietrichs war: Die LAH schließe auf dem Gefechtsfeld jede Tür auf, d.h. es gäbe keine Hindernisse für diese Division.
Do-Werfer	– Nebelwerfer
Drillich	– Bezeichnung für die einfache Dienstuniform beim Militär, benannt nach dem „dreifädigen" Stoff

EK	– Abk. für: Eisernes Kreuz; ehemals preußische, später deutsche Kriegsauszeichnung, 1939 für den Zweiten Weltkrieg erneut gestiftet, die an Soldaten aller Waffengattungen und Dienstgrade verliehen werden konnte
Fernkampfmedaille	– Landserjargon: Kriegsverdienstkreuz, auch scherzhaft „Feldküchensturmabzeichen" genannt
Fourage	– eigentlich Pferdefutter, im Landserjargon: Lebensmittelbeschaffung oder Truppenverpflegung
Furier	– Bezeichnung für einen für die Verpflegung verantwortlichen Unteroffizier im Heerwesen
Horst-Wessel-Essen	– Landserjargon: sehr einfaches Essen; die Landser scherzten: „Fleisch und gute Zutaten marschier'n im Geiste mit" nach der Umdichtung des bekannten Horst-Wessel-Liedes
Iwan / Iwanesier	– Landserjargon: Rotarmist
K 98k	– der Karabiner 98 kam bereits im Ersten Weltkrieg zum Einsatz und wurde ab 1938 auch in der Wehrmacht verwendet (das kleine K steht für „kurz"). Mit einem Zielfernrohr ausgestattet, diente der Karabiner als Scharfschützengewehr.
Karo einfach	– Landserjargon: trockenes Brot; „nur belegt mit Daumen und Zeigefinger", wie die Landser scherzten
Knobelbecher	– Landserjargon: Stiefel der deutschen Soldaten
Kommißbrot	– einfaches, haltbares Brot zur Versorgung von Soldaten; der Begriff „Kommiß" bedeutet eigentlich „Heeresvorräte", manchmal auch „Truppe", „Armee"
Krätzchen	– Feldmütze
Lagen	– Salven
Mot-Marsch	– Landserjargon: „motorisierter Marsch", also die motorisierte Vorwärtsbewegung einer Truppe
Muschkot	– altertüml. Bezeichnung für Fußsoldat, geht vermutlich auf „Musketier" zurück

P38	– Die Walther P38 war die Standardpistole der Wehrmacht; 1938 wurde die Waffe in großer Stückzahl im deutschen Heer eingeführt.
Pläne	– freie Fläche
Plempe	– Säbel, Degen
Ratsch-Bumm	– Landserjargon: Bezeichnung für die sowjetische SiS-3-Feldkanone; lautmalerisch benannt nach dem Geräusch, das dieses Geschütz beim Schießen macht
schlauchen	– Landserjargon: schnorren, leihen
schleißen	– Bezeichnung für das Geräusch, das entsteht, wenn Panzerstahlketten über Steine rollen
Stahlkoks	– Landserjargon: Stahlhelm, s. auch „Blechkoks"
stopfen	– Kommando „Aufhören!" bei der Artillerie; im Mittelalter wurde ein mit Lumpen umwickelter Stab in die Kanonenrohre „gestopft", was das Zeichen für das Einstellen des Schießens war
Träne	– Landserjargon: „Schlafmütze"
Uscha	– Abk. für: Unterscharführer
U. v. D.	– Abk. für: Unteroffizier vom Dienst
verfranzen	– Fliegersprache: „verfliegen", auch: „verfahren", „verlaufen"
Zeltpan	– Abk. für: Zeltplane

*Signet aus den verschlungenen Initialen LAH
der Leibstandarte-SS „Adolf Hitler"*

WEIT IST DER WEG zurück ins Heimat
land – weit, so weit,
Dort, bei den Sternen überm Waldes
rand, liegt die alte Zeit — Jeder
brave Musketier sehnt heimlich
sich nach ihr, ja, weit ist der Weg,
zurück ins Heimatland, weit, so weit

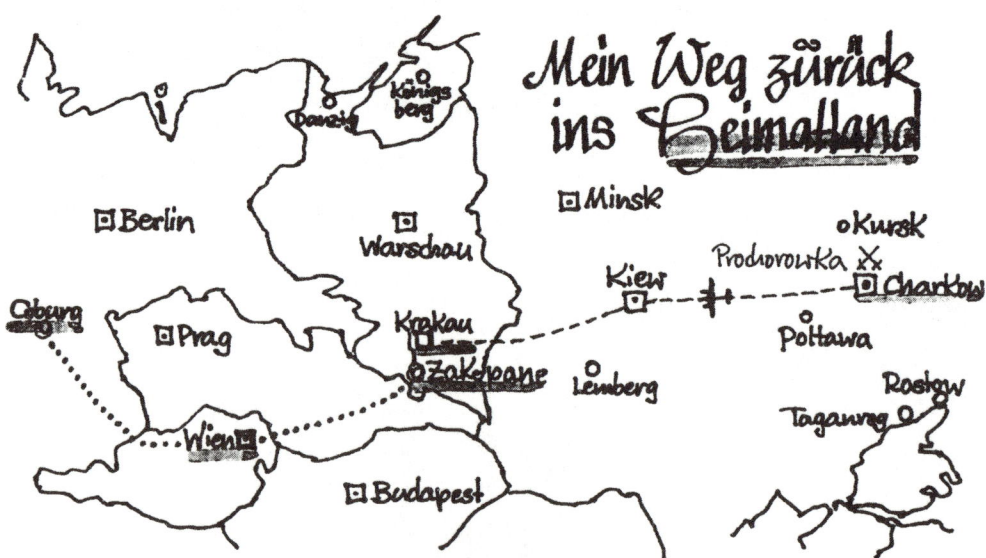

Mein Weg zurück
ins Heimatland

Verwundung in Prochorowka – Hauptverbandplatz – Frontlazarett in
CHARKOW – Flug nach Krakau – Erholungsklinik in ZAKOPANE – nach
2 Wochen Lazarettzug ins Großkrankenhaus WIEN – Nach 4 Wochen
zwecks Förderung des Heilungsprozesses ins Heimatlazarett COBURG

KURT PFÖTSCH, geboren am 26. Januar 1924, ist, weil er stets zusammen mit dem Jahrgang 1923 eingeordnet wird, immer der Jüngste, der Kleinste, und damit immer das „Kücken".

Er wächst bei seinem Großvater auf, sein Vater weilt in den USA. Er tritt der Bündischen Jugend bei und später dem Fanfarenzug. Prägendstes Erlebnis mit seinen Fanfarenkameraden ist die Teilnahme am Reichsparteitag 1938 – und dort sieht er zum ersten Mal die LAH. Von nun an bemüht er sich um eine Aufnahme in die Leibstandarte, wie alle Schüler seiner Klasse meldet er sich freiwillig.

In Berlin-Lichterfelde erhält er seine LAH-Ausbildung im Wach-Bataillon, im Herbst 1942 erfolgt der Einsatz des Wach-Bataillons in Rußland. Seine Verwundung in der Panzerschlacht von Prochorowka macht einen weiteren Fronteinsatz unmöglich, und er entschließt sich zum Studium der Fächer Kunst, Geschichte und Sport mit dem Abschluß des Studienrates an Napola-Schulen; er verbleibt in der LAH.

Aufgrund seiner Zugehörigkeit zur Leibstandarte gerät auch er nach dem Krieg in Gefangenschaft. Da Pfötsch sein Studium bereits vor Kriegsende begonnen hatte, darf er es fortsetzen – was ehemaligen LAH-Mitgliedern sonst streng verboten war – und schließlich mit der Promotion in Kunstgeschichte, Geschichte und Pädagogik einen akademischen Titel erlangen.

Im Jahre 1949 heiratet Pfötsch am Jahrestag des deutschen Angriffes auf Kursk – am 5. Juli –, Trauzeuge ist sein alter LAH-Gefährte und bester Freund Ernst Dannemann. Aus der Ehe geht ein Sohn hervor.

Bei einem Bataillonstreffen in den achtziger Jahren – sieben Kameraden waren zugegen – treffen der Flachsblonde und Ernst unerwartet und hocherfreut Uni wieder: Nachdem er damals Hannes in dessen letzten Lebensminuten beigestanden hatte, wurde er schwer verwundet, verlor im Lazarett ein Bein und konnte deshalb seine Kameraden der Gruppe, die auf dem Vormarsch waren, nicht mehr erreichen. Uni lebte nach dem Krieg in Kärnten; er verstarb vor wenigen Jahren.

Zweieinhalb Jahrzehnte lang arbeitet Dr. Pfötsch als Wissenschaftlicher Reiseleiter; auf den ausgedehnten Reisen kann er seinem Steckenpferd, der Malerei, nachgehen. Bei seiner Goldenen Hochzeit im Jahre 1999 ist auch Ernst Dannemann erneut zugegen; der Kamerad und Philosoph stirbt einige Jahre später.

Dr. Kurt Pfötsch hat zwei Enkelkinder und wohnt heute in Braunschweig.

Von den einstigen LAHlern des Wach-Bataillons leben heute – im Jahre 2008 – noch drei.

253

Inhalt

HERMANN NIEDERLEIG
MIT DER LEIBSTANDARTE AM FEIND
Meine Fronteinsätze bei der „Leibstandarte SS Adolf Hitler" und der 25. Waffen-Grenadier-Division der SS „Hunyadi"
192 S. – viele s/w. u. farb. Abb. – geb. im Großformat – € 24,–. – Der Autor schildert in packender Weise seine Erlebnisse als Kriegsfreiwilliger in der Waffen-SS.

MICHAEL REYNOLDS
EIN GEGNER WIE STAHL
Das I. SS-Panzerkorps in der Normandie 1944
304 S. – davon 16 s/w. Bildseiten – geb. im Großformat – € 24,80. – Den Kampf der 1. SS-Panzerdivision „Leibstandarte Adolf Hitler" und der 12. SS-Panzerdivision „Hitlerjugend" gegen die alliierte Invasion kennzeichneten übermenschliche Leistungen.

WILHELM TIEKE
TRAGÖDIE UM DIE TREUE
Kampf und Untergang des III. (germ.) SS-Panzer-Korps
248 S. – viele s/w. Abb. – geb. im Großformat – € 22,80. – Verzweifelt werfen Freiwillige ihr junges Leben gegen den Bolschewismus in die Waagschale. Der Weg führt sie aus Rußland über das Baltikum und Pommern bis in den dramatischen Endkampf um Berlin.

VIKTOR SUWOROW
DER EISBRECHER
Hitler in Stalins Kalkül
512 S. – geb. im Großformat – € 24,80. – In diesem Standardwerk beweist der russische Historiker Stalins Strategie, die darauf zielte, daß die Armeen West- und Mitteleuropas sich derart schwächen würden, daß er schließlich mit einer eigenen Aggression das erschöpfte Europa überrollen könnte.

WILHELM TIEKE
IM FEUERSTURM LETZTER KRIEGSJAHRE
II. SS-Panzerkorps mit 9. und 10. SS-Division „Hohenstaufen" und „Frundsberg"
676 S. – viele s/w. Abb. – geb. im Großformat – € 25,95. – Neben der nüchternen Sachinformation sind hier packende Berichte der Kommandeure und Soldaten der Waffen-SS enthalten.

HEINZ MAGENHEIMER
STALINGRAD
Die große Kriegswende
352 S. – viele teils farb. Abb. – geb. im Großformat – € 25,95. – Der Autor erweist sich als glänzender Sachkenner, der dem verzerrten Bild von der angeblichen Sinnlosigkeit am Festhalten Stalingrads entgegentritt und die strategische Wichtigkeit der Stadt an der Wolga aufzeigt.

Verlag für Militärgeschichte